高等院校**电子商务类**
新形态系列教材

Electronic Commerce
E C

电子商务
数据分析及应用
理论、案例与实训

附微课

范刚龙 谭文武 赵军 ◎ 主编
余婕 史秀宏 郝静 ◎ 副主编

人民邮电出版社
北京

图书在版编目（CIP）数据

电子商务数据分析及应用：理论、案例与实训：附微课 / 范刚龙，谭文武，赵军 主编. -- 北京：人民邮电出版社，2023.9
高等院校电子商务类新形态系列教材
ISBN 978-7-115-62023-1

Ⅰ. ①电… Ⅱ. ①范… ②谭… ③赵… Ⅲ. ①电子商务－数据处理－高等学校－教材 Ⅳ. ①F713.36

中国国家版本馆CIP数据核字(2023)第113814号

内 容 提 要

本书从电子商务数据分析流程中的数据指标体系搭建、数据采集、数据处理、数据分析、数据可视化和数据分析报告撰写六大流程节点着手，系统介绍了电子商务数据分析的相关知识及案例应用。全书共10章，内容包括电子商务数据分析基础、电子商务数据指标体系搭建、电子商务数据采集、电子商务数据处理、电子商务数据分析方法、电子商务数据可视化、电子商务市场数据分析、电子商务运营数据分析、电子商务产品数据分析、电子商务数据分析报告。全书内容注重理论与实践的有机结合，强调提高读者的数据分析与应用能力，着力于培养具备数据分析技能的电子商务运营与管理人才。

本书可作为高等院校电子商务、数据科学、市场营销等专业相关课程的教材，也可作为相关行业技术人员和从事电子商务数据分析工作人员的参考书。

◆ 主　　编　范刚龙　谭文武　赵　军
　　副主编　余　婕　史秀宏　郝　静
　　责任编辑　孙燕燕
　　责任印制　李　东　胡　南
◆ 人民邮电出版社出版发行　　北京市丰台区成寿寺路 11 号
　　邮编　100164　电子邮件　315@ptpress.com.cn
　　网址　https://www.ptpress.com.cn
　　北京隆昌伟业印刷有限公司印刷
◆ 开本：787×1092　1/16
　　印张：12.5　　　　　　　　2023 年 9 月第 1 版
　　字数：280 千字　　　　　　2024 年 12 月北京第 4 次印刷

定价：49.80 元

读者服务热线：(010)81055256　印装质量热线：(010)81055316
反盗版热线：(010)81055315
广告经营许可证：京东市监广登字 20170147 号

前 言 PREFACE

电子商务产业的高速发展为电子商务企业的人才培养提供了很好的机遇。对于电子商务运营者而言，数据分析是电子商务运营过程中不可缺少的一项重要工作。电子商务企业要想顺利发展，就需要以科学有效的数据分析为引导和支撑，通过对数据进行收集、整理、处理与分析，不仅可以发现运营管理中的不足，而且可以挖掘用户的内在需求，从而制定差异化的营销策略。

基于此，编者根据多年的电子商务数据分析教学与项目实践经验，有针对性地编写了本书，让读者更深入地了解电子商务数据分析的思维、思路与方法。本书的特色如下。

（1）**体系完备，逻辑性强**。本书从理论基础、分析方法、分析工具等多个维度，系统地介绍了电子商务数据分析的主要内容及常用的分析方法，知识体系完备且具有较强的逻辑性。

（2）**案例主导，注重实操**。本书以电子商务数据分析师的能力培养为目标，立足于电子商务专业教学的实际需求，通过大量具有可操作性的案例讲解与分析，让读者真正掌握电子商务数据分析的方法与技巧。

（3）**图解教学，清晰直观**。本书采用图解教学的方法，图文并茂，让读者在学习的过程中能更清楚、更直观地掌握电子商务数据分析的操作流程与方法。

（4）**体例丰富，多元赋能**。本书体例丰富多样，各章设置章节目标、学习难点、案例导入、本章测验和任务实训，帮助读者解决学习过程中遇到的难点和疑问。另外，根据实际的教学需要，本书在相应的章节设置了案例分析及知识拓展，根据实际需求赋能教学。

（5）**立德树人，提升素养**。本书全面贯彻党的教育方针，落实立德树人根本任务，将素养教学贯穿整个人才培养的全过程，每章设置"素养课堂"模块，力求提升读者的综合素养，培养电子商务专业复合型人才。

我们为使用本书的教师提供了丰富的教学资源，包括教学大纲、PPT 课件、电子教案、课后习题答案、模拟习题、案例素材、微课视频等，如有需要，请登录人邮教育社区（www.ryjiaoyu.com）获取相关教学资源。

本书由范刚龙、谭文武、赵军担任主编，余婕、史秀宏、郝静担任副主编，其他参与编写的人员还包括苏志渊、王莉、刘盼盼、范博等。尽管编者在编写本书的过程中力求精益求精，但由于水平有限，书中难免存在疏漏之处，恳请广大读者批评指正。

编 者

2023 年 5 月

目录 CONTENTS

第1章 电子商务数据分析基础

【案例导入】..1

1.1 电子商务数据分析认知..........................2

1.1.1 电子商务数据分析的相关概念.........2

1.1.2 电子商务数据分析的作用及
意义...5

1.1.3 电子商务数据分析师的职业
要求...6

1.2 电子商务数据分析流程及常用工具.........7

1.2.1 电子商务数据分析流程.............7

1.2.2 电子商务数据分析常用工具.........9

1.3 电子商务数据分析维度..................11

1.3.1 市场数据分析维度................11

1.3.2 运营数据分析维度................12

1.3.3 产品数据分析维度................13

【本章测验】...15

【任务实训】...16

第2章 电子商务数据指标体系搭建

【案例导入】...17

2.1 电子商务数据指标体系..................18

2.1.1 数据指标和数据指标体系.........18

2.1.2 常见的电子商务数据指标.........18

2.2 电子商务数据指标体系搭建方法.........20

2.2.1 OSM 业务框架分析模型..........20

2.2.2 UJM 用户旅程分析模型.........23

2.2.3 AARRR 用户生命周期分析
模型...24

2.2.4 MECE 分析模型...................26

2.3 电子商务数据指标体系构建...........27

【本章测验】...29

【任务实训】...29

第3章 电子商务数据采集

【案例导入】...30

3.1 电子商务数据采集概述...............31

3.1.1 数据采集的原则...................31

3.1.2 数据采集的流程...................31

3.1.3 数据采集方案制定................31

3.2 数据采集的渠道及工具...............32

3.2.1 内部数据采集渠道................32

3.2.2 外部数据采集渠道................35

3.3 Web Scraper 数据采集...............36

【本章测验】...43

【任务实训】...43

第4章 电子商务数据处理

【案例导入】...44

4.1 电子商务数据处理与预处理...........45

4.1.1 数据处理...........................45

4.1.2 数据预处理........................46

4.2 电子商务数据清理 47

4.2.1 缺失值处理 47

4.2.2 重复值处理 50

4.2.3 错误值处理 51

4.3 电子商务数据集成 52

4.3.1 数据集成概述 52

4.3.2 数据集成的应用 53

4.4 电子商务数据变换 55

4.4.1 数据变换方法 55

4.4.2 数据分类汇总 56

4.5 电子商务数据规约 57

4.5.1 数据规约概述 57

4.5.2 数据规约 ID3 算法 58

【本章测验】 62

【任务实训】 62

第5章 电子商务数据分析方法

【案例导入】 63

5.1 电子商务数据思维 64

5.1.1 数据思维能力 64

5.1.2 数据思维方法 65

5.2 电子商务数据基础分析方法 66

5.2.1 对比分析法 66

5.2.2 公式分析法 67

5.2.3 漏斗分析法 67

5.2.4 矩阵分析法 68

5.3 电子商务数据描述性统计分析 69

5.3.1 集中趋势统计分析 69

5.3.2 离散程度 71

5.3.3 分布形态 74

5.4 电子商务数据相关分析与回归 分析 75

5.4.1 相关关系的分类 75

5.4.2 相关关系的测定 76

5.4.3 一元回归分析 78

5.4.4 相关与回归分析应用 82

5.5 电子商务数据时间序列分析法 84

5.5.1 时间序列的分类 84

5.5.2 长期趋势分析 85

5.5.3 季节变动分析 87

【本章测验】 93

【任务实训】 94

第6章 电子商务数据可视化

【案例导入】 95

6.1 电子商务数据图表 96

6.1.1 图表的构成 96

6.1.2 图表的类型 96

6.2 电子商务数据可视化 99

6.2.1 数据可视化的定义 99

6.2.2 数据可视化的流程 100

6.3 电子商务数据可视化应用 101

6.3.1 基本图形 101

6.3.2 高级图形 104

6.3.3 数据透视表和透视图 108

【本章测验】 111

【任务实训】 111

第7章 电子商务市场数据分析

【案例导入】 112

7.1 市场数据分析模型 113

7.1.1 PEST 分析模型 113

7.1.2 波特五力分析模型 114

7.2 行业数据分析 116

7.2.1　行业发展分析 117

7.2.2　市场需求分析 120

7.2.3　目标用户分析 121

7.3　竞争数据分析 122

7.3.1　竞争环境分析 122

7.3.2　市场售价分析 124

7.3.3　竞争对手选择 125

7.3.4　竞争对手分析 126

【本章测验】 127

【任务实训】 128

第 8 章　电子商务运营数据分析

【案例导入】 129

8.1　用户数据分析 130

8.1.1　用户特征分析 130

8.1.2　用户细分分析 132

8.1.3　用户忠诚度分析 134

8.2　推广数据分析 139

8.2.1　店铺流量结构分析 139

8.2.2　关键词推广效果分析 140

8.2.3　活动推广效果分析 145

8.2.4　内容推广效果分析 148

8.3　销售数据分析 148

8.3.1　交易数据分析 148

8.3.2　服务数据分析 150

8.4　物流数据分析 151

8.4.1　物流运费分析 151

8.4.2　订单时效分析 151

8.4.3　异常物流分析 152

【本章测验】 154

【任务实训】 155

第 9 章　电子商务产品数据分析

【案例导入】 156

9.1　产品行业数据分析 157

9.1.1　产品搜索指数分析 157

9.1.2　产品交易指数分析 157

9.2　产品采购及定价数据分析 158

9.2.1　产品采购数据分析 158

9.2.2　产品定价数据分析 160

9.3　产品运营数据分析 163

9.3.1　产品结构分析 163

9.3.2　产品组合分析 164

9.4　产品用户特征及体验数据分析 .. 170

9.4.1　产品用户特征分析 170

9.4.2　产品生命周期分析 171

9.4.3　产品用户体验分析 173

9.5　产品仓储数据分析 174

9.5.1　仓储数据分析内容 174

9.5.2　仓储数据分析方法 175

【本章测验】 178

【任务实训】 179

第 10 章　电子商务数据分析报告

【案例导入】 180

10.1　数据分析报告框架设计 181

10.1.1　数据分析报告的认知 181

10.1.2　数据分析报告的结构 182

10.2　数据分析报告撰写流程与
　　　原则 185

【本章测验】 193

【任务实训】 194

第 ① 章　电子商务数据分析基础

章节目标

1. 了解电子商务数据分析的相关概念、作用及意义；
2. 熟悉电子商务数据分析的流程及常用工具；
3. 掌握电子商务数据分析的主要维度。

学习难点

1. 电子商务数据分析的流程；
2. 电子商务数据分析常用工具的安装和使用。

案例导入　　　　　　　　抖音全域兴趣电商背后的数据价值

抖音电商于 2020 年 6 月正式成立，2021 年 4 月提出要做"兴趣电商"，意在抓住消费者刚需以外的潜在需求，并且主动帮助用户发展潜在需求。经过一年的发展，2022 年抖音电商宣布同比 2021 年 4 月全年购买用户数提升了 69%，商品意图搜索行为提升了 217%，抖音商城的支付用户数提升了 431%，同店铺复购订单数提升了 76%。透过这 4 个用户行为数据，可以看出用户在抖音电商上已经有了更主动和多元的购物需求。

为助力更多用户与商户，2022 年 5 月，抖音电商战略再次升级，将"兴趣电商"升级到"全域兴趣电商"阶段。具体来看，通过覆盖用户全场景、全链路购物需求，完整覆盖货找人和人找货的双向消费路径，满足用户多元化的消费需求（见图 1-1）。

图 1-1　全域兴趣电商

在全域兴趣电商环境中，短视频、直播等内容激发用户的潜在兴趣，为用户"种草"；已有购物意向的用户可通过搜索、抖音商城直接下单，形成习惯，实现精准匹配和复购；用户的各类电商行为数据沉淀在店铺里，通过营销解决方案扩大全域流量，实现全局加速。这些场域之间形成良好协同，为用户提供"一站式"购物体验，助力商家全面长效地发展。抖音全域兴趣电商的出现，不仅为用户提供了更加便捷、个性化的购物方式，也为品牌商家提供了更多的销售机会，成为数字营销领域的一大趋势。

数据采集和分析：企业采集用户反馈和购买行为等数据，研究用户的需求和偏好。通过数据分析，可以掌握市场趋势和用户心理，以更好地调整产品和服务，并提升转化率。

AI 技术的应用：企业通过 AI 算法预测用户喜好，向用户推荐更符合用户需求的产品；亦可以采用视频识别技术，自动监测短视频及直播内容，提高审核的效率等。AI 技术的应用可以提高服务效率和用户体验。

优化供应链系统：数据的贯通与使用可以提高供应链的可视性和协调性，使企业更加自信地制定供应计划，并为用户提供更优质的产品和服务，从而提高资本的利用率等。

资料来源：根据网络材料整理。

拓展思考：

1．在抖音的全域兴趣电商战略布局里，数据的价值是什么？

2．抖音兴趣电商主要是基于精准算法推荐的电商，平台是如何做内容推荐的？

1.1 电子商务数据分析认知

电子商务通常是指在全球各地广泛的商业贸易活动中，买卖双方在开放的网络环境下进行各种商贸活动，实现网上购物、网上交易和在线电子支付，以及各种商务活动、交易活动、金融活动和相关的综合服务活动的一种新型商业运营模式。在整个过程中所产生的交易数据、用户数据、商品数据、推广数据等都是一笔巨大的数据资产。数据已经成为各行各业进行商业决策的重要基础。如何通过数据分析获取有效的信息，挖掘数据价值，为企业带来效益，是所有企业未来发展的核心。

1.1.1 电子商务数据分析的相关概念

1. 大数据

数据是用符号、字母等方式对客观事物进行直观描述，是表达知识的字符集合，是信息的表现形式。数据在生活中的应用随处可见，是进行测量、评估和预测的基础。大数据是指无法通过常用技术以合理的成本并在可接受的时限内，对其进行捕获、管理和处理的数据集合。大数据具有以下 4 个基本特征。

（1）数据容量大

数据容量大是指数据存储能力有了很大的提高。互联网数据中心（Internet Data Center，IDC）的报告显示，预计到 2026 年全球结构化与非结构化数据总量将达到 221.2ZB，而到目前为止人类生产的所有印刷材料的数据量仅为 200PB。

（2）数据类型多样

数据类型多样是指数据不仅有文本形式，还有图片、视频、音频等形式，且个性化数据占绝大多数。

（3）增长速度快

增长速度快是指获得数据的速度快，处理数据的速度也快，能够对数据实时访问和处理，从各种类型的数据中快速获得高价值的信息。

（4）价值密度低

价值密度低是指单条数据的低价值性。以视频为例，1 小时的视频在不间断的监控过程中，可能有用的数据只有一两秒。因此我们要合理运用大数据，以低成本创造高价值。

大数据已经不简简单单是数据大的事实了，最重要的现实是对大数据进行分析，只有通过分析才能获取更多智能的、深入的、有价值的信息。

知识拓展	数据存储单位

KB、MB、GB、TB、PB、EB、ZB、YB、BB、NB、DB、CB、XB

1KB（Kilobyte 千字节）=1024B

1MB（Megabyte 兆字节）=1024KB

1GB（Gigabyte 吉字节）=1024MB

1TB（Trillionbyte 太字节）=1024 GB

1PB（Petabyte 拍字节）=1024 TB

1EB（Exabyte 艾字节）=1024 PB

1ZB（Zettabyte 泽字节）=1024 EB

1YB（Yottabyte 尧字节）=1024 ZB

1BB（Brontobyte 布字节）=1024 YB

1NB（Nonabyte 诺字节）=1024BB

1DB（Doggabyte 刀字节）=1024NB

1CB（Corydonbyte 馈字节）=1024DB

1XB（Xerobyte 约字节）=1024CB

据IDC测算，预计到2025年，中国产生的数据总量将达48.6ZB，占全球数据总量的27.8%，对国内生产总值（Gross Domestic Product，GDP）增长的贡献率将达年均1.5个至1.8个百分点。

资料来源：根据网络材料整理。

2. 数据分析

数据分析是指用适当的统计分析方法对收集来的大量数据进行分析，将其加以汇总、理解和消化，以求最大化地开发数据的功能，发挥数据的作用。其目的是把隐藏在一大批杂乱无章的数据中的信息集中提炼出来，从而找出所研究对象的内在规律（见图1-2）。

图1-2　数据分析目的

在实际应用中，数据分析可帮助人们做出判断，以便做出正确决策。例如，在产品的整个生命周期内，包括从市场调研到售后服务到最终处置的各个过程都需要适当运用数据分析，以提升产品的效能。

3. 数据挖掘

数据挖掘就是从大量的、不完全的、有噪声的、模糊的和随机的数据中，提取隐含在其中的、人们事先不知道的，但又是潜在有用的信息和知识的过程。这个定义包括四层含义：数据源必须是真实的、大量的、含噪声的；发现的是用户感兴趣的知识；发现的知识要可接受、可理解、可运用；仅支持针对特定问题发现的知识。与数据挖掘相近的词有数据融合、人工智能、商务智能、模式识别、机器学习、知识发现、数据分析和决策支持等。

目前，由于各行业实现了业务自动化，商业领域产生了大量的业务数据。分析这些数据不再是单纯为了研究的需要，更主要是为商业决策提供真正有价值的信息，进而获得利润。但所有企业面临的一个共同问题是企业数据量非常大，其中真正有价值的信息却很少。因此需要通过数据挖掘从大量的数据中获得有利于商业运作和提高竞争力的信息。利用数据挖掘进行数据分析常用的方法如下。

（1）分类法

分类是数据挖掘的一个十分重要的方法，是一个查找分类器的过程，它通过一些约束条件将数据分配到不同的类中。分类算法是从训练集中学习并建立模型，而后用这个模型分类新的对象。如何对数据进行恰当的分类，将会直接影响挖掘结果的准确度以及挖掘模式的效率。分类法主要应用于用户的分类、用户的属性和特征分析、用户满意度分析、用户的购买趋势预测等。

（2）聚类分析法

聚类分析是研究分类问题的一种统计分析方法，也是数据挖掘的一个重要算法。聚类分析以相似性为基础，在一个聚类中的模式之间比不在同一聚类中的模式之间具有更多的相似性。它可以应用到用户群体分类、用户背景分析、用户购买趋势预测、市场细分等领域。

（3）回归分析法

回归分析是确定两种及以上变量间相互依赖的定量关系的一种统计分析方法。回归分析按照涉及的变量的多少，分为一元回归分析和多元回归分析。按照因变量的多少，可分为简单回归分析和多元回归分析。按照自变量和因变量之间的关系类型，可分为线性回归分析和非线性回归分析。它可以应用到市场营销的各个方面，如用户寻求和保持、预防用户流失、产品生命周期分析、销售趋势预测及有针对性的促销活动等。

（4）关联规则算法

关联规则是从大量数据中挖掘出有价值的数据项之间的相关关系，它反映一个事物与其他事物之间的相互依存性和关联性。它可以应用到营销效果分析中，为产品定位、定价，用户寻求、细分与保持和市场营销决策支持等提供参考依据。

（5）特征提取法

特征提取是从一组数据中提取出这些数据的特征式，可以降维、去除不相关和冗余的数据。它可以用于用户流失因素的特征提取，获得导致用户流失的一系列原因和主要特征，从而有效预防用户流失。

（6）偏差分析法

偏差分析是探测数据现状、历史记录或标准之间的显著变化和偏离情况的一种分析方法。偏差包括很大一类潜在的有趣知识，如观测结果与期望的偏离、分类中的反常实例、模式的例外等。在企业危机管理及其预警中，管理者更感兴趣的是那些意外规则。意外规则的挖掘可以应用到各种异常信息的发现、分析、识别、评价和预警等方面。

（7）Web数据挖掘法

Web数据挖掘是指对Web页面内容及后台交易数据库进行挖掘，从Web文档内容及其描述中的内容信息中获取有用知识的过程。通过对Web的挖掘，可以收集政治、经济、政策、科技、金融、市场、竞争对手、供求、用户等有关的信息，集中分析和处理对企业有重大或潜在重大影响的外部环境信息和内部经营信息，并根据分析结果找出企业管理过程中出现的问题和可能引起的危机，以便识别、分析、评价和管理危机。

4. 数据质量

数据质量是指在业务环境下数据符合消费者的使用目的、满足业务场景具体需求的程度。数据质量是数据分析和数据挖掘结论有效性和准确性的基础，也是数据驱动决策的前提。如何保障数据质量，确保数据可用性是每一位数据分析师都不可忽略的重要环节。数据质量有一致性、完整性、及时性、准确性、有效性和唯一性六大评价标准。

（1）一致性是指数据是否遵循了统一的规范，数据集合是否保持了统一的格式。

（2）完整性是指数据信息是否存在缺失，它是数据质量评价中一项基础的评估标准。

（3）及时性是指数据从产生到可查看的时间间隔。如果数据分析周期过长，就可能导致分析结论失去借鉴意义。

（4）准确性是指数据记录的信息是否存在异常或错误。存在问题的数据不仅是规则上的不一致，更为常见的是数据的乱码。另外有异常的数据也是不符合条件的数据。

（5）有效性是指数据值与格式要符合数据定义或业务定义的要求，如某些电话、邮箱的格式。

（6）唯一性是指某个数据项或某组数据的值必须是唯一的，如 ID 类数据。

1.1.2 电子商务数据分析的作用及意义

当用户在某网站上有了购买行为之后，就从潜在用户变成了价值用户，网站后台一般都会将用户的交易信息，包括购买时间、购买商品、购买数量、支付金额等保存在自己的数据库中。通过对这些用户的交易行为进行分析，以估计用户的价值，并针对用户扩展营销，这就是电子商务数据分析，它对于企业的发展至关重要。

1. 电子商务数据分析的作用

（1）分析现状

现状的含义可以从两点来看，一是已经发生的事情，二是现在发生的事情。通过对现状的分析，通过对各项经营指标完成情况的分析，了解企业在现阶段的整体经营情况，评估企业的运营状态，发现企业经营中存在的问题。

（2）分析原因

通过对现状的分析，了解企业的基本运营状况，但是无法得知运营情况具体好在哪里，问题出在哪里，是什么原因造成的。这时就需要用电子商务数据分析来进一步确认导致业务变动的具体原因。

（3）预测未来

了解企业的经营现状和导致业务变动的原因后，还需要对企业未来的发展趋势做出预测。数据分析可以帮助决策者对企业未来的发展趋势进行有效预测，为企业调整经营方向、运营目标和营销策略提供有效的参考和依据，最大程度地规避风险。

2. 电子商务数据分析的意义

（1）优化市场定位

市场定位对市场开拓非常重要，但是要想做到准确定位，必须有足够的数据来供电子商务行业研究人员进行分析和判断。在传统情况下，这些数据的收集主要来自统计年鉴、行业管理部门数据、相关行业报告、行业专家意见及属地市场调查等，而这些数据大多存在样本量不足、时间滞后和准确度低等缺陷，有效信息非常有限，市场定位数据量不足。但在互联网时代，借助数据采集和分析技术，不仅能够给研究人员提供足够的样本量和数据信息，而且能够建立基于大数据的数学模型，并对企业的未来市场进行预测。

因此，电子商务企业要想在互联网市场中站稳脚跟，必须具有大数据战略，拓宽电子商务行业数据的广度和深度。企业要从数据中了解市场的构成、细分市场特征、消费者需求和竞争者状况等众多信息，同时也要通过项目评估和可行性分析，科学精准地开拓市场，避免因市场定位不精准带来的损失。

（2）优化市场营销

在电子商务行业市场营销中，无论是产品、渠道、价格还是用户层面，市场营销中的每一个环节都与数据分析息息相关。企业通过数据分析来充分了解市场，掌握竞争者的商情和动态，知晓产品在竞争中所处的市场地位。通过积累和挖掘电子商务行业消费者数据，分析消费者的消费行为和价值趋向，以便更好地为消费者服务，并发展忠诚用户。

以对电子商务行业消费者消费行为和趋势的分析为例，企业平时要善于积累、收集和整理消费者的消费行为方面的数据，如消费者购买产品的花费、选择产品的渠道、偏好产品的类型、产品使用周期、购买产品的目的、消费者家庭背景、工作和生活环境、个人消费观和价值观等，并建立消费者大数据库，以便通过统计和分析来掌握消费者的消费行为、兴趣偏好和产品的市场口碑，并据此制定有针对性的营销方案和营销战略，投消费者所好，那么其带来的营销效应是可想而知的。

（3）助力收益管理

收益管理是谋求收入最大化的新经营管理方式，目的是把合适的产品或服务在合适的时间，以合适的价格，通过合适的销售渠道出售给合适的消费者，最终实现收益最大化。收益管理工作主要包括需求预测、细分市场和敏感度分析三个环节。

需求预测是通过数据统计与分析，采取科学的预测方法建立数学模型，使企业管理者掌握和了解电子商务行业的潜在市场需求、未来一段时间每个细分市场的产品销售量和产品价格走势等情况，从而使企业能够通过价格杠杆来调节市场的供需平衡。同时对不同的细分市场实施动态的前瞻性措施，并在不同的市场波动周期，将合适的产品，以合适的价格投放市场，获得潜在的收益。

细分市场是为企业预测销售量和实行差别定价提供条件，其科学性体现在可以通过电子商务行业市场需求预测来制定和更新价格，使各细分市场的收益最大化。敏感度分析是通过需求价格弹性分析技术，对不同细分市场的价格进行优化，以最大限度地挖掘市场潜在收入。

需求预测、细分市场和敏感度分析对数据的需求量很大，而传统的数据分析大多是用企业自身的历史数据来进行预测和分析的，容易忽视整个电子商务行业的数据，因此预测结果难免存在偏差。企业在实施收益管理的过程中，应在自有数据的基础上，依靠自动化信息采集软件来收集更多的电子商务行业数据，了解更多的电子商务行业市场信息，这对制定准确的收益策略、赢得更高的收益将起到推进作用。

（4）协助创造需求

电子商务企业要提升市场竞争力，必须能够提供有别于其他竞争者的个性化产品、服务和品牌，真正为消费者带来好处。随着网络社交媒体技术的进步，公众分享信息变得更加便捷、自由，微博、微信、点评网、评论版上众多的网络评论形成了交互性的数据，其中蕴藏了有价值的数据，这些数据已经受到了电子商务企业管理者的高度重视。通过对这些数据进行分析可挖掘用户需求，进而改良产品，提升用户体验。

1.1.3 电子商务数据分析师的职业要求

在数字经济时代下，企业的发展与战略部署越来越依赖数据，越来越多的企业成立数据分析部门，企业与社会对数据分析师的需求不断增加。电子商务数据分析师是专门从事电子商务行业数据搜集、整理、分析，并依据数据对电子商务行业进行研究、评估和预测的专业人员。

1. 岗位职责

①对复杂任务有自己独到的见解，能充分发挥对数据信息的敏感性，在力所能及的范围内给产品、营销、运营等提供有力和有价值的分析支持，提高运营的效益。

②负责监控和跟踪分析业务的核心指标，并对异常波动的情况进行全面的分析和处理。

③分析和研究数据与实际业务的关联关系，完善业务分析知识体系。

④分析和研究行业竞争情报，实时关注竞争对手动态。

2．基本素质

（1）逻辑清晰

清晰的逻辑对于做好数据分析工作非常重要。企业在面临一些问题时，已有的信息往往是不完整的。这时只有通过清晰的逻辑，也就是合理的假设+系统的结构+严密的推理，才能找到合理地解决问题的答案。

（2）细致入微

数据分析师每天要与大量的数据打交道，一个不经意的错误都可能造成数据分析的结果和预期大相径庭，这就要求数据分析师既要耐心细致地对待每一个数字，又要对异常值保持敏感，一个异常值很可能就是导致企业问题的关键所在。

（3）态度严谨

数据分析得出的结论是企业决策者进行决策判断的重要依据。数据分析师应该以严谨的态度对待数据分析工作，数据来源是否有效、处理之后是否真实和分析方法是否合适等都会直接影响分析结果的价值和意义。数据分析师应坚持客观中立的原则，实事求是地反映企业存在的问题。否则，不仅对企业发展产生严重影响，对数据分析师的个人职业发展也会造成负面影响。

（4）沟通顺畅

数据分析师要想做好工作是离不开沟通的，比如，确定分析目的时要去了解业务部门的需求；讨论研究方案时要听取同事建议；收集数据时需要访问调查对象；呈现数据报告时要让业务部门或领导能看懂、用得上。沟通能力会影响数据分析的效率、分析结果的使用及开展数据分析工作的效率。

（5）勇于创新

创新是数据分析师应具备的精神，只有不断创新，才能提高自己的分析水平，为整个研究领域乃至社会带来更大的价值。在实际的数据分析工作中，很多时候会比较纠结，往往存在很多可能性，这就需要分析师重复"假设—探索—否定"的过程，甚至有时会陷入山穷水尽的境地，只有具备坚持不懈的创新态度，才能"柳暗花明又一村"。

3．职业能力

电子商务数据分析师应具备管理能力、业务能力、分析能力、设计能力和工具能力 5 个维度的职业能力。其具体要求如表 1-1 所示。

表 1-1　职业能力要求

职业能力	技能要求
管理能力	有效搭建数据分析框架；针对数据分析结论提出有指导意义的分析建议
业务能力	熟悉行业知识、公司业务及流程，具有数据敏感性
分析能力	掌握数据分析的基本原理；掌握有效的数据分析方法
设计能力	运用图表有效表达分析观点
工具能力	掌握数据分析相关的常用工具

1.2　电子商务数据分析流程及常用工具

1.2.1　电子商务数据分析流程

电子商务数据分析是基于商业目的对数据进行收集、整理、加工和分析，再提炼有价值信息的过程。最初的数据可能杂乱无章，这就需要通过作图、制表和计算特征量，寻找和揭示隐含在数据中的规律。其流程如图 1-3 所示。

图 1-3　电子商务数据分析流程

1. 确定分析目的与框架

针对数据分析项目，首先要明确数据分析对象是谁、分析目的是什么、要解决什么业务问题，然后基于商业理解，整理分析框架和分析思路。常见的分析目的有减少用户流失、优化活动效果、提高用户响应率等。不同数据分析项目对数据的要求不同，使用的分析手段也不同。

2. 数据收集

数据收集是按照已定的数据分析框架，有目的地收集和整合相关数据的过程，它是数据分析的基础。数据收集的渠道包括内部渠道和外部渠道。内部渠道包括企业内部数据库、内部人员、用户调查、专家与用户访谈等。外部渠道包括网络、书籍、统计部门、行业协会、展会、专业调研机构等。数据收集的常用方法包括观察和提问、访谈、问卷调查、集体讨论、工具软件等。

3. 数据处理与集成

数据处理与集成是对收集到的数据进行加工和整理，以便开展数据分析，这是数据分析前必不可少的环节。这个过程在整个数据分析过程中最占时间，但也保证了数据仓库的搭建和数据质量。数据处理主要是对残缺数据、错误数据和重复数据进行清洗和转化。

4. 数据分析

数据分析是指通过分析手段、方法和技巧对准备好的数据进行探索分析，从中发现内部联系、因果关系和业务规律，从而为企业提供决策参考。在这个环节要想驾驭数据、开展数据分析，就要涉及工具和方法的使用。一方面要熟悉常规的数据分析方法，如方差、回归、因子、聚类、分类、时间序列等分析方法的原理、使用范围、优缺点和对结果的解释。另一方面要熟悉数据分析工具，如 Excel、SPSS 等，以便进行专业的统计分析、建模分析等。

5. 数据可视化

一般情况下，数据分析的结果是通过图表可视化的方式来呈现的。借助数据可视化工具，数据分析师和管理者能直观地表达要呈现的信息、观点和建议。图表是可视化的一种方式，如饼图、柱状图、条形图、折线图、散点图、雷达图、矩阵图和漏斗图等。

6. 撰写数据分析报告

数据分析报告的作用主要是把数据分析的目的、过程、结果及方案完整地呈现出来，以供企业参考。一份好的数据分析报告要具备以下 3 点。首先要有一个好的分析框架，并且应做到框架层次明晰和结构完整，使读者能正确理解报告的内容。其次要图文并茂，使数据生动活泼，提高视觉冲击力，有助于读者形象、直观地看清问题和结论，从而产生思考。最后要有明确的结论、建议和解决方案。

1.2.2　电子商务数据分析常用工具

在进行电子商务数据分析时，不同的流程阶段根据不同的数据分析需求选用合适的工具，对于数据分析来说会起到事半功倍的效果。常用的电子商务数据分析工具包括平台数据分析工具、本地数据分析工具、第三方数据分析工具和网站数据分析工具。在对某业务场景进行分析时，往往是根据需求使用不同的工具。

1. 平台数据分析工具

（1）生意参谋

生意参谋是为阿里巴巴商家提供的数据分析工具，支持多端联动，基于全渠道数据融合和全链路数据产品集成，为商家提供数据披露、分析、诊断、建议、优化和预测等一站式数据产品服务。商家可以通过生意参谋了解店铺目前经营状况，以及付费的来源分析和装修分析，并且可以按照小时、天、周、月或者店铺首页、商品页、分类页进行分类统计，记录店铺的流量、销售、转化、推广及装修效果，为完善经营策略、提高销量提供参考依据。

（2）京东商智

京东商智是为京东商家提供的数据分析工具，支持购物车营销和用户营销等精准营销，帮助商家提升销售质量。商家在订购京东商智之后，可以获取店铺的流量、销量、用户和商品等数据，并能够获取整个行业及同行业中其他商家的数据，以支持运营决策。

2. 本地数据分析工具

本地数据分析工具的优势主要是可以对从不同渠道来源获得的数据进行分析，帮助电子商务企业进行全渠道全方位的数据整合、处理与分析。本地数据分析工具分类及应用见表1-2。

表 1-2　本地数据分析工具

类型	工具	作用	应用
数据思路类工具	MindManger、Xmind、Visio、FreeManager	数据分析思路的拓展和管理	项目思路、工作规划、头脑风暴、创意
数据存储与提取工具	MySQL、Oracle、SQLServer、DB2ToAccess、Excel、Navicat	原始数据或数据集成后的存储与提取	数据项目的起始阶段，用于数据提取和初步处理
数据分析与挖掘工具	Excel、SPSS、SAS、R、Python	通过模型挖掘数据关系和深层数据价值	数据项目的核心阶段，用于数据挖掘处理
数据可视化工具	Excel、PPT、Tableau、Qlik、水晶易表、Google Chart	数据展示	数据项目的末期阶段，用于数据信息的展示
商业智能（BI）	SAP、Oracle、Power BI	数据综合处理和应用	数据工作的整个流程，尤其是智能应用

3. 第三方数据分析工具

（1）飞瓜数据

飞瓜数据是一款短视频及直播数据查询、运营及广告投放效果监控的专业工具，提供短视频主播查询等数据服务，并提供多维度的抖音、快手主播榜单排名，直播推广等服务，帮助用户快速发现流量变化情况，更好地把控视频运营的时机。

（2）店侦探

店侦探是一款专门为淘宝天猫卖家提供方便有效的数据查询、数据分析的卖家工具。通过运用数据分析技术对各个店铺、商品进行深度挖掘，掌控竞争对手店铺的销售数据、引流手段、广告投放、活动推广、买家购买行为，帮助卖家深度了解行业数据，从而给卖家的营销策略提供可靠持续的数据支持。

（3）店查查

店查查是一款专门为淘宝天猫卖家提供淘宝天猫数据统计、店铺关注、商品价格关注、直通车选词、销量等内容的专业数据分析工具。店查查致力于解决商家看数据难、用数据难和渴求更全面的数据等痛点，它已经成为商家店铺运营不可缺少的运营工具。

📋 **案例分析**　　　　　借助飞瓜数据分析珀莱雅这 3 年如何实现完美翻身

2023 年 4 月 20 日，珀莱雅发布了 2022 年度业绩报告，营业收入约 63.85 亿元，同比增加 37.82%。在抖音，珀莱雅品牌 2022 年销售量同比 2021 年增长超 65%。抖音电商的强势增速也使其成为珀莱雅 2023 年主做引流的阵地。下面通过飞瓜数据，复盘珀莱雅在电商场域的运营布局，了解品牌如何从传统市场向高端国货转型。

1．带来超 60%销售额，珀莱雅的品牌自播策略

珀莱雅自 2020 年 12 月以来开启长期稳定自播，在精准运营后，2021 年品牌自播销售额占比已突破 59%，2022 年与 2023 年 1 季度占比也维持在 65%左右。在直播矩阵上，珀莱雅品牌自播矩阵直播间以"@珀莱雅官方旗舰店""@珀莱雅旗舰店""@珀莱雅官方旗舰店补水保湿精选"和"@珀莱雅旗舰店面膜甄选"这 4 个账号为主。2022 年起，"@珀莱雅旗舰店"等自播矩阵共同发力，多个官方账号构建自播矩阵，让自播"全天无休"。

2．头部主播深度合作，共创珀莱雅内容矩阵

珀莱雅也深度布局了主播矩阵，在直播与"种草"视频上形成多重出击。飞瓜数据显示，珀莱雅抖音带货主播多达 419 位。其中标注为"美妆"标签的主播最多，有 115 位。

除了布局直播带货，珀莱雅在"种草"视频策略上也铆足全力。在飞瓜数据近 90 天品牌营销分析页面中，"种草"推广视频带来 9.5 亿超高曝光量。从占比上看，在珀莱雅选择投放的拥有 50 万以上粉丝的主播当中，拥有 100 万～500 万粉丝的主播占据多数，投放比例达 46%，且这区间的主播用户群体精准，粉丝黏性高，产出了多条视频，撬动全网曝光。

3．完善抖音商城"人找货"，有效做到流量沉淀

2022 年，珀莱雅牢牢把握抖音发展步伐，大力布局抖音商城，实现深度覆盖"人找货"销售场景，在抖音平台沉淀了优质客群。在搜索链路方面，珀莱雅针对"人找货"进行了有效的优化改进。飞瓜数据显示，珀莱雅在品牌投放分中，平均搜索指数已超过 99.3%的同类型品牌。珀莱雅不仅在直播间、短视频、商品挂链详情页中优化展现方式，还从全网的商品布局上放大了爆品价值，推出多款高性价比组合商品。

这几年，珀莱雅可谓是真正做到"品效合一"。多款单品成为热销产品，带动品牌销量一路走高。综合来看，珀莱雅在经营布局上基本没有短板。无论是产品实力、品牌调性，还是抖音营销自播、达播、"种草"布局，都为我们展示了品牌如何长期稳定地吸引消费者注意与喜爱。

资料来源：根据飞瓜数据整理。

4．网站数据分析工具

（1）百度统计

百度统计是百度推出的一款稳定、免费、专业、安全的数据统计、分析工具。网站运营人员通过平台可以了解访客是通过哪种渠道进入网站，在网站浏览了哪些信息。这些统计数据可以帮助网站运营人员改善网民在网站上的用户体验，不断提升网站的投资回报率。百度统计目前提供流量分析、来源分析、网站分析、转化分析、访客分析、优化分析等多种统计分析服务。

（2）CNZZ

CNZZ（后更名为"友盟+"）是目前全球最大的中文互联网数据统计分析服务商之一，专注于互联网数据监测、统计分析技术研究和产品应用，主要为中小企业网站提供专业、权威、独立的数据统计与分析服务。CNZZ 作为第三方推出的一款免费流量统计软件，其功能与百度统计平台的功能基本相同，主要包括网站概况、流量分析、来源分析、受访分析、访客分析、价值透视及行业监控等。

1.3 电子商务数据分析维度

电子商务数据分析主要从市场数据分析、运营数据分析和产品数据分析三个维度进行。其中市场数据分析包括行业数据分析和竞争数据分析。运营数据分析包括用户数据分析、推广数据分析、销售数据分析和物流数据分析。产品数据分析包括产品行业数据分析、产品采购及定价数据分析、产品运营数据分析、产品用户特征及体验数据分析、产品仓储数据分析、竞品数据分析。

1.3.1 市场数据分析维度

市场数据分析是指为了一定的商业目的，对市场的规模、市场趋势、市场需求、目标用户、竞争态势等相关数据所进行的分析。综合分析使得众多分散的市场信息相互融合，互为补充，辅助电子商务企业进行决策。

其中，行业数据分析是通过对行业进行宏观及微观分析，用以判定电子商务企业选择的行业是否有较好的发展态势，行业的天花板在哪里等。竞争数据分析是通过比较，明确自身企业在同行业中的位置，了解自身的优势，找出自身与竞争对手的差距，并积极进行改善。

市场数据分析包括行业数据采集、市场需求调研、产业链分析、细分市场分析、市场生命周期分析、行业竞争分析六项内容（见表 1-3）。

表 1-3　市场数据分析

内容	策略
行业数据采集	根据行业特性确定数据指标筛选范围，做出符合业务要求的数据报表模板； 整合行业数据资源，使用合适的方式采集数据并完成数据报表的制作
市场需求调研	通过用户行为、行业特性及业务目标要求设计调研问卷； 通过网络调研、深度访谈等方法发放与回收调研问卷； 利用数据处理工具对回收问卷进行数据清理，得到可靠样本数据
产业链分析	对行业中供应商、制造商、经销商、用户等环节的交互关系进行分析，画出示意图； 通过前期的市场调研及价值交互关系的分析，给出产业链的合理性评估表
细分市场分析	根据细分市场历史数据确定相应的优势细分市场，编制优势细分市场列表； 根据产品特点和消费者需求关联目标细分市场，编写关联列表； 运用定性与定量的分析方法进行匹配度分析，给出匹配度对应列表
市场生命周期分析	根据市场历史数据判定出该细分市场所处的生命周期； 通过行业资讯、专家意见和历史数据确定细分市场所处生命周期中的机遇与挑战； 根据细分市场所处生命周期给出改善建议
行业竞争分析	通过网络等渠道进行同类企业市场信息搜集； 对同类企业与本企业市场相关性与差异性进行分析，编写市场差异性分析报告； 使用 SWOT 方法分析自身企业的机遇与挑战，制订 SWOT 分析图表

注：SWOT 是由 Strength、Weakness、Opportunity、Threat 的首字母组成的缩写，分别代表优势、劣势、机遇、威胁。

1.3.2 运营数据分析维度

运营数据分析是对企业运营过程中产生的数据进行分析，从中总结运营规律的过程。运营数据分析的结果可以用来指导运营人员调整和优化运营策略。

1. 用户数据分析

用户是企业生存的基础，赢得市场的关键在于赢得用户。充分了解用户属性、兴趣及行为，可以帮助企业更好地进行用户精细化管理及精准营销。用户数据分析可以帮助企业制定更好的战略，构建更好的产品并为用户提供很好的服务。用户数据分析的具体内容如表 1-4 所示。

表 1-4 用户数据分析

内容	策略
用户数据采集	对用户的访问、浏览、购买和评价等行为数据进行数据属性标签收集整理； 运用 Excel、客户关系管理（Customer Relationship Management，CRM）系统、评价分析和舆情监控等工具收集分析用户数据； 采用问卷、调研等数据收集方法收集用户数据，并对数据进行清洗和处理
用户画像	通过用户的购买行为、购买地域、购买金额和次数等行为对用户进行特征分析； 熟悉地域、性别和年龄等用户基础属性，并进行相关归类分析； 借助 Excel、CRM 等工具对用户特征进行挖掘、分析、梳理
用户行为分析	对用户的评价行为、购买趋势、购买喜好、营销喜好和产品喜好等行为进行分析； 挖掘出用户接受度高的营销方式
用户价值评估	熟悉用户画像、回购率、客单价和地域等用户行为分析的概念和行为价值； 了解各业务部门对用户数据的需求
用户精准营销	熟悉各电子商务平台的用户推广营销渠道及推广方法规则； 掌握消费者心理，基于推广渠道规则了解各种营销渠道
销售效果跟踪	对各渠道用户营销数据进行总结、分析、对比，从而调整不同渠道的用户运营策略； 跟踪各渠道的销售效果，提出业务建议，并协助进行用户营销模式调整

2. 推广数据分析

推广数据分析包括确定推广分析目标、进行推广数据分析和推广数据结果展现三个部分，具体内容如表 1-5 所示。

表 1-5 推广数据分析

内容	策略
确定推广分析目标	根据推广数据、公司现状、商品维度和外部竞争数据等确定分析目标； 根据数据分析目标和公司现有商务推广数据，制定分析原则和分析策略； 确定详细的分析步骤及时间规划
进行推广数据分析	对数据进行标准化、归一化操作或对定性数据进行量化操作； 对不同人群的推广方式和推广渠道提出合理的推广建议
推广数据结果展现	对分析出的数据结果进行可视化展现

3. 销售数据分析

销售数据分析包括确定销售分析目标、进行销售数据分析和销售数据结果展现三个部分，具体内容如表 1-6 所示。

表 1-6　销售数据分析

内容	策略
确定销售分析目标	通过评估历史销售数据等进行企业销售目标定位； 制定销售业绩、价格体系、区域布局、产品结构、销售业绩异动等指标； 建立多维报表，明确销售任务，得出整体销售分析指标
进行销售数据分析	通过内部报告或利用数据采集工具获取销售数据，并获取销售反馈信息； 对数据进行清洗和整理，以保证数据的有效性和完整性； 对整体销售情况进行分析，包括销售额分析、销售量分析和季节性分析等
销售数据结果展现	进行预测，包括总体销售预测、区域销售预测和季节性销售变化预测等； 结合业务场景设计可视化方案，对已分析出的销售数据结果进行展现

4. 物流数据分析

物流数据分析包括物流运费分析、订单时效分析和异常物流分析，具体内容如表 1-7 所示。

表 1-7　物流数据分析

内容	策略
物流运费分析	每个物流公司的物流价格都不一样，要选择便宜又好的，可以货比三家
订单时效分析	时效性越快的快递物流，签收率也越高，能在一定程度上影响用户满意率
异常物流分析	因各种原因未及时签收的用户，是否会进行二次派送甚至三次派送

物流数据分析可以帮助电子商务企业完成实时物流订单追踪、订单时效监控和异常物流诊断等，避免因为物流原因造成用户投诉和用户流失的情况发生。

1.3.3　产品数据分析维度

产品数据分析包括产品行业数据分析、产品采购及定价数据分析、产品运营数据分析、产品用户特征及体验数据分析、产品仓储数据分析、竞品数据分析，最后通过调研报告形成合理化建议，对产品开发及市场走向进行预测。

1. 产品行业数据分析

产品行业数据是指产品在整个市场环境下的相关数据，如行业产品的搜索指数和交易指数等。在进行产品选择时，既可以选择热门产品，以迎合市场大众的消费需求，又可以选择冷门产品，以打造自有风格与特色。在精准掌握产品行业情况的基础上，选择适合自己的产品。

2. 产品采购及定价数据分析

在电子商务环境下，消费者可以迅速、准确地了解各个厂家的最新价格，并进行比较。商家为了更好地为消费者服务，必须对店铺产品的采购和定价进行数据分析，在合适的时机采购合适的数量，选择合适的定价策略和方法进行定价，在价格方面提升店铺产品的竞争力。

3. 产品运营数据分析

产品运营数据分析包括店铺产品结构分析、产品组合营销分析和产品生命周期。

（1）产品结构是指各类产品的比例关系，它是店铺运营到一定阶段进入良性发展的基础。分析产品结构可以帮助企业及时理清经营思路，监控市场风向，合理安排库存，打造产品竞争优势，制定有针对性的推广策略，有效提高产品销量。

（2）产品组合是指一个企业经营的全部商品的结构，即各种商品线、商品项目和库存量的有机组成方式。它要求商家要善于分析经营环境，充分发挥现有资源优势，针对消费者的发展变化趋势，寻找并调整最佳或最合理的产品组合。

（3）产品生命周期是一种新产品从开始进入市场到被市场淘汰的整个过程。通过产品生命周期分析可以分析判断产品处于生命周期的哪一个阶段，推测产品今后发展的趋势，正确把握产品的市场寿命，并根据不同阶段的特点，采取相应的市场营销组合策略，增强企业竞争力，提高企业的经济效益。

4. 产品用户特征及体验数据分析

产品用户特征分析是按用户的价值观和生活形态特征对其进行分群，形成具有典型性的细分群组，并且总结提炼出该群组用户的一般特征，赋予不同的人群标签。产品体验数据分析是通过用户访谈或使用工具软件收集并了解用户体验现状，跟踪和分析用户对产品的反馈，监测产品使用状况，识别用户痛点及发现市场，组织有价值的典型用户参与产品设计，并评估产品价值及用户体验。

5. 产品仓储数据分析

在电子商务环境中，仓储是指为有形商品提供存放场所并对存放物进行保管、存取与控制的过程，一般指的是库存。高水平的库存会降低运输成本，但增加了库存成本，而低水平的库存会提高库存周转率，但供不应求会降低响应性。仓储数据分析不仅可以核对产品数量，还可以了解产品库存的情况，从而判断库存产品结构是否完整，产品数量是否适中，以及库存是否处于健康水平，是否存在经济损失的风险。因此，管理者应做好相关数据分析，制定行之有效的库存决策。

6. 竞品数据分析

用户对店铺的第一印象多是通过单品产生的，从这个角度来说，单品显得尤为重要。单品无论是作为形象款、主推款还是引流款，均无法回避市场的竞争。为了提升单品流量或提高销量，并进一步预测竞品未来的动向，电子商务企业需要对竞争对手的商品进行多维度的分析。通过分析，了解竞品的价格、基本资料、销量、营销活动、商品评价等，找出自身商品与竞品之间的差距，以避开竞品的优势，挖掘自身店铺商品的优势。

📢 **素养课堂**　　　　　　**数字时代下数字素养提升的重要性及方法**

近年来，从中央到地方逐步加大对数字经济的支持力度，数字经济已经成为我国经济增长的重要引擎之一。同时，数字技术的发展促使人民的生活足迹从现实世界延伸至虚拟世界，数字技术不再单纯作为学习、工作的辅助工具而存在，而是逐步成为影响人民生活态度与行为能力的重要尺度。党的二十大报告提出"推进教育数字化，建设全民终身学习的学习型社会、学习型大国"，为全面提升大众数字素养指明了方向。如果说数字技术是数字经济发展的硬支撑，全民数字素养就是数字经济生长的土壤。只有不断提高全民数字素养和技能，才能夯实我国数字经济发展的社会基础。

数字素养与技能是人们在生活、学习、工作中应具备的数字获取、制作、理解、应用、使用、交互、分享等一系列素质与能力的集合。提升全民数字素养与技能，是实现从网络大国迈向网络强国的必由之路，也是弥合数字鸿沟、促进共同富裕的关键举措。随着经济社会数字化转型不断推进，全民数字素养与技能日益成为国际竞争力和软实力的关键指标。近年来，全球主要国家和地区纷纷出台顶层战略，不断提升公民数字素养与技能。

我国也在积极推动全民数字素养提升。2021年10月，中央网络安全和信息化委员会印发《提升全民数字素养与技能行动纲要》（以下简称《行动纲要》），对提升全民数字素养与技能做出安排部署，提出2035年基本建成数字人才强国，全民数字素养与技能等能力达到更高水平。《行动纲要》实施以来，各地各部门各企业纷纷出台有效措施，取得了丰硕成果。

数字素养具有广泛的应用价值，涉及各个领域和职业。数字素养不仅是指读者学习数字技术的能力，还是指读者能够利用数字技术进行学习、研究和交流的能力。在职场上，数字素养可以帮助员工更高效地使用数字工具，提高工作效率和质量。此外，数字素养还可以帮助人们更好地了解数字世界中的安全和隐私问题，并能够保护自己的数字信息和隐私。

　　在数字时代下如何培养提升数字素养？首先，必须养成良好的数字品德，包括主动遵守数字社会行为规范、合法进行数字交往，以及积极参与数字空间治理。其次，必须练就完备的数字能力，包括面对网络暴力和网络欺凌时进行道德判断和科学选择的能力、遇到网络风险与数字危机时进行自我保护和妥善解决的能力、面对文化差异与行为差异时尊重他人和理解宽容的能力，以及遇到有悖道德和法律的行为及时慎思明辨和坚决抵制的能力。再次，必须树立正确的数字价值观，包括正向的网络价值观、真诚的网络交往观、正确的网络消费观等价值观念，以及诚信、谨慎、安全、包容等行为习惯。最后，必须提高辨别信息真伪、维护自身安全、规避网络风险的能力，合理合法合规地使用网络技术，辩证理性地对待数字生存样态，规范数字社会言行，树立正确的数字态度，遵守与履行数字化时代的道德准则与行为规范，慎独自省，提高数字责任感，养成良好的行为习惯。个人也可以通过自学和实践提高自己的数字素养，如参加在线课程、使用数字工具和阅读相关书籍等。

　　作为社会个体，我们要清楚认知自己在数字空间中依法享有的权利以及必须履行的义务，掌握好追求自由与规则约束之间的"度"，增强行为主体的道德自律。要养成良好的数字意识，积极主动参与数字社会建设，明晰法律要求与道德规范，积极践行网络空间行为准则，规范自身行为，依法上网用网。要提高自身的安全意识，保护个人隐私和名誉，维护自身合法权益。

　　资料来源：根据网络材料整理。

　　拓展思考：

1．什么是数字素养？其包括哪些方面？

2．作为社会个体，应该如何培养和提升自身的数字素养？

本章知识结构图

扫一扫

本章测验

1．判断题

（1）通过数据分析，获取有效的信息，实现数据价值，为企业带来效益，是目前所有企业未来发展的核心。（　　）

（2）数据分析的目的是把隐藏在一大批杂乱无章的数据中的信息集中提炼出来，从而找出所研究对象的内在规律。（　　）

（3）市场数据分析是指为了一定的商业目的，对市场规模、市场趋势、市场需求、目标用户、竞争态势等相关数据所进行的分析。（　　）

（4）数据挖掘就是从大量的、不完全的、有噪声的、模糊的、随机的实际应用数据中，提取隐含在其中的、人们事先不知道的，但又是潜在有用的信息和知识的过程。（　　）

（5）产品数据分析是对企业运营过程中和最终成效上产生的信息数据进行分析，从中总结运营规律和效果的过程。（　　）

2. 单选题

（1）数据分析的流程依次是（   ）。

A. 确定目的与框架、数据收集、数据处理与集成、数据分析、数据可视化、撰写数据分析报告

B. 确定目的与框架、数据处理与集成、数据收集、数据分析、数据可视化、撰写数据分析报告

C. 确定目的与框架、数据收集、数据处理与集成、数据可视化、数据分析、撰写数据分析报告

D. 确定目的与框架、数据可视化、数据收集、数据处理与集成、数据分析、撰写数据分析报告

（2）下列关于细分市场的说法错误的是（   ）。

A. 根据细分市场历史数据确定相应的优势细分市场，编制优势细分市场列表

B. 根据产品特点和消费者需求关联目标细分市场，编写关联列表

C. 运用定性与定量的分析方法进行匹配度分析，给出匹配度对应列表

D. 细分市场不需要判定其市场生命周期

（3）通过用户的购买行为、购买地域、购买金额、购买次数等行为对用户进行（   ）分析，形成用户画像。

A. 行为　　　　　　　　B. 特征　　　　　　　　C. 属性　　　　　　　　D. 价值

（4）运营数据分析维度不包括（   ）。

A. 用户数据分析　　　　B. 推广数据分析　　　　C. 销售数据分析　　　　D. 市场数据分析

3. 多选题

（1）利用数据挖掘进行数据分析常用的方法有（   ）。

A. 分类法　　　　　　　B. 回归分析法　　　　　C. 聚类分析法　　　　　D. 关联规则算法

（2）（   ）、（   ）和（   ）是数据的固有属性。

A. 真实性　　　　　　　B. 及时性　　　　　　　C. 一致性　　　　　　　D. 相关性

（3）电子商务数据分析的意义包括（   ）。

A. 优化市场定位　　　　　　　　　　　　　　B. 优化市场营销

C. 助力企业的收益管理　　　　　　　　　　　D. 协助创造用户新需求

（4）电子商务数据分析的维度有（   ）。

A. 市场数据分析　　　　　　　　　　　　　　B. 用户数据分析

C. 产品数据分析　　　　　　　　　　　　　　D. 推广数据分析

（5）本地数据分析工具有（   ）。

A. Excel　　　　　　　　B. MySQL　　　　　　　C. Xmind　　　　　　　D. 生意参谋

4. 简答题

（1）简述数据质量六大评价标准。

（2）简述电子商务数据分析的流程。

任务实训

实训内容：自行下载并安装 Excel 2019（或以上版本）或 WPS。

实训目标：正确安装 Excel 或 WPS 工具，能够处理安装期间遇到的问题。

第 ❷ 章 电子商务数据指标体系搭建

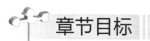

章节目标

1. 了解电子商务数据指标体系；
2. 掌握电子商务数据指标体系的搭建方法；
3. 熟练运用相关模型进行数据指标搭建。

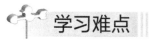

学习难点

运用相关模型进行数据指标搭建。

📋 **案例导入**

淘宝新灯塔服务指标体系

淘宝新灯塔服务指标体系是为帮助商家追求更好的消费服务体验而建立的一套全链路消费者服务体验评估诊断标准。其主要由商品体验、物流体验、咨询体验、售后体验、纠纷体验 5 大维度共 12 项指标构成，侧重于考核商家是否能够给消费者提供基础的服务承接，给消费者更好的购物体验。结果用于为"成交好、服务好、口碑好"的金牌卖家打标。

图 2-1 所示为店铺综合体验分，其中综合体验分=商品体验得分×该项权重+物流体验得分×该项权重+咨询体验得分×该项权重+售后体验得分×该项权重+纠纷体验得分×该项权重+附加分。根据各行业策略要求，不同时期对不同类目的权重也会有相应的要求和调整。

店铺综合体验分	⚡ 流量因子
4.38	较昨日 3.05% ▲
	行业均值 3.72分
	行业优秀 4.17分

图 2-1 店铺综合体验分

为了更好地凸显商家的服务水平和能力，降低商家指标运营的难度，新灯塔服务指标体系已经升级至 4.0 版本。随着时间的推移，在电子商务交易过程中不管是商家还是消费者，都会有新的需求，那么对双方的评价指标体系也会随之而变，尤其是对于商家而言，严格对其进行综合评价，规范经营行为，对消费者权益的维护也达到了新高度。

淘宝新灯塔服务指标体系如表 2-1 所示。

表 2-1 淘宝新灯塔服务指标体系

维度	指标	调整说明	维度得分逻辑
商品体验	首次品退率	沿用	商品体验得分=首次品退率得分×50%+商品 DSR 差评率得分×50%
	商品 DSR 差评率	升级	
物流体验	24 小时揽收及时率	沿用	物流体验得分=24 小时揽收及时率得分×50%+物流到货时长得分×30%+物流 DSR 差评率得分×20%
	物流到货时长	沿用	
	物流 DSR 差评率	升级	

续表

维度	指标	调整说明	维度得分逻辑
咨询体验	旺旺人工响应时长	沿用	咨询体验得分=旺旺人工响应时长得分×50%+旺旺满意度得分×30%+服务DSR差评率得分×20%
	旺旺满意度	新增	
	服务DSR差评率	升级	
售后体验	仅退款自主完结时长	沿用	售后体验得分=仅退款自主完结时长得分×仅退款占比+退货退款自主完结时长得分×退货退款占比
	退货退款自主完结时长	沿用	
纠纷体验	平台求助率	新增	纠纷投诉得分=平台求助率得分×50%+平台判责率得分×50%
	平台判责率	沿用	
加分项	当日次日达订单占比	新增	

注：根据具体指标所处的主营类目中的综合排名计算对应得分（5/优秀，4/良好，3/一般，2/较差，0/很差）。

卖家服务评级（Detail Seller Rating，DSR）

资料来源：根据网络材料整理。

拓展思考：

1．数据指标体系构建的目的是什么？

2．淘宝新灯塔服务指标体系设定的作用是什么？

2.1 电子商务数据指标体系

2.1.1 数据指标和数据指标体系

数据指标是通过对数据进行分析得出的一个汇总结果，是使得业务目标可描述、可度量和可拆解的度量值。它有别于传统意义上的统计指标，其本质就是对业务问题的量化过程，通过数据指标的好坏来客观地反映业务事实。

每天我们都会看到各种各样的数据指标，如"某公众号推送文章的图文阅读量为4859，公众号新关注人数为90，取关人数为6"，其中图文阅读量反映文章的受欢迎程度，新关注人数反映用户吸引力，其背后都反映了通过数据去量化某个业务问题的逻辑。电子商务企业往往通过数据指标来客观地反映业务事实、衡量业务状况，从而制定对应的运营策略和改进措施。

数据指标体系是把数据指标系统地组织起来，其建设的重要性如下。

①对于决策者来说，单一、孤立的数据指标无法准确地描述业务现状，而依据业务逻辑及科学的统计方法将不同层级、不同维度的指标串联起来的数据指标体系可以完整地描述业务运行状况，帮助决策者制定"北极星"指标，以及更好地统筹决策。

②对于一线业务人员来说，如果没有数据指标体系，仅凭他们业务经验制定的业务策略将无法有效指导运营，会限制业务发展。

③对于数据分析师来说，有了一个完善的数据指标体系，工作日常的取数、报表工作会大大减少，分析师就会有更多时间做探索性分析，以及深层次的数据挖掘，更好地服务业务。

2.1.2 常见的电子商务数据指标

常见的电子商务数据指标由总体运营指标、流量类指标、销售类指标、用户价值类指标、商品类目指标、市场营销活动指标、风控类指标和市场竞争类指标组成（见表2-2）。不同类别指标对应电子商务运营的不同环节，如流量指标对应网站运营环节，销售类、用户价值类和市场营销活动类指标对应电子商务销售环节。

表 2-2　常见的电子商务数据指标

一级指标	二级指标	三级指标
总体运营指标	流量类指标	独立访客数（Unique Visitor，UV）、页面访问数（Page View，PV）、人均页面访问数
	订单产生效率指标	总订单数、访问到下单转化率
	总体销售业绩指标	商品交易总额（Gross Merchandise Volume，GMV）、订单数、客单价
	整体指标	销售毛利、毛利率
流量类指标	流量规模类指标	独立访客数（UV）、页面访问数（PV）
	流量成本类指标	访客获取成本
	流量质量类指标	跳出率、页面访问时长、人均页面访问数
	用户类指标	注册用户数、活跃用户数、活跃用户率、用户复购率、用户平均购买次数、用户回购率、用户留存率
销售类指标	购物车类指标	加入购物车次数、加入购物车买家数、加入购物车商品数、购物车支付转化率
	下单类指标	下单笔数、下单金额、下单买家数、浏览下单转化率
	支付类指标	支付金额、支付买家数、支付商品数、浏览-支付买家转化率、下单-支付金额转化率、下单-支付买家转化率、下单-支付时长
用户价值类指标	用户指标	累计购买用户、客单价
	新用户指标	新用户数量、新用户获取成本、新用户客单价
	老用户指标	消费频率、最近一次购买时间、消费金额、重复购买率
商品类目指标	产品总数指标	SKU 数、SPU 数、在线 SPU 数
	产品总优势性指标	独家产品收入比重
	品牌库存	品牌数、在线品牌数
	上架	上架商品 SKU 数、上架商品 SPU 数、上架在线 SPU 数、上架商品数、上架在线商品数
	首发	首次上架商品数、首次上架在线商品数
市场营销活动指标	市场营销活动指标	新增访问数、新增注册人数、总访问次数、订单数量、下单转化率、投资回报率（Return On Investment，ROI）
	广告投放指标	新增访问人数、新增注册人数、总访问次数、订单数量、订单转化率、广告投资回报率
风控类指标	买家评价指标	买家评价数、买家评价上传图片数、买家评价率、买家好评率、买家差评率
	投诉指标	发起投诉（申诉数）、投诉率、撤销诉讼（申诉数）
市场竞争类指标	市场份额相关指标	市场占有率、市场扩大率、用户份额
	网站排名	交易额排名、流量排名

注：库存量单位（Stock Keeping Unit，SKU）

标准化产品单元（Standard Product Unit，SPU）

2.2 电子商务数据指标体系搭建方法

电子商务数据指标体系搭建流程（见表 2-3）可以总结为：明确业务目标、厘清用户生命周期，以及用户行为路径和指标分层治理。在搭建过程中分别使用 OSM 业务框架分析模型、UJM 用户旅程分析模型、AARRR 用户生命周期分析模型和 MECE 分析模型指导我们构建完整而清晰的数据指标体系。

表 2-3　电子商务数据指标体系搭建流程

OSM 模型	模型解析	实现方式
业务目标	业务核心指标	业务部门制定
业务策略	用户生命周期/用户行为路径分析	UJM 模型/AARRR 模型实现
业务度量	核心业务指标细分	MECE 模型制定细分指标

2.2.1 OSM 业务框架分析模型

OSM 业务框架分析模型（以下简称 OSM 模型）是数据分析和业务分析领域的基础方法论，可以把业务目标和衡量评估指标对应起来，适用于目标清晰、行动方向明确的场景。OSM 模型主要由业务目标（Objective）、业务策略（Strategy）和业务度量（Measurement）三个要素构成，这三个要素都是围绕业务展开的。

实施 OSM 模型的流程总体分为三个步骤（见图 2-2）。第一步是确定业务目标，在确定业务目标时应符合企业的经营战略，符合 SMART（即由 Specific、Measurable、Attainable、Relevant、Time-bound 的首字母组成的缩写，表示目标要明确、可衡量、可实现、具有相关性以及时限性）原则，且需要确定"北极星"指标，即第一关键指标。第二步是围绕业务目标细分业务策略，即制定出关键的二级指标。第三步是根据二级指标确定子指标，也就是确定衡量指标。通过以上三个步骤，可以明确业务目标，制定不同的执行策略并进行数据监控。

图 2-2　实施 OSM 模型的流程

总体来说，通过 OSM 模型构建电子商务数据指标体系，我们要建立一级指标、二级指标和三级指标。一级指标是衡量业绩的核心指标，直接指引公司的战略目标，衡量公司业务目标的达成情况。二级指标是针对一级指标的路径拆解，定位到问题的原因所在。对二级指标的进一步拆解能直接指引一线运营的决策。一线的产品、运营、市场等人员在看到三级指标的结果后，往往就能有直接的改变行为产生。

1. 确定业务目标

首先，业务目标必须符合企业的经营战略。例如，社交网络企业 Twitter 关注的业务目标是活跃用户数的增长，也就是用户质量，所以不断地去了解并满足用户需求，而在 Twitter 之前的社交领域龙头 MySpace 关注的业务目标是总注册用户数，所以大力扩张新用户。两个公司处于同一领域，关注的业务点却全然不同。所以制定业务目标最为重要的是公司的战略方向，一旦第一步产生失误，之后再调整的空间就比较小了。

其次，依据行业特性和商业模式来制定业务目标。具体应该怎样制定业务目标，还需要依据行业特性和商业模式来判断。例如，社交类产品（如微信、陌陌等）需要关注的是用户互动率、用户在线时长等；电商类产品（如淘宝、京东、拼多多等）需要关注 GMV、客单价、复购率等；内容类商品（如知乎、豆瓣、头条等）需要关注的是内容点击率、用户浏览时长等；游戏类产品（如王者荣耀、和平精英、万国觉醒等）需要关注用户付费率、单个用户平均收入（Average Revenue Per User，ARPU）值；工具类产品（如百度地图、墨迹天气等）需要关注用户活跃率、用户续费率等。

最后，确定"北极星"指标，即第一关键指标。实现某个业务目标需要完善的指标体系去支撑，其中包括关键指标，目的是通过该指标专注和聚焦于当前阶段最重要的事情上。北极星指标的确定主要包括明确现阶段业务增长重点、列出商业目标和用户价值、列出备选指标并进一步筛选、确定北极星指标四大步骤。设定北极星指标代表了当前阶段的战略方向，而北极星指标的经营质量在某种程度上可以直接影响战略的成败。

知识拓展　　　　　　　　　　　**"北极星"指标与虚荣指标**

"北极星"指标（North Star Metric，NSM）又叫第一关键指标，是指在当前运营阶段最重要的指标，通过北极星指标可以专注和聚焦于当前阶段最重要的事情上。

与"北极星"指标相对应的就是虚荣指标。虚荣指标是无法体现当前阶段的战略方向的，它仅仅是数字上很漂亮的指标。最典型的虚荣指标是累计注册用户数，很多产品对外宣传动辄拥有几千万，甚至几亿的用户，规模看似咋舌，但是对于专业人士来说一眼就看得很明白，只提累计，不提活跃和留存就是忽悠人。这是因为累计用户数哪怕再多，但是其中有用户是只打开一次的，只用过几秒钟，甚至只使用一次就卸载的，这些都会计入累计用户数中，这对于整体运营毫无贡献，完全没有价值。

像累计注册用户数这样的规模类指标大部分都是虚荣指标，如累计产品销售额、累计活动参与人数、累计下载量、累计曝光量等。你会发现，虚荣指标有一个特别有趣的特性：只增不减，所以它相当于是个"只报喜不报忧"的指标，是无法反映真实业务情况的。

但这不代表规模类指标一定不能采用，在产品诞生期可以选用规模类指标作为"北极星"指标。因为产品诞生期需要快速积累用户，快速在用户中形成口碑，快速在市场中形成规模效应，所以会将规模类指标作为这个阶段的"北极星"指标。

累计注册用户数是所有类型的互联网产品都需要注意的虚荣指标。内容型产品，如今日头条，用户"看过"内容详情才算是有意义，某些严苛一点的产品要求用户观看内容详情超过一定时间，才算是用户看过内容，也就是用户消费了内容。所以对应地，点击通过率（Click Through Rate，CTR）、观看完成率（播放完成率）、观看时长（播放时长）等均是内容型产品的"北极星"指标。而内容下发量、点击量均是虚荣指标。

资料来源：根据网络材料整理。

2. 细分业务策略

围绕业务目标，细分业务策略，找到达到业务目标的方法。其中业务策略表现的是关键的二级指标。例如，把提升产品整体日活跃用户数量（Daily Active User，DAU）作为业务目标，围绕这个目标，可以细分的业务策略包括提升新客 DAU、提升活跃老客 DAU、提升沉默唤醒客 DAU。确定这三个业务策略之后，在实际的工作当中会把各个业务策略分配给不同的小组，各个小组会制定详细的运营和投放计划。提升产品整体 DAU 的业务策略细分如图 2-3 所示。

图 2-3　提升产品整体 DAU 业务策略细分

3. 确定衡量指标

业务策略告诉我们阶段性前进方向，在这个过程中，各个团队需要为自己负责的业务策略而努力；每一个团队当中又会有不同的成员来负责不同的步骤。所以我们需要为业务策略设立子指标，即第三步中二级指标下的三级指标，也就是衡量指标。运用衡量指标，我们可以把业务策略进行拆解，分配给团队中不同的人员负责，以此来追踪业务策略的执行情况。

> **案例分析**　　　　　　　　　　　　OSM 模型案例分析
>
> 案例背景：你所在的公司是一家快消品公司，面对 2023 年即将到来的大促期，领导要求线上 GMV 总量同比去年提升 30%，请制定执行策略。
>
> **1. 业务目标确定**
>
> 案例当中的业务目标非常明确，就是 GMV 要提升 30%，衡量业务目标的指标就是 GMV 本身。
>
> **2. 细分业务策略**
>
> 要想提升 GMV，需要了解哪些因素会影响 GMV，找准切入点。面对 GMV 这个计算指标，可以通过公式法进行拆解：GMV ＝ 潜在消费者基数 × 转化率 × 客单价。
>
> 影响 GMV 的因素由三个不同的部门负责：推广部负责潜在消费者基数；运营部负责转化率；商品部负责客单价。这三个因素的提升难度是不同的，在给各个部门分配指标之前，先看过去两年的历史数据（见表 2-4）。

表 2-4　快消品公司近两年大促期 GMV 数据

指标	2022 年大促期	2021 年大促期	同比增长率
GMV	2976566 元	2468770 元	20.6%
潜在消费者基数	13657867 人	12107257 人	12.8%
转化率	0.135%	0.128%	5.5%
客单价	161 元	159 元	1.3%

从历史数据来看，2022 年大促期 GMV 提升了 20.6%，主要增长贡献来源于潜在消费者基数的增长，其次是转化率和客单价的提升。

2023 年的 GMV 需要提升 30%，相对于 20.6% 来说，大约提升 1.5 倍，所以，我们就以各维度 2021 年同比增长率的 1.5 倍作为 2023 年的指标（见表 2-5）。

表 2-5　快消品公司 2023 年 GMV 增长目标

指标	2022 年大促期	2023 年增长率目标	2023 年大促期目标值
GMV	2976566 元	30.9%	3894931 元
潜在消费者基数	13657867 人	19.2%	16281668 人
转化率	0.135%	8.2%	0.146%
客单价	161 元	2.0%	165 元

这样一来，每个部门就有了清晰的目标：推广部要把潜在消费者基数提升至 16281668 人；运营部要把整体转化率提升至 0.146%；商品部要把平均客单价提升至 165 元。

3．确定衡量指标

每个部门需要把部门目标分配给具体的业务负责人，以此作为各负责人的业绩跟踪和考核标准。

推广部需要分析潜在消费者的来源，按照来源比例分配目标值（见表 2-6）。

表 2-6　2023 年 GMV 推广部目标值

渠道来源	占比	目标值
线下门店	8%	1302533 人
公众号/官方微博	15%	2442250 人
市场外投	46%	7489567 人
站内推广	31%	5047317 人
潜在消费者基数	100%	16281668 人

运营部需要找出可以提升消费者转化率的因素，将其定义成可以量化的指标，并按照 8.2% 的同比增幅确定 2023 年目标值（见表 2-7）。

表 2-7　2023 年 GMV 运营部目标值

因素	指标	2022 年数据	2023 年目标值
设立新客专享折扣	新客折扣率	72%	66%
退出反季清仓专区	清仓产品 SKU 数	125 个	135 个
加入会员优惠券	优惠券领取数量	10225 张	1106 张
邀请新用户送优惠券	邀请新用户数量	2972 人	3216 人

商品部需要找出可以提升客单价的因素，将其定义成可以量化的指标，并按照 2% 的同比增幅确定 2023 年目标值（见表 2-8）。

表 2-8　2023 年 GMV 商品部目标值

因素	指标	2022 年数据	2023 年目标值
设置多件多折	消费者平均购买件数	1.48 件	1.51 件
设置商品搭配购	搭配购功能使用人数	9254 人	9440 人
设置不同的优惠券使用规则	高额满减优惠券使用人数	1650 人	1683 人
高溢价产品	热销款商品销量	3980 件	4060 件

对这些业务衡量指标定期跟踪，就可以反馈出各个业务策略的执行情况，进而再反映到业务目标上。如果实际完成的业务量与业务目标相差较大，就需要再调配资源，分配到不同的业务策略来执行。通过以上流程就完成了 GMV 目标驱动电子商务运营策略的整个模型。

2.2.2　UJM 用户旅程分析模型

电子商务企业在使用 OSM 模型设计好业务目标、策略和度量指标之后，需要回过头去梳理整个产品的用户生命旅程，以校准业务目标，判断它能否与用户每个阶段的旅程吻合。这就要使用 UJM（即由 User Journey Map 的首字母组成的缩写）用户旅程分析模型（以下简称 UJM 模型），即用户旅程地图模型来进行梳理。

UJM 模型是用户在使用产品过程中的生命旅程，是指用户从首次接触直至下单，以及享受产品或服务期间，用户与企业产品或者平台互动的全过程。要将 UJM 模型应用到实际工作中，不仅需要梳理产品的用户旅途地图，还需要拆解用户所处的每一个旅程阶段，了解每个阶段用户的行为，明确每个阶段产品的目标，发现各阶段产品与用户的接触点，最后从接触点里找到产品的痛点和机会点。

下面以一个电子商务产品 UJM 为例，用户使用该款产品大致会经历了解平台、逛平台、产生兴趣、付费、分享和复购 6 个阶段（见表 2-9）。

表 2-9　电子商务产品 UJM 过程

阶段	了解平台	逛平台	产生兴趣	付费	分享	复购
用户行为	通过各种途径了解平台	首页流量位搜索	商品详情页	付费流程	分享	产生复购
目标	提升新用户留存	提升内容分发效率	提升用户对核心内容的消费	通过用户交互，提升用户黏性	通过用户主动分享，完成裂变拉新	促进用户复购，提升用户价值
接触点	信息流广告、落地页	首页流量位、搜索功能、类目页	商品详情页、购物车	付费流程	商品详情页的分享功能，晒单页面	推荐功能，再来一单、活动
痛点	投放用户不精准、落地页信息未有限承接	用户对推荐不感兴趣或搜不到感兴趣的内容	商品详情页描述不清晰、用户中途退出	付费流程不友好	用户缺少分享动力	用户没有复购场景或刺激

2.2.3　AARRR 用户生命周期分析模型

AARRR 用户生命周期分析模型（以下简称 AARRR 模型）是用户分析的经典模型，它是由硅谷著名风险投资人戴夫·麦克卢尔（Dave McClure）于 2007 年提出的，通常被称为海盗模型，也叫增长黑客理论模型、增长模型、2A3R 模型、决策模型，其核心就是 AARRR 漏斗模型。

AARRR 模型将用户生命周期分为获取（Acquisition）、激活（Activation）、留存（Retention）、变现（Revenue）和自传播（Referral）5 个阶段，各阶段关键指标如表 2-10 所示。

表 2-10　AARRR 模型下的用户生命周期

各个阶段	关键指标
获取	曝光量、安装率、激活率、注册转化率、留存率、付费率等
激活	新老用户占比、DAU/WAU/MAU、日均登录次数、日均使用时长等
留存	新用户留存率、老用户留存率、活跃用户留存率、日周月留存率、流失率等
变现	ARPU、ARPPU、付费率（区分新老用户）、客单价、LTV 等
自传播	裂变系数等

注：1. 周活跃用户数量（Weekly Active User，WAU）

　　2. 月活跃用户数量（Monthly Active User，MAU）

　　3. 单个付费用户平均收益（Average Revenue Per Paying User，ARPPU）

　　4. 生命周期总价值（Life Time Value，LTV）

其中，获取代表用户从不同渠道找到你的产品，这个阶段需要运营人员通过各种渠道进行推广，以各种手段获取目标用户，从而评估各种营销渠道效果，并不断调整运营策略。激活代表用户在你的产品上完成了一个核心任务并有了良好体验，这个阶段需要产品经理通过新手奖励、产品引导等方式来引导用户使用产品核心功能，方便掌握用户的行为数据，监控产品健康程度。留存代表用户回来继续不断地使用你的产品，这个阶段不仅要拉新用户，还需要关注用户黏性，以及用户在哪里流失、为什么流失。变现代表用户在产品上发生了可使你获得收益的行为，这个阶段主要用来衡量产品的商业价值，这也是商业的本质。自传播代表用户通过你的产品，推荐引导他人来使用你的产品，这个阶段主要是基于产品和营销等事件的吸引力，使用户自发地传播。

📋　**案例分析**　　　　　　　　　**小红书在不同时期的用户运营策略分析**

通过对小红书的生命周期分析，提出小红书初创期、成长期、成熟期这三个时期的用户运营策略。

1．初创期（2013—2015年）

2013年，随着移动互联网迅速发展、智能手机大规模使用、跨境旅游成为出行热门选择和消费者开始关注海外商品的购买等趋势的交汇，小红书在上海成立。当时跨境电商还处于蓝海市场，小红书准确捕捉到目标用户和用户需求，专注海外购物分享这个空白市场，精准捕捉人们在海外购物的痛点，以倾向于海外市场购物的一线城市女性为目标人群，收获了第一批用户。

（1）获取用户

2013年10月，以专业生产内容（Professional Generated Content，PGC）为主的小红书购物攻略主要针对入门级用户，覆盖了美国、日本、韩国等8个国家和多个热门旅游地。用户可在PC端或IOS平台进行离线下载阅读，上线不到一个月就被下载了50万次，成功吸引了一批具有境外购物习惯的青年女性，为小红书App上线积累了第一批原始用户。

（2）激活用户

2014年10月，小红书从内容社区升级为"内容+电商"，上线"福利社"模块，商业闭环最终形成。小红书明确了用户需求和产品发展方向，成为从内容种草到商城下单的女性海外购物社区电商一站式平台。2014年末，小红书举办了首届全球大赏活动，在20天内，有187万人参与投票，十分火爆，它推出的商品和店铺一度成为出境购物的风向标。用户在小红书内的讨论热度显著增加，为小红书带来了较高的人气和活跃度，同时也为小红书获取到了一批新用户。2015年、2016年连续举办全球大赏活动，进一步扩大了影响力。

2．成长期（2015—2017年）

对于一款已经度过初创期的产品，其核心的目标就是快速获得用户增长，小红书在初创期已经验证了用户需求，接下来开始通过产品功能的更新和创意活动的举办吸引越来越多的用户，迅速占领市场。

（1）获取用户&激活用户

2015年周年庆前期，小红书开始投放视频广告进行宣传。周年庆当天提供的"公主抱"福利让现场女性用户一度沸腾，精准地触达目标用户。此活动为小红书带来300万新用户和5000万元销售额。从数据上来看，日活和新增都翻了一倍，成功起到了拉新的作用。

2015年9月，小红书趁热打铁，在全国五座城市的12所高校举办"校草快递"营销活动，在女大学生圈中再次引爆风潮。最后"校草快递"以5297.7万的曝光量、4.7万的讨论量完美收官，成功在"90后"圈子里提高了知名度。整个周年庆期间，小红书App登上了苹果应用商店下载量总榜第四名，用户达到1500万。

（2）留存用户

在这个阶段，小红书开始聚焦社区功能的优化，多次改版页面，多次迭代产品功能，并更新推荐算法。小红书会根据用户的兴趣和用户画像进行个性化推荐，成功实现"内容找人"。为保证用户更长时间的留存，小红书设置了十级的用户成长体系，鼓励用户发布、分享、点赞、收藏和评论等行为。每一级对应相应的社交属性的任务要求，完成这些任务就会成长到下一级，从而鼓励用户多使用小红书。在升级过程中，不知不觉也在激励有创作能力的用户生产更多优质内容在平台传播，形成正向的循环激励。

（3）转化用户

2015 年 11 月，小红书推出"红色星期五"大促活动，活动玩法新颖，场景感强烈。用户在 App 内随处可以看见"红五"的标志，点击即可浏览购买心仪的商品。2016 年 4 月，小红书邀请××并策划了《××与小红书的三天三夜》活动，精准的艺人匹配+贴近生活的广告录制，以及上线前的微博预热，将小红书的知名度提升到一个更高的档次，用户新增长率高达 100%。同时，小红书策划了"××广告同款"品类的促销，提高用户的活跃度和商城的销售额，让用户在一个闭环当中体验到小红书的全部魅力。

3．成熟期（2017 年至今）

经过成长期，小红书已经拥有了大规模的用户和较为稳定的地位，树立了品牌形象，用户调性下沉。这一阶段小红书更加关注内容社区的运营，进行专题策划，同时以用户活跃度、留存率、商业变现和用户传播为导向。

（1）激活用户&留存用户

2018 年 1 月到 4 月，小红书赞助了两档带来超高曝光率的综艺节目，其用户进入喷井式增长阶段。两档综艺的观众也是小红书的潜在用户。投票规则中的发文和分享可以增加投票次数，提高了用户的活跃度和留存率。练习生们在活动结束以后继续使用小红书记录生活、发表日记，持续吸引着粉丝关注。粉丝们会点赞、评论练习生们的笔记，购买练习生们种草的商品，提高了小红书的活跃度和留存率。

（2）转化用户&用户传播

2019 年小红书内测电商直播，企业号"完美日记"做新品首发上市，新产品被快速抢购一空，直播后一周直接涨粉 10 万人。2020 年 4 月直播正式上线，开始面向平台的全部创作者开放。次日，小红书在第二次创作者公开日上宣布了 30 亿流量和定向扶持计划，以核心优势内容笔记为依托，以分享和聊天为主，带货氛围更加偏向于情感属性。一方面，通过直播的方式提高用户的活跃度和转化率，提升平台变现能力，另一方面，也是用变现的方式实现优秀创作者的留存。

近两年来，小红书推出"创作者开放日""创作者 123 计划"和"校园大玩家"等活动，旨在帮助内容创作者提升笔记质量和生产效率，通过各种激励方式培养和留存优秀的内容生产者，让创作者和内容释放出更大的影响力，为创作者沉淀私域流量，提供多元商业化道路。同时吸引更多的用户加入小红书，完成用户口碑传播。

资料来源：根据网络材料整理。

2.2.4 MECE 分析模型

MECE（即由 Mutually Exclusive Collectively Exhaustive 的首字母组成的缩写）分析模型（以下简称 MECE 模型），是麦肯锡的第一位女咨询顾问巴巴拉·明托（Barbara Minto）在《金字塔原理》中提出的一个很重要的模型，其中文意思是"相互独立，完全穷尽"，也就是对于一个重大的议题，做到不重叠、不遗漏地分类,而且能够借此有效把握问题的核心,梳理解决问题的方法。

MECE 模型是制定细分指标的方法论,主要目的是把一个大的问题进行拆分,从而可以结构化地梳理解决问题的方法。在拆分过程中遵循两大原则:一是完整性,在把目标向下分解时,不能漏掉任何一项,需要保证目标的完整性;二是独立性,拆分完成之后的每一项都需要独立,不同项之间不能有交叉产生。例如,用户商品交易总额 GMV 可以拆解为付费用户数与平均客单价的乘积(见图 2-4)。

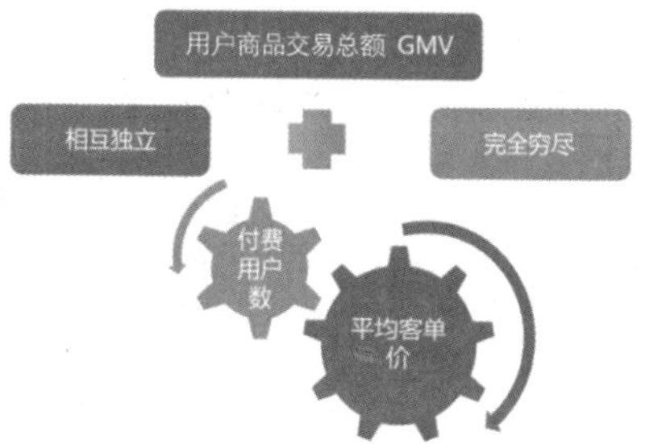

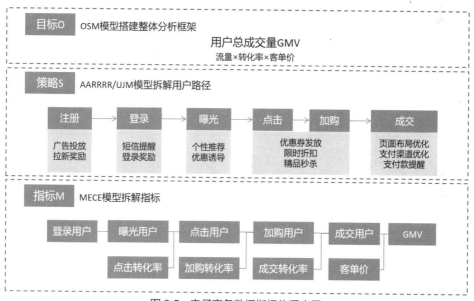

图 2-4　MECE 模型细分指标示例

2.3 电子商务数据指标体系构建

对于数据分析师来说,如何建立一套科学、完整的数据指标体系,需要积极地与业务方沟通,根据整个业务的核心功能及关注点确定需求。对于电子商务的业务而言,会比较关注 GMV 指标,类似"双 11""618"时各种大屏公示的实时交易额情况就是交易额指标。下面以提升 GMV 为例,了解指标体系梳理和构建的过程(见图 2-5)。

图 2-5　电子商务数据指标体系应用

首先,基于 OSM 模型中的"O"(提升 GMV),把业务用户的 UJM 进行拆分。例如,新用户在抖音、小红书等各种流量渠道看到产品的广告后,点击进入活动页面发现有大额的优惠券,于是跳转到应用商店下载了 App,打开后注册登录,访问产品列表页、商品详情页确定要购买的商品后,加入购物车进行支付,订单交易成功后,感觉消费体验良好,于是下次主动访问。

其次,根据 UJM 确定的关键业务过程,把"O"进行拆分,即 GMV=流量×转化率×客单价。对每个指标可以制定对应的运营策略,例如,设定一级指标用户总成交量的二级指标为点击 UV、转化率、访购率等,而二级指标中点击 UV 可进一步拆解细化为曝光 UV、点击率等三级指标,并通过相应的数据指标对活动运营各环节进行监控。

最后,按照这个方法和步骤,把不同业务部门或业务过程所需要的指标逐一梳理出来后,就初步形成了指标体系。

素养课堂 　　　　　　　　　　　　利用数据解决实际问题

　　为了更好地促进数字素养的提高和全球数字化发展，联合国教科文组织于 2018 年发布《数字素养全球框架》（以下简称《框架》），将公民应具备的数字素养划分为设备与软件操作、信息与数据素养、交流与协作、数字内容创建、数字安全、问题解决和职业相关素养七个领域，问题解决成为数字素养领域之一（见表 2-11）。《框架》确定的问题解决域包括识别与分析问题、需求；解决数字环境或数字情境中的概念问题；使用数字工具创新问题解决过程；生成创新产品；跟上数字发展的步伐。相对其他素养领域，问题解决领域使用的思维动词指向高阶思维，对读者思维发展水平要求更高，使数字素养水平从低阶的了解、应用技术与技能走向高阶的分析、求解与创造。

表 2-11 《数字素养全球框架》素养领域划分

素养领域	描述
设备与软件操作	识别与使用硬件工具和技术；识别需应用软件工具和技术获取的数据、信息和数字内容
信息与数据素养	明确信息需求，检索数据、信息和数字内容；判断数字来源的可靠性；存储、管理与组织数据、信息和数字内容
交流与协作	在了解文化和代际多样性的同时，利用数字技术进行互动、交流与协作；使用数字设备参与社会，成为参与式数字公民；维护个人的数字身份和声誉
数字内容创建	创建与编辑数字内容；在理解版权和许可的基础上，加工数字信息和内容并将其整合到现有的知识体系中；知道如何提供计算机系统能理解的指令
数字安全	保护数字设备、数字内容、个人数据和隐私；了解用于社会福祉和社会包容的数字技术，确保身心健康发展；知道数字技术对环境与人类社会的影响
问题解决	识别与分析问题、需求，解决数字环境或数字情境中的概念问题；使用数字工具创新问题解决过程，生成创新产品；跟上数字发展的步伐
职业相关素养	运用专业化数字技术理解、分析与评估专业领域中的数据、信息和数字内容

　　在日新月异、技术丰富、信息爆炸的现代社会，更需要学习和了解如何借助数据进行周密、严谨、理性的分析和思考，无论是制定家庭膳食计划，还是体质健康数据监测，抑或是电子商务运营的精准营销，都需要依托数据的组织与分析，以明确目的或问题，大致把握现状，锁定问题的关键原因，研究及实施对策，为路径架构提供数据分析方法论，高效挖掘数据价值，助力经营决策。

　　电子商务是一个伴随数据而生的行业，电子商务数据分析师则是专门在电子商务行业开展数据收集、清洗整理、挖掘分析的用于开展数据运营工作的专业人员，而且越来越多企业都设立了专门的数据分析部门。电子商务数据分析师需要足够熟悉与了解公司的业务，基于构建的数据分析架构模型，用数据分析工具完成数据收集、清洗、整理、分析等工作。同时，电子商务数据分析师需要对数据极具敏感性，对问题要有自己独特的见解，以问题解决为目标导向，提出相应的分析模型和策略。

　　资料来源：根据网络材料整理。

　　拓展思考：

　　1．身边还有哪些利用数据分析解决问题的场景案例？

　　2．借助数据分析解决实际问题的流程是什么？

本章知识结构图

扫一扫

本章测验

1. 判断题

（1）指标的核心意义是它使得业务目标可描述、可度量、可拆解。（　　　）

（2）SKU 数、SPU 数是销售类指标。（　　　）

（3）在 OSM 模型中确定业务目标时，首先业务目标必须符合企业的经营战略。（　　　）

（4）每个产品在不同发展阶段的"北极星"指标始终是一样的。（　　　）

（5）在进行业务策略梳理时，不需要和运营、产品等业务部门一起规划商讨决定。（　　　）

2. 单选题

（1）实施 OSM 模型的流程是（　　　）。

A. 确定业务指标、细分业务策略、确定衡量指标

B. 确定业务指标、确定衡量指标、细分业务策略

C. 确定衡量指标、确定业务指标、细分业务策略

D. 确定衡量指标、细分业务策略、确定业务指标

（2）对于 OSM 模型中的细分业务策略，其表现出来的是关键的（　　　）指标。

A. 一级　　　　　　B. 二级　　　　　　C. 三级　　　　　　D. 四级

（3）OSM 模型中的衡量指标是指标体系中的（　　　）指标。

A. 一级　　　　　　B. 二级　　　　　　C. 三级　　　　　　D. 四级

（4）根据 UJM 模型，用户使用某款产品大致会经历（　　　）阶段。

A. 一个　　　　　　B. 二个　　　　　　C. 三个　　　　　　D. 四个

（5）AARRR 模型是用户分析的经典模型，它反映了增长贯穿（　　　）的各个阶段。

A. 用户生命周期　　　　　　　　　　B. 产品生命周期

C. 市场生命周期　　　　　　　　　　D. 店铺生命周期

3. 多选题

（1）用户类指标包括（　　　）。

A. 注册用户数　　B. 活跃用户数　　C. 用户复购率　　D. 用户留存率

（2)指标可分为原子指标和派生指标，衍生/派生指标就是在原子指标上进行加减乘除或者修饰词的限定等，下列属于衍生指标的是（　　　）。

A. 客单价　　　　B. 订单量　　　　C. 活跃用户率　　D. 支付转化率

（3）用户分析 AARRR 模型中获取阶段的关键指标有（　　　）。

A. 曝光量　　　　B. 注册转化率　　C. 新老用户占比　　D. 流失率

（4）用户分析 AARRR 模型中留存阶段的关键指标有（　　　）。

A. 日均登录次数　　　　　　　　　　B. 流失率

C. 老用户留存率　　　　　　　　　　D. 新用户留存率

（5）MECE 模型在拆分过程中需要遵循的两大原则是（　　　）。

A. 完整性　　　　B. 重复性　　　　C. 及时性　　　　D. 独立性

4. 简答题

简述实施 OSM 模型的流程。

任务实训

实训内容：自行选择某一电子商务产品，利用 OSM +AARRR/UJM +MECE 思路，分析并制定该电子商务产品现阶段的一级指标、二级指标、三级指标。

实训目标：能够利用 OSM +AARRR/UJM +MECE 思路搭建电子商务数据指标体系。

第 ③ 章　电子商务数据采集

章节目标

1. 了解数据采集的原则与流程；
2. 熟悉数据采集渠道与工具；
3. 掌握 Web Scraper 的应用。

学习难点

使用 Web Scraper 爬取多页列表数据。

📋 **案例导入**　　　　　　　　公民个人信息是如何被爬走的

如今很多人都有类似这样的经历，"刚和朋友聊天提起某款商品，打开购物 App 后首页随即出现同类产品的推送广告；刚和家人商量去某地旅游，某旅游 App 就推送该地最佳旅游攻略……"，这种现象让人们在接受贴心服务的同时也越发感到疑惑。近几年，在侵犯公民个人信息犯罪案件的办理中，网络爬虫技术逐步走进大众视野。

个人信息是互联网企业输出用户画像、制定营销策略和识别风险的重要依据。随着数据产业的不断发展，个人信息已成为高价值的数据资源，对其的争夺日趋激烈。据统计，目前除了直接通过用户采集数据，另一个主要的数据来源就是使用网络爬虫技术采集公开信息。目前存在的 5 种利用爬虫技术非法爬取公民个人信息的形式包括制作爬虫软件出售给他人使用以牟利，制作爬虫软件供自己爬取公民个人信息，购买爬虫软件使用权供自己爬取公民个人信息，购买爬虫软件使用权爬取公民个人信息出售牟利，利用职务便利获取用户个人信息并出售牟利。

"技术是中立的，但技术应用永远不是中立的。"爬虫技术作为一种数据搜集的手段，本身并没有合法与非法之分，但面对互联网上众多的数据，如果不加以限定，任由爬虫随意爬取，则势必会对互联网生态造成影响。

首先，无限制的爬虫程序可能对网站服务器造成压力。比如 2018 年春运期间，12306 最高峰时段页面浏览量达 813.4 亿次，1 小时最高点击量 59.3 亿次，平均每秒 164.8 万次，其中恶意爬虫访问占据了近 90% 的流量，给 12306 的运维造成了很大的负担，极大挤占了普通用户的资源和权益。此外，爬虫程序的更大危害在于，目前不少打着"大数据"旗号的公司，用爬虫程序抓取未公开、未授权的个人敏感信息，甚至违规留存、使用、买卖这些隐私数据，严重扰乱市场经济秩序。

如何界定使用爬虫技术获取公民个人信息的合法性？

根据数据爬取的手段来划分，爬取方在双方约定的访问协议范围内进行的数据爬取行为，可被认定为是合法获取信息的行为。而爬虫无视网站访问控制或假扮合法访问者的行为，可被认定为不合法。从目的来看，爬取是否合法取决于数据爬取一方是否对被爬取一方提供的部分产品或服务进行"实质性替代"，如果是，那么它的目的是不合法的。

在大数据时代，爬虫技术应用的法律边界在哪儿？实际上，每家网站都设定了哪些数据、哪些页面能被抓取，哪些不能被抓取的协议文件，即国际互联网界通行的 Robots 协议。互联网业界提出该协议来限制网络爬取数据的行为。被爬取数据方将写有可爬取信息范围的 Robots 协议文件放到该网站后，就表示允许数据爬取方在协议范围内爬取数据。

保护个人隐私与鼓励产业发展、技术创新之间不是非此即彼的利益衡量问题，而是如何共生共存的利益协调问题。基于安全与发展相统一的系统思维，应当以个人信息保护法、数据安全法、网络安全法的实施为契机，进一步完善爬虫技术应用所需的各类规则体系，优化数据市场的法治环境，惩治滥用爬虫技术、侵犯个人信息权益的违法犯罪行为。

资料来源：根据网络材料整理。

拓展思考：

1．当前有哪些法律条例保障公民个人信息安全？

2．数据采集和爬取的渠道与工具有哪些？

3.1 电子商务数据采集概述

数据采集也叫数据获取，是指通过在平台源程序中预设工具或程序代码，获取商品状态变化、资金状态变化、流量状态变化、用户行为和信息等数据内容的过程，为后续进行数据分析提供数据准备。

3.1.1 数据采集的原则

数据采集过程需遵循及时性、有效性、准确性和合法性原则。及时性是指尽可能地获取到电子商务平台最新数据，只有用最新的数据与往期的数据比对才能更好地发现当前的问题和预测变化趋势。有效性是指需要注意数值期限。准确性是指在进行数据采集时需要确保所摘录的数据准确无误，避免数据分析时出现较大偏差。合法性是指数据采集的合法性，比如在进行竞争对手数据采集过程中，只能采集相关机构已经公布的公开数据，或是在对方同意的情况下获取的数据，而不能采用非法手段获取。

3.1.2 数据采集的流程

首先，确定采集范围及人员分工。进行数据采集前首先需要对数据采集目标进行分析，明确数据采集的指标范围和时间范围。接着明确这些数据需要从哪些途径及部门采集，确定参与部门和人员配备。

其次，建立必要的数据指标规范。数据指标需对数据进行唯一性标识，并且贯穿之后的数据查询、分析和应用，建立数据指标规范是为了后续工作有可以遵循的原则，也为庞杂的数据分析工作确定了可以识别的唯一标识。

最后，进行数据检查，主要从完整性、准确性和规范性三个方面入手。其中完整性检查是完成数据采集后对数据进行复查或计算合计数据，将其和历史数据比较，同时还要检查字段的完整性，保证核心指标数据完整。在数据采集录入过程中可能会有个别数据出现录入错误，准确性检查可以通过平均、求和等操作与原始数据比对，如发现比对结果不匹配，则需要检查出相应的错误数据。规范性检查是检查采集的数据中是否存在多个商品标识编码相同或同一数据出现多个数据指标等问题。

3.1.3 数据采集方案制定

在进行正式的数据采集之前，需要制定数据采集方案。方案的内容包括背景介绍、数据分析目标、数据分析指标和采集的渠道与工具。

背景介绍主要是让项目参与人员了解该数据项目的来龙去脉，明确分析的环境和所处情况。数据分析目标也就是数据分析人员完成数据分析后对项目运营各部门基于什么样的目的提出建议及调整策略。数据分析指标是指明确进行此次数据分析所需要的指标类型及具体指标。数据采集渠道及工具是在数据采集处理方案中注明数据来源及采集工具不仅可以为后续的工作提供工作方向，还可以为后期效果评估及复盘提供理论依据。其中数据分析的目标和指标已经在第 2 章进行了学习，本章重点学习数据采集的渠道及工具。

3.2 数据采集的渠道及工具

数据的主要来源渠道包括内部数据和外部数据两大类。内部数据是指在电子商务运营过程中站点或店铺自身所产生的数据信息，如站点的访客数、浏览量、收藏量，商品的订单数量、订单信息、加购数量等数据，其可通过电子商务站点、店铺后台或第三方数据工具获取；对于独立站点的流量数据，还可使用百度统计、CNZZ 等工具进行统计采集。外部数据主要来自政府部门、行业协会、新闻媒体、出版社等发布的统计数据；还包括行业调查报告，新闻报道、出版物、行业权威网站或数据机构发布的报告、白皮书等，如易观数据、艾瑞咨询等发布的报告。另外电子商务平台上聚集着众多行业卖家和买家，也是外部数据产生的重要来源；还有百度指数、360 趋势、搜狗指数等工具，依托平台海量用户搜索数据，将相应搜索数据趋势、需求图谱和用户画像等数据通过指数工具向用户公开，该类型数据可为市场行业、用户需求和用户画像数据分析提供重要参考依据。

3.2.1 内部数据采集渠道

内部数据包括流量数据、商品数据、交易数据、用户和物流服务数据、市场和竞争数据。通过收集和分析这些数据，可以找到电子商务运营中出现的问题，并提出具有针对性的解决方案，从而提升和优化运营手段。

1. 流量数据

在店铺运营中，我们必须掌握平台的流量构成，根据实际情况选择适合自己的流量入口以提升店铺的流量。下面主要介绍站内免费流量数据和站内付费流量数据的收集方法。

（1）站内免费流量数据

站内免费流量的来源有很多，要想收集站内免费流量数据，一定要清楚站内流量的结构。站内免费流量的入口有很多，如搜索、首页、站内活动和类目频道等。另外还有消息中心、其他店铺商品详情、社区等，这些是每一个店铺都可以实现的站内免费引流方式，其操作简单、门槛低。店铺可以先尝试各种免费引流方式，然后长期坚持并筛选出最适合自己店铺的方式，最后重点投入。

（2）站内付费流量数据

站内付费流量来源包括直通车、钻石展位和超级推荐三种主要方式。

①直通车属于搜索广告，买家搜索后才会出现，没有搜索买家是看不到的，是人找货。相对来说，直通车关键词引流比较精准，转化周期短，购物目的明确。

②钻石展位展示广告，曝光量很大，但是流量价格会相对高些，适合活动前的预热投放和实力强的商家。

③超级推荐属于系统通过人群和兴趣点的匹配方式进行商品推荐，是货找人，系统展示流量。一般来说，超级推荐的转化率较低，但是拉新能力很强，容易在商品人群精准的基础上获得更加精准的用户。

2. 商品数据

商家除了需要观测店铺整体运营数据，还需要对店铺商品效果数据进行分析。通过对商品访客数、商品浏览量、有效访问商品数、详情和评价停留时长、详情跳出率、访问收藏转化率和访问加购转化率等数据进行分析，对表现一般或销量不太乐观的商品进行优化，甚至下架。另外商家需要从流量来源分析中清楚引流的来源效果，从销售分析中总结商品销量变化规律，从客群洞察中获得商品吸引消费者的具体特征，从系统的关联搭配中选择合适的商品进行关联销售，促进提高销量。

3. 交易数据

交易数据最能体现店铺的经营情况，有效收集交易数据对店铺分析意义重大。店铺交易数据分析结果一直是店铺运营及后期决策调整的重要指标。一般来讲，店铺交易数据的分析离不开对交易的数量、类目、渠道、金额及转化率等的分析。而主推品交易数据则反映了店铺主推的单品或热销产品的交易信息数据，其主要包括下单买家数、支付买家数、下单件数、支付件数、下单金额、支付金额、下单支付转化率和支付转化率等几类数据。

4. 用户和物流服务数据

店铺的用户服务质量和物流服务效率是提升店铺转化率的两项关键因素。

（1）用户服务数据

用户服务质量影响消费者的忠诚度。用户服务的目的是让消费者在购买商品的过程中享受到优质的服务，提高消费者对店铺的满意度，从而提升商品回购率。店铺要提高销售额、店铺业绩，优质的用户服务是不可或缺的。店铺的客服人员在整个购物流程中扮演着越来越重要的角色，客服人员已经不再是简单的"聊天工具"，而是直接面对买家的销售员，客服人员的咨询转化率影响着店铺的销售额。

（2）物流服务数据

物流服务数据一直是商家比较难以把控和收集的数据，只有掌握其数据结构才能分析诊断出店铺产品在物流途中发生的异常。物流服务数据包括创建订单数、发货订单数、揽收订单数、签收订单数等。

5. 市场和竞争数据

市场和竞争数据是商家在前期开展市场调研时需要收集的重要数据。商家需要精准收集市场和同行的信息，以制定相应的营销策略。

（1）市场行业数据指标

市场行业数据主要包括行业概况、产品排行类目、商家排行、产品属性等。商家通常使用生意参谋的市场洞察模块统计市场行业数据，该模块主要包括市场监控、供给洞察、搜索洞察、客群洞察和机会洞察 5 个维度统计分析的相关数据指标。其中市场监控数据是帮助商家快速监控市场概况的一个手段，可提供实时的市场行业数据。供给洞察数据可提供热销属性及产品排行 500 强的数据，帮助商家对总体行业趋势及整个市场商品的排行概况进行统计。搜索洞察数据可帮助商家精准定位市场机会，深度解析需求趋势、转化率及人群画像等。客群洞察数据可帮助商家细分市场、精准营销及调整战略。机会洞察数据可提供产品属性和市场排行 500 强的数据，支持周期对比及从不同维度分析行业，可灵活高效地发掘市场。

（2）竞争店铺运营数据

在店铺的运营过程中，除了要了解自身店铺的运营情况，还要了解竞争店铺的运营状况。对于竞争店铺，可以对访客数、流量指数、交易指数、各级转化率、搜索人气、收藏人气、加购人气、预售定金指数和上新商品数等核心指标进行监控，并将竞争店铺的入店关键词和访客数等数据与自身店铺的相应数据进行对比，快速了解竞争店铺与自身店铺的差距。商家还需要掌握竞争店铺的商品，明确竞争商品的数据结构，收集流量指数、交易指数、搜索人气、收藏人气和加购人气等关键指标数据，通过这些关键指标分析对比得到本店商品的优势与劣势。

📄 **知识拓展**　　　　　　　艾瑞咨询——互联网数据资讯聚合平台

艾瑞咨询是中国新经济与产业数字化洞察研究咨询服务领域的领导品牌，主要为用户提供专业的行业分析、数据洞察、市场研究、战略咨询及数字化解决方案，助力用户提升认知水平、盈利能力和综合竞争力。自 2002 年成立至今，累计发布超过 3000 份行业研究报告，在互联网、新经济领域的研究覆盖能力处于行业领先水平，在产业数字化领域也建立了品牌基础，为用户提供数字化转型升级过程的数字化战略咨询与运营解决方案。

如今，艾瑞咨询一直致力于通过科技与数据手段，并结合外部数据、用户反馈数据、内部运营数据等全域数据的收集与分析，提升用户的商业决策效率。并通过系统的数字产业、产业数据化研究，帮助用户制定数字化战略以及数字化解决方案，提升用户运营效率。未来，艾瑞咨询将持续深耕商业决策服务领域，提升数字化商业决策效率和场景运营能力，致力成为以产业数字科技信息服务、数字化用户体验管理、数字化战略及数字化解决方案为支柱的科技公司。艾瑞咨询的核心产品及服务包括如下 6 个方面。

1. 用户体验管理服务

艾瑞咨询针对用户体验管理建立了专业的研究与技术团队，帮助企业解决市场、产品、品牌、营销运营等多种需求，提供市场洞察、产品创新、营销运营、品牌资产、用户体验等多维度的服务需求。

2. 产业数字化解决方案

艾瑞咨询长期对数字产业的洞察和理解，对数字化产业系统、全面地持续追踪和深度研究，包括垂直行业、应用场景、解决方案、产品创新、技术驱动和基础支撑，构成艾瑞咨询向产业各方提供战略及经营决策服务的有力支撑。

3. 新经济产业研究

艾瑞咨询专注互联网、新经济、数据化领域 18 年，为用户提供战略选择、IPO 行业顾问、竞争策略、投资机会，以及标的选择、市场进入、项目可行性研究等方面的解决方案，覆盖消费级研究、企业级研究及技术及创新等领域。

4. 产业战略咨询

基于艾瑞咨询多年的互联网、新经济和新技术研究沉淀，以及对未来产业的发展预判，为用户提供企业战略、产业规划、增长赋能、数字化转型等咨询服务，实现企业全面转型及价值提升，赋能增长。

5. 市场及消费者研究

基于多年行业研究经验，整合内外部多方大数据源与专家网络，结合自有样本社区及调研工具，通过大小数据结合、定性与定量结合、多维度及多标签的大数据挖掘技术、私域社群沟通工具，为用户在品牌、产品、营销、渠道、人群洞察等方面提供高效且专业的市场研究与深度咨询服务。

6. 数据产品洞察服务

艾瑞咨询的数据产品基于自建大数据能力的积累，汇集多家大型互联网企业、运营商等合作伙伴数据，打造可视化一站式、多维度的商业智能平台。通过对用户行为、媒体表现、品牌投放等内容的研究，构建 SaaS 化工具，形成助力品牌营销投放、挖掘媒体传播价值、辅助媒体精细化运营等一系列服务。

资料来源：根据网络材料整理。

3.2.2　外部数据采集渠道

外部数据的采集渠道主要包括政府部门、行业协会、新闻媒体、出版社、行业权威网站或数据机构、电子商务平台等。这些基于互联网的采集渠道通常使用的采集工具为互联网爬虫工具，具体可分为第三方爬虫软件（如八爪鱼采集器等）、基于浏览器的爬虫插件（如 Web Scraper 等）和使用 Python 自行编写的爬虫程序。下面重点介绍 Web Scraper、八爪鱼采集器和 Python 爬虫程序。

1. Web Scraper

Web Scraper 是一个轻量级免费的 Chrome 浏览器爬虫插件，具有抓取速度快且支持绝大部分的网页抓取的特点。Web Scraper 是适用于普通用户的爬虫工具，可以方便地通过鼠标和简单配置获取你想要的数据，如知乎回答列表、微博热门、微博评论、电子商务网站商品信息、博客文章列表等。Web Scraper 的主要缺点如表 3-1 所示。

表 3-1　Web Scraper 的主要缺点

缺点	说明
只支持文本数据抓取	图片、短视频等多媒体数据无法批量抓取
不支持范围抓取	默认全量抓取，无法配置抓取范围，若停止抓取，则只能待数据加载完毕
不支持复杂网页抓取	无法抓取复杂交互、酷炫特效的网页
导出数据乱序	默认使用 Local Storage 存储数据，存储数据乱序，需借助 Excel 工具重排

2. 八爪鱼采集器

八爪鱼采集器是一款业界领先的网页数据采集软件，它是集网页数据采集、移动互联网数据及应用程序接口（Application Program Interface，API）服务（包括数据爬虫、数据优化、数据挖掘、数据存储、数据备份）于一体的数据采集工具，其主要特性如表 3-2 所示。

表 3-2　八爪鱼采集器主要特性

特性	说明
覆盖全球主流电子商务平台数据	淘宝、天猫、京东、苏宁、唯品会、1688、Amazon、eBay 等国内外主流电子商务平台和一些官方/第三方电子商务数据分析平台
涵盖 90%以上的数据类型及字段	商品类目、标题、统一资源定位符（Uniform Resource Locator，URL）、价格（挂牌价与到手价）、销量、库存、评价、图片、发货地、促销活动、所在店铺、店铺等级等
独家云采集，实时采集更新数据	支持设置灵活的定时采集策略与多节点高并发采集，能够在极短时间内完成多个数据源大规模更新数据的采集，保障商品价格等电子商务数据的时效性
支持导出为 Excel、Json 或数据库	采集结果可实时导出为 Excel、Json 或同步到数据库中，便于灵活生成各类报表，帮助用户进行大盘分析、价格监控、店铺监控、活动效果跟踪、库存管理、预算管理、品牌维权等电子商务运营工作

3. Python 爬虫程序

Python 爬虫程序指的是用 Python 语言编写的爬虫程序。使用 Python 爬取数据需要使用者具有一定的 Python 基础，包括 Python 的下载、环境配置、安装方法，以及基本语法和函数使用、脚本的执行等，对使用者要求较高。除了 Python 外，用其他语言也可以编写爬虫程序，如 Java、PHP 等，不过相比较而言，Python 更为简单和实用。一方面 Python 提供了许多可以应用于爬虫的库和模块。另一方面 Python 语法简单、易读，更适合初学者学习，因此 Python 爬虫几乎成了网络爬虫的代名词。

Python 爬虫架构主要由五个部分组成，分别是调度器、URL 管理器、网页下载器、网页解析器、应用程序（爬取的有价值数据），具体如表 3-3 所示。

表 3-3　Python 爬虫架构

组成部分	说明
调度器	主要负责调度 URL 管理器、下载器、解析器之间的协调工作
URL 管理器	包括待爬取的 URL 地址和已爬取的 URL 地址，防止重复抓取 URL 和循环抓取 URL
网页下载器	通过传入一个 URL 地址来下载网页，将网页转换成一字符串，网页下载器有 urllib2（Python 官方基础模块）
网页解析器	将一个网页字符串进行解析，可以按照用户的要求提取出有用的信息，也可以根据文档对象模型（Document Object Model，DOM）树的解析方式来解析
应用程序	从网页中提取的有用数据组成的一个应用

3.3　Web Scraper 数据采集

根据实际应用情况，重点学习 Web Scraper 数据采集。

1．安装过程

（1）下载插件

访问 Web Scraper 官网下载 Web Scraper 插件，保存在本地。

（2）安装插件

首先打开 Chrome 浏览器，在地址栏中输入 "chrome://extensions/"，然后按 Enter 键，或者从浏览器依次选择【设置】–【更多工具】–【扩展程序】选项，进入扩展程序加载页面（见图 3-1），并打开【开发者模式】。最后把压缩包内的文件直接拖到该页面，自动跳转到 Web Scraper 官网，安装成功。

2．主要功能

打开谷歌浏览器，进入开发者工具页面，单击 Web Scraper 标签栏，其分为三个功能（见图 3-2），分别是【Sitemaps】、【Sitemap】和【Create new sitemap】。

图 3-1　谷歌浏览器扩展程序

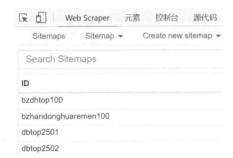

图 3-2　Web Scraper 界面

（1）Create new sitemap

假设要获取知乎上的一个问题的回答，就创建一个 Sitemap，并将这个问题所在的地址设置为 Sitemap 的 "Start URL"，然后单击【Create Sitemap】按钮即可创建一个 Sitemap（见图 3-3）。

（2）Sitemaps

Sitemaps 是 Sitemap 的集合（见图 3-4），所有创建过的 Sitemap 都会在这里显示，选择一个 Sitemap 进行修改和数据抓取等操作。

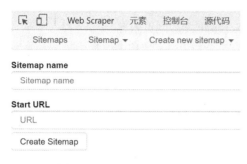
图 3-3　Create new sitemap

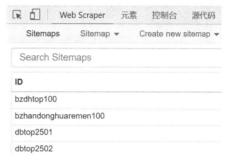
图 3-4　Sitemaps

（3）Sitemap

一个 Sitemap 下可以有多个 Selector，每个 Selector 又可以包含子 Selector ，一个 Selector 可以只对应一个标题，也可以对应整个区域，此区域可能包含标题、副标题、作者信息、内容等信息。选择进入某个 Sitemap ，可以进行以下操作（见图 3-5）。

- Selectors：查看所有的选择器。
- Selector graph：查看当前 sitemap 的拓扑结构图，了解根节点是什么，包含几个选择器，选择器下包含的子选择器。
- Edit metadata：可以修改 sitemap 信息、标题和地址。
- Scrape：开始数据抓取工作。
- Browse：浏览抓取的数据。
- Export Sitemap：以 JSON 格式导出 Sitemap。
- Export data：将抓取的数据以 CSV 格式导出。

（4）Add new selector

单击【Add new selector】按钮，进入 Selector 编辑页面，可以根据要求输入对应的项目内容（见图 3-6）。

图 3-5　Sitemap 操作选项

图 3-6　Add new selector

- Id：选择器的 ID。
- Type：要抓取内容的类型，包括文本、图片和元素集等。
- Selector：选择器。单击【Select】按钮可以选择我们要抓取的内容，单击【Element preview】按钮可以预览选择的内容，而单击【Data preview】按钮可以预览抓取的数据。
- Multiple：勾选该复选框可以并联相同的内容。
- Regex：正则表达式。
- Parent Selectors：父选择器。

案例分析　　　　　　　　　　使用 Web Scraper 爬取网页内容

使用 Web Scraper 抓取数据的步骤为创建 sitemap、新建 selector（抓取规则）、启动抓取程序、导出 csv 文件。

1. 单个页面爬取多项内容——爬取豆瓣电影排行 25 强

豆瓣电影排行 250 强的主页：https://movie.××.com/top250。

我们需要爬取电影排行榜首页 25 条内容的排名、电影名字、评分三项数据。

（1）创建爬虫抓取任务

打开 Web Scraper，选择【Create new sitemap】-【Create Sitemap】选项，创建一个爬虫抓取任务；输入 Sitemap name 和 Start URL，Start URL 为该排行榜的首页链接，然后单击【Save Sitemap】按钮，如图 3-7 所示。

图 3-7　创建爬虫抓取任务

（2）创建父级选择器

单击【Add new selector】按钮，进入 Selector 编辑页面，按照下列内容进行编辑输入，完成后单击【Save selector】按钮，详情如图 3-8 所示。

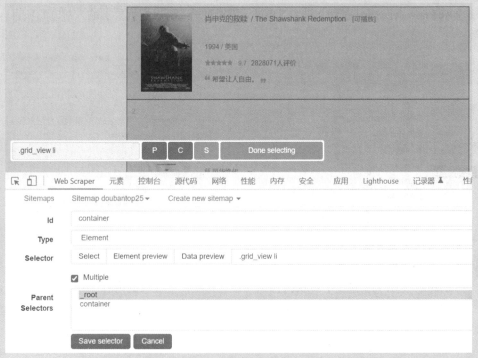

图 3-8　创建父级选择器

- Id：输入 Id，必须以小写英文字母开头，如 container。
- Type：选择 Element。
- Selector：单击【Select】按钮，将鼠标指针移至网页中，选择排名第一的页面数据结构，页面会自动标红，然后选择第 2 条数据，可以看到下面的电影都被选中了，单击【Done selecting】按钮完成。
- Multiple：勾选。
- Parent Selectors：_root。

因为创建的选择器数据类型为 Element，所以不管是 Element preview 还是 Data preview，均无数据显示，可以对该选择器进行 Edit（编辑）或 Delete（删除）。

（3）创建子选择器

首先单击 Container 选择器进入详情页面，单击【Add new selector】按钮，进入 Selector 编辑页面，按照下列内容进行编辑输入，完成后单击【Save selector】按钮。使用同样的方法创建子选择器，内容如图 3-9 所示。

- Id：输入 Id。
- Type：选择 Text。
- Selector：单击【Select】按钮，将鼠标指针移至网页中，选择排名第一的页面数据，选中的排序数字处，页面会自动标红，单击【Done selecting】按钮完成。
- Multiple：不勾选。
- Parent Selectors：container。

图 3-9　创建子选择器列表

（4）爬取

选择【Sitemap doubantop25】-【Scrape】选项，保持默认的请求和加载时间，单击【Start scraping】按钮，浏览器会重新打开被爬取的网站以读取数据，读取完毕，页面自动关闭；单击【refresh】按钮进行数据刷新，爬取结果如图 3-10 所示。

图 3-10　爬取数据结果

（5）导出数据

选择【Sitemap doubantop25】-【Export data】选项；选择数据导出的格式，此处选择.xlsx；导出完成，打开 Excel 表格，显示前 10 条数据，如图 3-11 所示。

	A	B	C	D	E
1	web-scrap	web-scrap	paixu	mingzi	pingfen
2	167077322(	https://mo	6	美××生	9.6
3	167077322(	https://mo	1	肖××的救	9.7
4	167077322(	https://mo	25	怦××动	9.1
5	167077322(	https://mo	23	当××来袭	9.2
6	167077322(	https://mo	12	忠××公的	9.4
7	167077322(	https://mo	13	海××琴师	9.3
8	167077322(	https://mo	11	楚××世界	9.4
9	167077322(	https://mo	3	阿××传	9.5
10	167077322(	https://mo	2	霸××姬	9.6
11	167077322(	https://mo	10	星××越	9.4

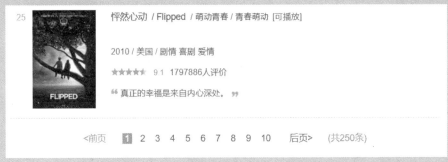

图 3-11 Excel 导出数据

2．爬取多页多项内容——爬取豆瓣电影 100 强（翻页型网页）

第一个应用爬取的是豆瓣电影 250 强中的第一页数据，即前 25 条数据，通过观察可知，该 250 条数据使用的是“翻页”功能进行翻页显示（见图 3-12）。

图 3-12 网页翻页

（1）创建爬虫抓取任务

打开 Web Scraper，选择【Create new sitemap】-【Create Sitemap】选项，创建一个爬虫抓取任务；输入 Sitemap name 和 Start URL，Start URL 为该排行榜的首页链接，然后单击【Save Sitemap】按钮，如图 3-13 所示。

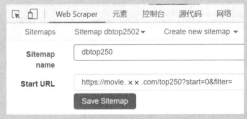

图 3-13 创建爬虫抓取任务 dbtop250

（2）创建 ID 为 next 的选择器

根据下列内容创建父级选择器（见图 3-14）。

- Id：输入 Id，如 next。
- Type：选择 Link。
- Selector：单击【Select】按钮，将鼠标指针移至网页翻页的“后页”，页面会自动标红，单击【Done selecting】按钮完成。
- Multiple：勾选。
- Parent Selectors：_root 和 next。

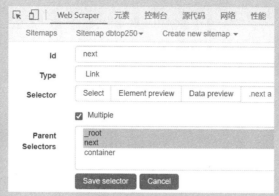

图 3-14　创建 ID 为 next 的选择器

（3）创建 ID 为 container 的父级选择器

根据下列内容，创建父级选择器。

- Id：输入 Id，如 container。
- Type：选择 Element。
- Selector：单击【Select】按钮，将鼠标指针移至网页中，选择排名第一的页面数据结构，页面会自动标红，然后选择第 2 条数据，可以看到下面的电影都被选中了，单击【Done selecting】按钮完成。
- Multiple：勾选。
- Parent Selectors：_root 和 next。

（4）创建子选择器

在 container 父选择器下创建排序、名字、评分三项子选择器（见图 3-15）。

图 3-15　创建子选择器

（5）爬取与导出

按照应用 1 中的方法，依次选择【Scrape】-【refresh】-【Export data】选项，即可得到 100 条数据（见图 3-16）。

图 3-16　爬取与导出

素养课堂　　全国首例短视频平台领域网络"爬虫"案宣判

在拥有海量信息的互联网时代下，我们经常有种"心想事成"的恍惚和错觉，在接受 App 贴心服务的同时又感觉后背发凉，难道我们真的被"监听"了？难道软件真的智能化到"人机合一"的程度？其实，这都要归功于大数据时代下的网络"爬虫"技术，而随着爬虫犯罪事件的不断发生，爬虫技术逐步走进大众视野，网络"爬虫"技术爬取个人信息是否合法？在大数据时代下，爬虫技术应用的法律红线又在哪里？

2022 年 5 月 10 日，全国首例短视频平台领域网络"爬虫"案在某区人民法院宣判，被告人丁某在明知所销售的该款爬虫软件系未经授权，专门用于入侵某短视频服务器，以非法获取用户昵称、UID 等数据的情况下依然对外销售，犯非法侵入计算机信息系统罪，被判处有期徒刑一年六个月，缓刑两年，并处罚金 3 万元。在缓刑期间，丁某被禁止从事互联网相关经营活动。

网络爬虫又被称为网络蜘蛛、网络机器人、网页追随者，是一种按照一定的规则，自动抓取网络信息资源的程序或者脚本。就像一个小虫子一样，在各个网站上来回溜达，将其搜索到的各种链接、信息等"带"回来交给释放"爬虫"的人。这些数据经过处理可以为电子商务公司、培训机构和传媒公司的产品、服务进行推广引流，其中不乏生产销售假冒伪劣商品的不良商家，风险隐患极大。

在如今的互联网+大数据时代，网络"爬虫"技术日益成为不可或缺的一部分，其应用领域很多，如搜索引擎、数据采集、广告过滤、大数据分析等。网络"爬虫"作为一项技术，本身是中立的，并不违法，但未经许可进入被害单位的计算机系统，通过这种手段非法获取互联网信息，进而实施各类电信网络违法犯罪活动，则"侵入"行为涉嫌《中华人民共和国刑法》中的相关罪名。

现如今，互联网成了海量信息的载体，尤其对于电子商务行业来说，数据采集和分析能力已经成为驱动业务决策的关键技能，网络爬虫技术则成为业务数据分析中数据获取环节的重要手段。但如果爬虫技术应用不当，则不仅涉嫌违反《中华人民共和国网络安全法》《中华人民共和国个人信息保护法》《中华人民共和国民法典》中关于个人信息保护和未经用户同意的情况下大量抓取用户的个人信息，不得非法收集、使用、加工、传输他人个人信息的规定，还会涉嫌非法获取计算机信息系统数据罪、非法控制计算机信息系统罪、非法侵入计算机信息系统罪、侵犯商业秘密罪、侵犯公民个人信息罪等。

网络不是法外之地，每一位互联网参与者在享受互联网带来便捷的同时，都要增强法律意识，要让技术成为社会的指引，而不是违法犯罪的帮凶。人民法院对利用互联网危害网络安全的违法犯罪行为予以惩处，既明确了法律边界，督促互联网从业人员重视信息系统安全，合法合规开展业务，又体现了对网民的信息保护，对互联网平台的系统安全、数据安全的维护，同时也警示了相关互联网企业提高安全意识，强化网络安全措施。

资料来源：根据网络材料整理。

拓展思考：

1．作为数据从业者，如何合法合规地获取和利用公民个人信息？

2．在大数据时代下，爬虫技术应用的法律红线在哪里？

本章知识结构图

扫一扫

本章测验

1. 判断题

（1）进行数据采集不需要尽可能地获取到电子商务平台最新数据，就可以发现当前的问题和预测变化趋势。（　　）

（2）Web Scraper 支持范围抓取。（　　）

（3）一个 Sitemap 下可以有多个 Selector，每个 Selector 又可以包含子 Selector。（　　）

（4）一个 Selector 只可以对应一个标题，不可以对应整个区域。（　　）

（5）数据采集要注意数据采集的合法性，不能采用非法窃取等手段获取。（　　）

2. 单选题

（1）数据采集的步骤是（　　）。

A. 数据检查、建立数据指标规范、确定采集范围和人员分工

B. 确定采集范围和人员分工、建立数据指标规范、数据检查

C. 确定采集范围和人员分工、数据检查、建立数据指标规范

D. 建立数据指标规范、确定采集范围和人员分工、数据检查

（2）Web Scraper 支持抓取（　　）数据。

A. 非结构化　　　　　　　B. 视频　　　　　　　C. 文本　　　　　　　D. 音频

（3）使用 Web Scraper 创建 Sitemap 时，第一步操作是（　　）。

A. Add new selector　　　　　　　　　B. Edit metadata

C. Create new sitemap　　　　　　　　D. Scrape

（4）Web Scraper 中的 Selector graph 表示的功能是（　　）。

A. 抓取数据　　　　　　B. 编辑选择器　　　　　C. 导出数据　　　　D. Sitemap 拓扑结构图

（5）Web Scraper 中的 Sitemaps 是所有（　　）的集合。

A. Selector　　　　　　B. Sitemap　　　　　　C. Meta　　　　　D. Graph

3. 多选题

（1）采集的数据需要进行（　　）检查。

A. 完整性　　　　　　B. 及时性　　　　　　C. 准确性　　　　　　D. 规范性

（2）数据采集方案的内容包括（　　）。

A. 背景介绍　　　　　B. 数据分析目标　　　C. 数据分析指标　　　D. 采集的渠道与工具

（3）采集外部数据的渠道有（　　）。

A. 政府部门　　　　　B. 艾瑞咨询　　　　　C. 生意参谋　　　　　D. 百度指数

（4）通过百度指数、360 趋势、搜狗指数等工具采集的数据可以为（　　）数据分析提供重要参考依据。

A. 市场行业　　　　　B. 用户需求　　　　　C. 用户画像　　　　　D. 流失率

（5）Web Scraper 爬取的数据可以导出为（　　）格式文件。

A. .xls　　　　　　　B. .csv　　　　　　　C. .html　　　　　D. .json

4. 简答题

（1）简述数据采集的原则。

（2）简述数据采集的流程。

任务实训

实训内容：以淘宝或京东为例，自行选择某一产品的关键词，使用 Web Scraper 工具爬取前 20 页数据，包括商品的标题、价格、销售量等数据。

实训目标：能够独立使用 Web Scraper 对网页公开数据进行爬取，处理在爬取过程中遇到的问题。

第 4 章　电子商务数据处理

章节目标

1. 了解电子商务数据处理与预处理的主要内容；
2. 了解电子商务数据清理、数据集成、数据变换和数据规约的主要内容；
3. 掌握使用 Excel 进行缺失、重复数据分类汇总的处理方法；
4. 掌握使用 Power Query 进行数据处理的方法；
5. 掌握决策树 ID3 算法的实际运用。

学习难点

决策树 ID3 算法的实际应用。

案例导入　　　　数据预处理方法在网络社区数据分析中的应用

在真实世界中，数据通常是不完整的（缺少某些感兴趣的属性值）、不一致的（包括代码或者名称的差异）、极易受到噪声（错误或异常值）侵扰的。因为数据库太大，而且数据集来自多个异种数据源，低质量的数据将导致低质量的挖掘结果和分析结果。

数据预处理是解决以上问题的可靠方法。数据预处理是数据分析或数据挖掘前的准备工作，也是数据分析或数据挖掘中必不可少的一环，它主要通过一系列的方法来处理"脏"数据、精准地抽取数据、调整数据的格式，从而得到一组符合准确、完整、简洁等标准的高质量数据，保证该数据能更好地服务于数据分析或数据挖掘工作。

统计发现，数据预处理的工作量占整个数据挖掘工作量的 **60%**，由此可见，数据预处理在数据挖掘中扮演着举足轻重的角色。例如，××单车骑行数据在经过数据预处理前，用户编号、单车编号、单车类型是一些冗余的属性，对分析目标没有任何意义。骑行时长是对分析目标起关键作用的属性，但该列中有若干个空缺（见表 4-1）。

表 4-1　预处理前的数据

用户编号	城市	单车编号	单车类型	骑行时长/小时
MU_00004	北京	MB_00001	经典	0.5
MU_00234	上海	MB_00431	轻骑	1.1
MU_00087	深圳	MB_00876	经典	1.0
MU_00067	广州	MB_00078	轻骑	
MU_00065	上海	MB_00034	轻骑	1.5

续表

用户编号	城市	单车编号	单车类型	骑行时长/小时
MU_09870	北京	MB_00021	经典	0.6
MU_00864	北京	MB_00090	经典	
MU_00984	广州	MB_00045	经典	1.5
MU_00043	深圳	MB_00064	轻骑	0.8
MU_00821	广州	MB_00286	轻骑	

经过预处理后，城市和骑行时长列的数据比较完整，也根据城市名称进行了归类（见表4-2），方便用户快速得出各个城市用户的平均骑行时长。

表4-2 预处理后的数据

城市	骑行时长/小时	城市	骑行时长/小时
北京	0.5	深圳	1.0
北京	0.6	深圳	0.8
北京	0.5	广州	0.5
上海	1.1	广州	1.5
上海	1.5	广州	0.5

显而易见，使用预处理前的××单车骑行数据对各个城市用户的平均骑行时长进行分析，会导致分析结果存在一些偏差，相反地，使用预处理后的××单车数据进行分析，会得到较为准确的分析结果。

资料来源：根据网络材料整理。

拓展思考：

1．数据预处理的目的是什么？

2．××单车骑行数据还有哪些有价值的数据指标？

4.1 电子商务数据处理与预处理

4.1.1 数据处理

电子商务数据处理的基本目的是从大量的、杂乱无章的、难以理解的数据中抽取并推导出对于某些特定的人来说有价值、有意义的数据。电子商务数据处理主要包括八个方面。

（1）数据采集：采集所需的信息。

（2）数据转换：把信息转换成机器能够接收的形式。

（3）数据分组：指定编码，按有关信息进行有效分组。

（4）数据组织：整理数据或用某些方法安排数据，以便进行处理。

（5）数据计算：进行各种算术运算和逻辑运算，以便得到进一步的信息。

（6）数据存储：将原始数据或计算结果保存起来，供以后使用。

（7）数据检索：按用户的要求找出有用的信息。

（8）数据排序：把数据按一定要求排序。

数据处理的过程大致分为数据准备、数据处理和数据输出 3 个阶段。在数据准备阶段，从各个渠道获取数据，并将其录入某个数据处理软件中，这个阶段也可以称为数据录入阶段。数据录入以后，就要由计算机对数据进行处理。最后输出的是各种文字和数字的表格和报表。

4.1.2 数据预处理

数据预处理是指在进行主要的处理之前对数据进行的一些处理。数据预处理方法有数据清理、数据集成、数据变换、数据规约（见图 4-1）。这些数据处理技术在数据分析与挖掘之前使用，大大提高了数据分析与挖掘的质量，降低了实际分析与挖掘所需要的时间。

图 4-1　数据预处理的方法

1. 数据质量问题

数据质量问题主要表现在非完整性、不一致性、有噪声和冗余性方面，这几个方面对应的细化问题见表 4-3。其中非完整性是指数据属性值遗漏或不确定；不一致性是指数据的来源和定义标准的不同，导致数据的内涵不一致，例如，同一属性的命名、单位、字长不相同；有噪声是指数据中存在异常（偏离期望值）；冗余性是指数据记录或属性重复。

表 4-3　数据质量问题

问题	脏数据举例	描述
未经校正的数据输入错误	身份证号="41038119990927"	身份证号用字符型来存储，正确的身份证号 410381199909277312 被错误地输入为 41038119990927
未经约束造成的数据错误	出生日期="1999-14-27"	月份大于 12，日期错误，可以通过约束来保证其正确性
数据冗余	用户 1 为：身份证号=410381199909277312，姓名=张婕；用户 2 为：身份证号=410381199909277312，姓名=张洁	用户 1 和用户 2 分别存储在不同的表格中，实际上是一个用户，却产生了不同的姓名
特殊事件造成的有关信息不准确	某一用户有两条交易记录：记录 1，购买日期=2023-1-1、购买产品="A""B"、单价=1680、数量=2；记录 2，购买日期=2023-1-6、购买产品="A""B"、单价=−1680、数量=2	用户在购买 A 产品后，又退掉了，因此应该把这两条记录在要分析的数据表中删除

由表 4-3 可以看出，数据可能存在很多质量问题，如果直接对这样的数据进行分析，其结果就可能不尽如人意。因为高质量的决策依赖高质量的分析结果，而高质量的分析结果必须有高质量的数据作为支撑。数据质量不高，即使分析方法运用得再合适，低质量的数据也必然导致低质量的分析结果。

2. 数据预处理内容

数据预处理是指对收集的数据进行分类或分组前所做的审核、筛选和排序等必要的处理。

（1）数据审核

从不同渠道取得的统计数据，在审核的内容和方法上有所不同。对原始数据应主要从完整性和准确性两个方面审核。完整性审核主要是检查应调查的单位或个体是否有遗漏，所有的调查项目或指标是否填写齐全。准确性审核主要包括两个方面：一是检查数据资料是否真实地反映了客观实际情况，内容是否符合实际；二是检查数据是否有错误，计算是否正确等。

审核数据准确性的方法主要有逻辑检查和计算检查。逻辑检查主要是审核数据是否符合逻辑，内容是否合理，各项目或数字之间有无相互矛盾的现象，此方法主要适合对定性（品质）数据的审核。计算检查是检查调查表中的各项数据在计算结果和计算方法上有无错误，主要用于对定量（数值型）数据的审核。

对于通过其他渠道取得的二手资料，除了对其完整性和准确性进行审核外，还应该着重审核数据的适用性和时效性。二手资料可以来自多种渠道，有些数据可能是为特定目的而通过专门调查获得的，或者是已经按照特定目的需要做了加工处理。对于使用者来说，首先应该弄清楚数据的来源、数据的口径以及有关的背景资料，以便确定这些资料是否符合自己分析研究的需要，是否需要重新加工整理等，不能盲目生搬硬套。此外，还要对数据的时效性进行审核，对于有些时效性较强的问题，如果取得的数据过于滞后，则可能失去了研究的意义。一般来说，应尽可能使用最新的统计数据。数据经审核后，确认符合实际需要的，才有必要做进一步的加工整理。数据审核的内容主要包括以下四个方面。

①准确性审核，主要是从数据的真实性与精确性角度检查资料，审核的重点是检查调查过程中发生的误差。

②适用性审核，主要是根据数据的用途，检查数据解释说明问题的程度。具体包括数据与调查主题、与目标总体的界定、与调查项目的解释等是否匹配。

③及时性审核，主要是检查数据是否按照规定时间报送，如未按规定时间报送，就需要检查未及时报送的原因。

④一致性审核，主要是检查数据在不同地区、不同时间段是否一致。

（2）数据筛选

对审核过程中发现的错误应尽可能予以纠正。调查结束后，当数据中发现的错误不能纠正，或者有些数据不符合调查的要求而又无法弥补时，就需要对数据进行筛选。数据筛选包括两方面的内容：一是将某些不符合要求的数据或有明显错误的数据剔除；二是将符合某种特定条件的数据筛选出来，对不符合特定条件的数据予以剔除。数据的筛选在市场调查、经济分析和管理决策中是十分重要的。

（3）数据排序

数据排序是按照一定顺序将数据排列，以便于研究者通过浏览数据发现一些明显的特征或趋势，找到解决问题的线索。除此之外，排序还有助于对数据检查纠错，为重新归类或分组等提供依据。在某些场合，排序本身就是分析的目的之一。

对于分类数据，如果是字母型数据，则排序有升序与降序之分，但习惯上升序使用得更为普遍，因为升序与字母的自然排列顺序相同。如果是汉字型数据，则排序方式有很多种，比如按汉字的首位拼音字母排序，这与字母型数据的排序完全一样；也可按笔画排序，其中也有笔画多少的升序降序之分。交替运用不同方式排序，在汉字型数据的检查纠错过程中十分有用。

对于数值型数据，排序只有两种，即递增和递减。排序后的数据也称为顺序统计量。

4.2　电子商务数据清理

数据清理是通过填写缺失的值、去除冗余数据、识别或删除离群点、平滑噪声数据和解决不一致数据等方法来清理数据，从而达到数据格式标准化、异常数据清除、错误纠正和重复数据清除的目的。本节重点讲解电子商务数据中缺失值、重复值和错误值的清理方法。

4.2.1　缺失值处理

在对实际数据进行处理的过程中，经常会遇到数据中存在一些缺失值的情况。缺失值产生的原因有很多，比如在采集信息时有些数据项的信息无法得到；有些信息在当时没有被关注，因此没有被记录；收集或录入过程中产生错误的数据；数据收集设备有问题等。

以电子商务企业用户信息数据为例，一些自然信息是用户自己提供的，如用户的年收入等，而对这类比较敏感的信息，很多用户可能故意不准确填写。基于上述情况，人们提出了以下解决方法。

（1）删除

对于缺失情况很严重的数据字段（缺失比例在 80%以上）或缺失值的记录数量相对较少（缺失比例小于 20%）的数据，一般采用直接删除该数据字段的方式进行处理。但当存在丢失重要数据的风险时，不应该将数据删除，而是通过创建一个新的、相关的、具有布尔值的属性替代，比如缺失值用 True 替代，正常值用 False 替代。

（2）填充

填充缺失的数据是数据清理中最常见的方法。该方法主要用于定性属性，最有效的方式是估计一个值，可以使用以下几种方法来估值。

①如果缺失值为数值型数据，数据分布近似正态分布，则可以使用均值填充。

②如果缺失值为数值型数据，数据分布呈偏态分布，则可以使用中位数填充。比如某用户的年收入值缺失，就可以用所有用户的年平均收入来代替。

③如果缺失值为字符型数据，则使用众数填充。

④数据中的空值有特殊含义的，可以单独归为一类数据。

⑤如果为模型填充，比如通过回归分析、决策树等方法，将缺失的数据作为目标进行预测，则可以得到最为可能的填充值。

对于以上几种方法，第 1～4 种方法相对简单，处理成本较低；第 5 种方法可以进一步改进估计效果，但成本较高。

案例分析　　电子商务企业进货单缺失值处理

某电子商务企业 2023 年 1 月的进货单包含商品名称、来源、类型、单价、数量、总计费用、上次进货量等字段数据，进行数据分析时发现上次进货量字段数据存在缺失，要求将缺失的数据全部填充为“0”。

1．选定 G 列，选择【开始】-【查找和选择】-【定位条件】选项，打开“定位条件”操作框；设置定位条件为“空值”，单击【确定】按钮，如图 4-2 所示。

商品名称	来源	类型	单价/元	数量/个	总计费用/元	上次进货量/个	销售情况/个
无线鼠标	中国	电子产品	25	10	250	4	1
蓝牙耳机	美国	电子产品	267	5	1335		0
电动牙刷	德国	电子产品	112	16	1792		6
电热水壶	中国	生活用品	230	4	920	8	2
熨斗	中国	生活用品	120	2	240	6	2
垃圾桶	中国	生活用品	15	8	120	14	2
时尚T恤	中国	服装	120	10	1200	20	2
短裤	美国	服装	56	9	504		8
发卡	印度	服装	8	19	152		1
钢笔	美国	学习用品	42	6	252	2	4
写字本	新加坡	学习用品	27	10	270	6	1
修改液	中国	学习用品	12	10	120	2	3

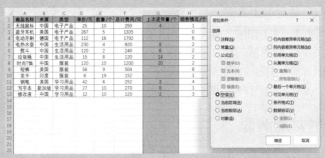

图 4-2　定位条件选择

2．直接输入“0”，按 Ctrl+Enter 组合键确定，如图 4-3 所示。

商品名称	来源	类型	单价/元	数量/个	总计费用/元	上次进货量/个	销售情况/元
无线鼠标	中国	电子产品	25	10	250	4	1
蓝牙耳机	美国	电子产品	267	5	1335	0	0
电动牙刷	德国	电子产品	112	16	1792	0	6
电热水壶	中国	生活用品	230	4	920	8	2
熨斗	中国	生活用品	120	2	240	6	2
垃圾桶	中国	生活用品	15	8	120	14	2
时尚T恤	中国	服装	120	10	1200	20	2
短裤	美国	服装	56	9	504	0	8
发卡	印度	服装	8	19	152	0	1
钢笔	美国	学习用品	42	6	252	2	4
写字本	新加坡	学习用品	27	10	270	6	1
修改液	中国	学习用品	12	10	120	2	3

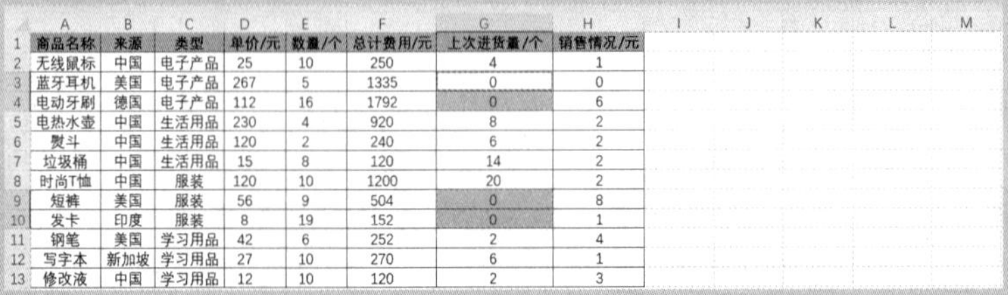

图 4-3　输入“0”

📑 **知识拓展**   Excel 函数的平均值、中位数和众数

1.平均值

平均值（Average Value）有算术平均值、几何平均值、平方平均值、调和平均值、加权平均值等，其中以算术平均值最为常见。

对于算术平均值，在 Excel 中使用 AVERAGE 函数返回参数的算术平均值。

- 语法

AVERAGE(number1，[number2]，…)

AVERAGE 函数语法具有下列参数。

Number1 必需，要计算平均值的第一个数字、单元格引用或单元格区域。

Number2，…可选，要计算平均值的其他数字、单元格引用或单元格区域，最多可包含 255 个。

- 备注

①参数可以是数字或者包含数字的名称、单元格区域或单元格引用。

②直接输入参数列表中的数字的逻辑值和文本表示形式不被计算在内。

③如果单元格区域或单元格引用参数包含文本、逻辑值或空单元格，则这些值将被忽略；但包含零值的单元格将被计算在内。

④如果参数为错误值或为不能转换为数字的文本，则会导致错误。

⑤若要在计算中包含引用中的逻辑值和代表数字的文本，则使用 AVERAGEA 函数。

若只对符合某些条件的值计算平均值，则使用 AVERAGEIF 函数或 AVERAGEIFS 函数。

2.中位数

中位数（Median）又称中值，是统计学中的专有名词，是按顺序排列的一组数据中居于中间位置的数，代表一个样本、种群或概率分布中的一个数值，其可将数值集合划分为相等的上下两部分。对于有限的数集，可以把所有观察值进行高低排序后找出正中间的一个数作为中位数。如果观察值为偶数，通常取最中间的两个数值的平均数作为中位数。

在 Excel 中使用 MEDIAN 函数计算一组已知数字的中值。

- 语法

MEDIAN(number1，[number2]，…)

MEDIAN 函数语法具有下列参数。

number1 是必需的，后续数字是可选的。

- 备注

①如果参数集合中包含偶数个数字，则 MEDIAN 函数将返回位于中间的两个数的平均值。

②参数可以是数字或者包含数字的名称、数组或引用。

③逻辑值和直接输入到参数列表中代表数字的文本被计算在内。

④如果数组或引用参数包含文本、逻辑值或空白单元格，则这些值将被忽略；但包含零值的单元格将被计算在内。

⑤如果参数为错误值或为不能转换为数字的文本，则会导致错误。

3.众数

众数（Mode）是指在统计分布上具有明显集中趋势点的数值，代表数据的一般水平，也是一组数据中出现次数最多的数值。有时众数在一组数中有好几个，用 M 表示。

在 Excel 中使用 MODE 函数返回数组或数据范围中最常出现或重复的值。

- 语法

MODE(number1，[number2]，…)

MODE 函数语法具有下列参数。

Number1 必需，要计算众数的第一个数字参数。

Number2，...可选，要计算众数的 2 到 255 个数字参数，也可以用单一数组或对某个数组的引用来代替用逗号分隔的参数。

- 备注

①参数可以是数字或者包含数字的名称、数组和引用。

②如果数组或引用参数包含文本、逻辑值或空白单元格，则这些值将被忽略；但包含零值的单元格将被计算在内。

③如果参数为错误值或为不能转换为数字的文本，则会导致错误。

④如果数据集合中不包含重复的数据点，则 MODE 函数返回错误值#N/A。

4.2.2 重复值处理

在数据集成过程中，数据输入错误、非标准的缩写或者不同数据源记录的差异等导致数据中可能包含同一实体的重复记录。缺失值是数据的缺乏，重复记录则是数据的过剩。重复数据删除技术是一种预处理技术，其目标是识别和删除数据集中重复的记录。比如数据库中有两条关于用户信息的记录，这两条记录的用户身份证号相同，只是一条记录的用户名为“张洁”，另一条记录的用户名为“张婕”，很明显这两个记录是重复记录，这就要与其他一些相关信息进行确认后去掉一条重复记录。总之，数据清理是一项繁琐但重要的工作，需要相关人员认真、仔细、反复检测和处理。

案例分析　　电子商务企业多类型进货产品处理

根据某电子商务企业 2023 年 1 月的进货单，现需要统计进货的产品类型有多少种。

下面使用高级筛选法和函数法分别对产品类型进行数量统计。

1．高级筛选法

选择【数据】-【排序筛选】-【高级】选项，打开“高级筛选”操作框。进行高级筛选设置，其中在选择列表区域时，一定要从该列的列标题，即第一行开始选择（见图 4-4），如果未选择列标题行，则显示的结果中第一行内容为选择区域的第一行内容。设置完成后，单击【确定】按钮，结果如图 4-5 所示。

商品名称	来源	类型	单价/元	数量/个	总计费用/元	上次进货量/个	销售情况/个
无线鼠标	中国	电子产品	25	10	250	4	1
蓝牙耳机	美国	电子产品	267	5	1335	0	0
电动牙刷	德国	电子产品	112	16	1792	0	6
电热水壶	中国	生活用品	230	4	920	8	2
熨斗	中国	生活用品	120	2	240	6	2
垃圾桶	中国	生活用品	15	8	120	14	2
时尚T恤	中国	服装	120	10	1200	20	2
短裤	美国	服装	56	9	504	0	8
发卡	印度	服装	8	19	152	0	1
钢笔	美国	学习用品	42	6	252	2	4
写字本	新加坡	学习用品	27	10	270	6	1
修改液	中国	学习用品	12	10	120	2	3

图 4-4　高级筛选设置

商品名称	来源	类型	单价/元	数量/个	总计费用/元	上次进货量/个	销售情况/个
无线鼠标	中国	电子产品	25	10	250	4	1
蓝牙耳机	美国	电子产品	267	5	1335	0	0
电动牙刷	德国	电子产品	112	16	1792	0	6
电热水壶	中国	生活用品	230	4	920	8	2
熨斗	中国	生活用品	120	2	240	6	2
垃圾桶	中国	生活用品	15	8	120	14	2
时尚T恤	中国	服装	120	10	1200	20	2
短裤	美国	服装	56	9	504	0	8
发卡	印度	服装	8	19	152	0	1
钢笔	美国	学习用品	42	6	252	2	4
写字本	新加坡	学习用品	27	10	270	6	1
修改液	中国	学习用品	12	10	120	2	3

类型
电子产品
生活用品
服装
学习用品

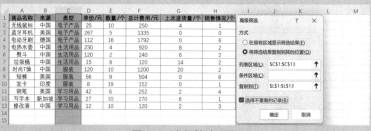

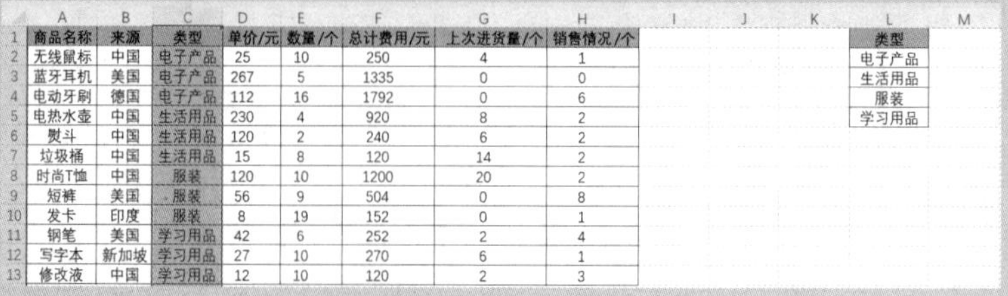

图 4-5　高级筛选结果

2．函数法

使用 COUNTIF 函数识别出重复项，并计算非重复项的数量。在 J1 单元格中输入“出现次数/次”标题，在 K1 单元格中输入“类型数量/个”标题。选择 J2 单元格，输入公式“=COUNTIF($C$2:C2,C2)”，按 Enter 键。选择 J2 单元格，使用公式进行快速向下填充，得出所有商品类型出现的次数（见图 4-6）。选择 K2 单元格，输入公式“=COUNTIF(J2:J13,"1")”，计算所有类型出现次数为 1 的数量，结果如图 4-7 所示。

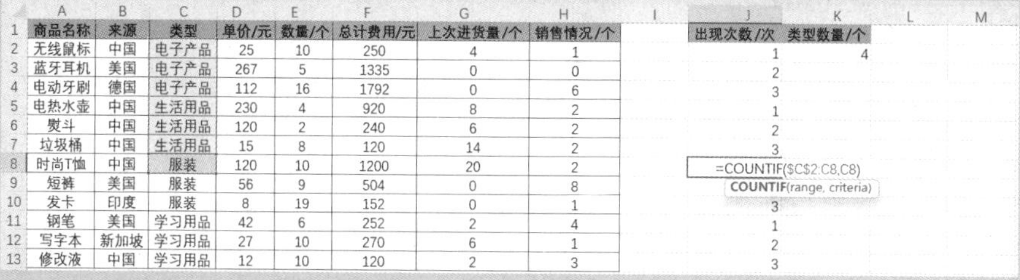

	A	B	C	D	E	F	G	H	I	J	K	L	M
1	商品名称	来源	类型	单价/元	数量/个	总计费用/元	上次进货量/个	销售情况/个		出现次数/次	类型数量/个		
2	无线鼠标	中国	电子产品	25	10	250	4	1		1	4		
3	蓝牙耳机	美国	电子产品	267	5	1335	0	0		2			
4	电动牙刷	德国	电子产品	112	16	1792	0	6		3			
5	电热水壶	中国	生活用品	230	4	920	8	2		1			
6	熨斗	中国	生活用品	120	2	240	6	2		2			
7	垃圾桶	中国	生活用品	15	8	120	14	2		3			
8	时尚T恤	中国	服装	120	10	1200	20	2		=COUNTIF($C$2:C8,C8)			
9	短裤	美国	服装	56	9	504	0	8		COUNTIF(range, criteria)			
10	发卡	印度	服装	8	19	152	0	1		3			
11	钢笔	美国	学习用品	42	6	252	2	4		1			
12	写字本	新加坡	学习用品	27	10	270	6	1		2			
13	修改液	中国	学习用品	12	10	120	2	3		3			

图 4-6　使用 COUNTIF 函数计算类型出现次数

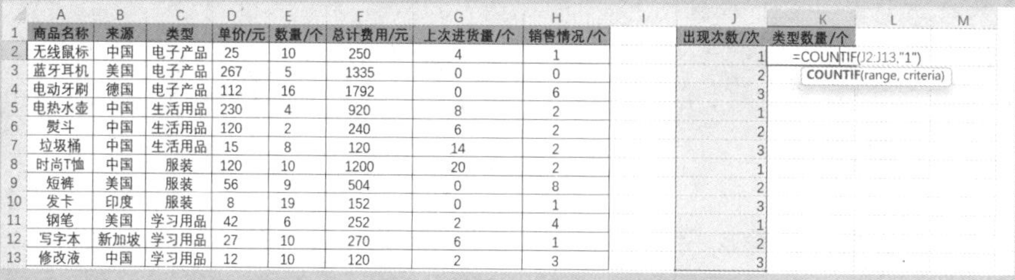

	A	B	C	D	E	F	G	H	I	J	K	L	M
1	商品名称	来源	类型	单价/元	数量/个	总计费用/元	上次进货量/个	销售情况/个		出现次数/次	类型数量/个		
2	无线鼠标	中国	电子产品	25	10	250	4	1		1	=COUNTIF(J2:J13,"1")		
3	蓝牙耳机	美国	电子产品	267	5	1335	0	0		2	COUNTIF(range, criteria)		
4	电动牙刷	德国	电子产品	112	16	1792	0	6		3			
5	电热水壶	中国	生活用品	230	4	920	8	2		1			
6	熨斗	中国	生活用品	120	2	240	6	2		2			
7	垃圾桶	中国	生活用品	15	8	120	14	2		3			
8	时尚T恤	中国	服装	120	10	1200	20	2		1			
9	短裤	美国	服装	56	9	504	0	8		2			
10	发卡	印度	服装	8	19	152	0	1		3			
11	钢笔	美国	学习用品	42	6	252	2	4		1			
12	写字本	新加坡	学习用品	27	10	270	6	1		2			
13	修改液	中国	学习用品	12	10	120	2	3		3			

图 4-7　使用 COUNTIF 函数计算类型数量

知识拓展　　Excel 的 COUNTIF 函数

COUNTIF 是一个统计函数，用于统计满足某个条件的单元格的数量，例如，统计特定城市在用户列表中出现的次数。

- 语法

COUNTIF(range，criteria)

COUNTIF 函数语法具有下列参数。

range 必需，查找的区域。

criteria 必需，查找的条件。

- 备注

①使用 COUNTIF 函数匹配超过 255 个字符的字符串时，将返回不正确的结果。

②当包含该函数的公式引用已关闭工作簿中的单元格或单元格区域并计算这些单元格或单元格区域的值时，会出现此错误。要使此功能发挥作用，必须打开其他工作簿。

4.2.3 错误值处理

错误值或异常值的存在会对分析结果（平均值与标准差）产生重要影响，异常值的检验与正确处理是保证原始数据可靠性的前提。比如，在某电子商务企业的销售数据库中可能出现少量持卡用户的年消费金额远远超过绝大多数用户年消费金额的现象，如出现年消费金额 200 多万元的数据记录。应该仔细研究这些用户的数据是团购产生的结果，还是其他原因产生的结果，进而进行适当处理。异常值的检测可以有多种方法，如聚类方法、统计方法等。

| 知识拓展 | 标准差 |

标准差（Standard Deviation），数学术语，是离均差平方的算术平均数（即方差）的算术平方根，用 σ 表示。标准差也被称为标准偏差，或者实验标准差，在概率统计中最常用作统计分布程度上的测量依据。标准差能反映一个数据集的离散程度。平均数相同的两组数据，标准差未必相同。

在 Excel 中通常使用 STDEVP 函数返回基于以参数形式给定的整个样本总体计算的标准偏差。标准差的计算公式如下。

$$\sigma = \sqrt{\frac{\sum(x - \bar{x})^2}{n}}$$

其中 x 是样本算术平均值，n 是样本大小。

- 语法

STDEVP(number1，[number2]，...)

STDEVP 函数语法具有下列参数。

Number1 必需，对应总体的第一个数值参数。

Number2，... 可选，对应总体的 2 到 255 个数值参数，也可以用单一数组或对某个数组的引用来代替用逗号分隔的参数。

- 备注

①STDEVP 函数假定其参数是整个总体。如果数据代表总体样本，则使用 STDEV 函数计算标准偏差。

②对于规模很大的样本，STDEV 函数和 STDEVP 函数返回近似值。

③参数可以是数字或者包含数字的名称、数组和引用。

④逻辑值和直接输入参数列表中代表数字的文本被计算在内。

⑤如果参数是一个数组或引用，则只计算其中的数字。数组或引用中的空白单元格、逻辑值、文本或错误值将被忽略。

⑥如果参数为错误值或不能转换为数字的文本，则会导致错误。

⑦如果要使计算包含引用中的逻辑值和代表数字的文本，则使用 STDEVPA 函数。

4.3　电子商务数据集成

电子商务数据集成是将多个数据源中的数据整合起来存放在一个一致的数据存储环境中。数据集成的主要目的是尽量减少或避免结果数据集中的不一致性和冗余性，这有助于提高其后数据挖掘过程的准确性和速度。

4.3.1　数据集成概述

1．数据集成问题

在数据集成的过程中可能会遇到命名冲突、属性类型冲突和属性值冲突问题。

（1）命名冲突

命名冲突主要是指同一个属性在不同的数据源中采用了不同的名字。比如某个电子商务企业在北京和上海设有两家分公司，北京分公司内部员工表中的身份信息用员工身份证号来表示，而上海分公司内部员工表中的身份信息用员工 ID 来表示，尽管这两个字段都表示相同的含义，但命名却不相同，从而产生命名冲突。

（2）属性类型冲突

以邮编字段为例，虽然邮编是以数字形式表示的，但不能用于任何计算，其可能会被定义为数值型，也可能会被定义为字符型，从而产生属性类型冲突。

（3）属性值冲突

属性值冲突主要有两种形式，一种是字段名称相同，属性值的表示形式不同。比如以性别字段为例，有的数据源中会用"男"表示男性，用"女"表示女性，而有的会用"M"表示男性，"F"表示女性。另一种是字段名称相同，属性值的表示形式也相同，但取值范围不同。比如两个数据源中都有消费金额这个字段，但第一个数据源中的消费金额是用户一个月的消费金额，第二个数据源中的消费金额是用户一个季度的消费金额，这两个数据源的消费金额字段的值的含义就有很大差异。

上面列出了数据集成过程中可能产生的几个问题，在实际操作时需要根据实际情况找出恰当的方法对冲突数据进行处理。

2. 数据集成架构

数据集成的主要过程有数据抽取（Extract）、数据转换（Transform）和数据加载（Load），这个过程是负责将分布的异构数据源中的数据抽取到临时中间层进行转换、集成等处理，最后加载到列数据仓库或数据集市中，成为联机分析处理和数据挖掘的基础。

根据转换发生的顺序和位置，数据集成可以分为 ETL 和 ELT 两种架构，ETL 的过程为提取-转换-加载，在数据源抽取数据后首先进行转换，然后将转换的结果写入目的地。ELT 的过程则是提取-加载-转换，在抽取数据后先将结果写入目的地，然后利用数据库的聚合分析能力或者外部计算框架进行转换。

4.3.2　数据集成的应用

电子商务企业经常会遇到各种数据的处理、转换和迁移，了解并掌握一种 ETL 工具的使用必不可少。下面重点介绍 Power Query 工具。

Power Query 是一个数据转换和数据准备引擎，具有提取、转换和加载数据功能。由于引擎在许多产品和服务中都可用，因此存储数据的目的取决于使用它的位置。

Power Query 附带用于从源获取数据的图形界面，以及用于应用转换的 Power Query 编辑器。它的编辑界面提供一组对用户友好的功能区、菜单、按钮和其他交互式组件进行交互。通过 Power Query 编辑器可以连接到各种数据源，通过预览数据并从 UI 中选择转换来应用于数百种不同的数据转换场景。无论基础数据源的限制如何，这些数据转换功能在所有数据源中都是通用的。

Power Query 中的转换引擎包括许多预生成的转换函数，这些函数可通过编辑器的图形界面使用。这些转换可以像删除列或筛选行一样简单，也可以像使用第一行作为表标题一样常见。还有高级转换选项，如合并、追加、分组依据、透视和逆透视。选择菜单中的转换选项，然后应用该转换所需的选项，可以实现所有这些转换。

在实际工作中，往往需要将多个 Excel 数据表数据合并在一起，如果数据量较少，则可以在 Excel 中使用复制粘贴的形式进行合并，如果数据量较大，则该方式的效率并不高，那么使用 Power Query 的追加和合并功能将使工作量大大减少。

案例分析　　电子商务企业人员信息处理

某电子商务企业有三个部门人员信息表，分别是产品部、客服部和运营部的人员信息表，包含员工编号、姓名、性别和职务，现需要将三个部门的人员信息表合成一张表。

①新建工作表，打开 Power Query 编辑器，分别建立运营部、产品部和客服部三个查询，并分别导入相应的数据源，查询结果如图 4-8 所示。

查询 [3]
运营部
产品部
客服部

= Table.RemoveColumns(重命名的列,{"部门"})

	Column1	Column2	Column3	Column4
1	员工编号	姓名	性别	职务
2	YY001	张黎刚	男	主管
3	YY002	林晓晓	女	运营
4	YY003	李军	男	运营
5	YY004	张颖	女	运营
6	YY005	赵丽华	女	运营助手

图 4-8　运营部人员信息表

②添加自定义列。在每个查询中添加自定义列，将列名修改为部门，内容填充为各自对应的部门名称。

③新建追加查询。将运营部、产品部和客服部三个查询追加到新的查询中，并删除重复的项，结果如图 4-9 所示。

④关闭 Power Query 编辑器，将数据上载至 Excel 表格中。

	Column1	Column2	Column3	Column4	部门
1	员工编号	姓名	性别	职务	运营部
2	YY001	张黎刚	男	主管	运营部
3	YY002	林晓晓	女	运营	运营部
4	YY003	李军	男	运营	运营部
5	YY004	张颖	女	运营	运营部
6	YY005	赵丽华	女	运营助手	运营部
7	CP001	小溪	女	主管	产品部
8	CP002	王曦	女	市场	产品部
9	CP003	李鑫	男	产品设计	产品部
10	CP004	张俊超	男	产品设计	产品部
11	CP005	李亮亮	男	产品设计	产品部
12	CP006	张朝新	男	市场	产品部
13	KF001	李晓	女	主管	客服部
14	KF002	梁秋仕	女	客服	客服部
15	KF003	李佳琪	女	客服	客服部
16	KF004	张燕子	女	客服	客服部
17	KF005	张晓楠	女	客服	客服部
18	KF006	李贝	女	客服	客服部
19	KF007	赵倩	女	客服	客服部

图 4-9　部门人员信息汇总表

知识拓展　　Excel 的 VLOOKUP 函数

VLOOKUP 是一个查找和引用函数，即给定一个查找的值，它能从指定的查找区域中查找并返回想要查找的值。

- 语法

VLOOKUP(lookup_value，table_array，col_index_num，range_lookup)

VLOOKUP 函数语法具有下列参数。

lookup_value ，必需，要查找的值（数值、引用或文本）。

table_array，必需，查找值所在的区域。

col_index_num，必需，区域中需要返回的值所在的列号。

range_lookup，可选，精确匹配（0 或 FALSE）或近似匹配（1 或 TRUE）。

- 备注

lookup_value，要查找的值可以是数值、引用和文本，要求在查找区域 table_array 的第一列，如果不在第一列，则会返回错误。

table_array 查找区域，一定包含返回值所在的列，例如，要返回的是第三列，但是查找范围才两列，所以会返回错误。

col_index_num，查找数据的数据序列号，如果小于 1，则返回错误值#VALUE!；如果大于 table_array 的列数，则返回错误值。

range_lookup，采用精确匹配查找，如果查找不到，则返回错误值#N/A；省略的话，则默认是模糊匹配。

4.4 电子商务数据变换

4.4.1 数据变换方法

数据变换是指根据要解决问题的具体要求进行数据转换或格式统一，将数据转换成适合于数据分析的形式。常见的数据变换方法有平滑、聚集、概化、规范化和属性构造。

1. 平滑

数据平滑主要是通过分箱、聚类、回归等方法来去除数据中的噪声。在允许一定误差的情况下，通过一个数值代表一个区域范围来减少噪声。

其中，分箱方法主要通过考察数据周围的值来平滑数据的值，以期去掉数据中的噪声，可以按箱平均值对数据进行平滑处理，也可以按箱边界值对数据进行平滑处理。

假如一组商品销售数量的数据如下（已按由小到大的顺序排列）。

4，5，9，14，15，18，22，25，26，28，29，33

按等深的方法把数据分成等深（深度为 4，即每个箱子有 4 个数据）的三个箱子，采用各种分箱方法获得的结果如表 4-4 所示。

表 4-4　分箱方法处理结果

数据划分为等深箱	按箱平均值平滑后的数据	按箱边界值平滑后的数据
箱子 1：4，5，9，14	箱子 1：8，8，8，8	箱子 1：4，4，4，14
箱子 2：15，18，22，25	箱子 2：20，20，20，20	箱子 2：15，15，25，25
箱子 3：26，28，29，33	箱子 3：29，29，29，29	箱子 3：26，26，26，33

如果用箱的边界值平滑，就要确定两个边界，然后依次计算除边界值外的其他值与两个边界的距离，将与之距离最小的边界值确定为平滑边界值。具体计算如下。

箱子 1：|5-4|＝1，|14 5|＝9，故选 4 为平滑边界值；|9-4|＝5，|14-9|＝5，故可选 4，也可选 14 为平滑边界值，本处选择 4。

箱子 2：|18-15|＝3，|25-18|＝7，故选 15 作为平滑边界值；|22-15|＝7，|25-22|＝3，故选 25 作为平滑边界值。

箱子 3：|28-26|＝2，|33-28|＝5，故选 26 作为平滑边界值；|29-26|＝3，|33-29|＝4，故选 26 作为平滑边界值。

2. 聚集

聚集一般是采用统计的方法对数据进行汇总或聚类。例如，将月销售数据聚集为季度销售数据等。

3. 概化

概化是指用较高层次的概念来替代较低层次的概念，从而降低数据复杂度。例如，地理维度中的城市，可以概化为较高层次的概念，如省、国家等。

4. 规范化

将数据按比例缩放，使之落入一个小的特定区间，如 0.0～1.0，称为规范化。比较常用的数据规范化方法有以下两种。

（1）最小—最大规范化

该方法的主要思想是通过线性变换的方式把原始数据值转换成一定区间上的数据值，但转换后的数据值仍保持原始数据值之间的关系。

假定 MinX、MaxX 分别是属性 X 上的最小值和最大值，现要将属性 X 的值映射到区间 $[a, b]$ 上，对于给定的属性 X 的某个值 Y，可以采用如下方法来进行转换。设 Y 值被规范化后的值为 NewY，则：

$$\text{New}Y = \frac{Y - \text{Min}X}{\text{Max}X - \text{Min}X}(b-a)+a$$

（2）零—均值规范化

该方法的主要思想是属性 X 规范化后的值取决于属性 X 取值的均值和标准差。若 A 是属性 X 上的一个取值，则可用公式进行零—均值规范化，得到规范化后的值 A'。

$$A' = \frac{A - \bar{X}}{\sigma_x}$$

其中，$\bar{X}$ 和 σ_x 分别为属性 X 的平均值和标准差。

对一组商品销售数量的数据分别采用最小—最大规范化处理（让其区间落在 $[0, 1]$ 上）和零—均值规范化处理，其结果如表 4-5 所示。

表 4-5 数据规范化处理结果

原始数据	4, 5, 9, 14, 15, 18, 22, 25, 26, 28, 29, 33
最小值，最大值	4, 33
平均值，标准差	19, 9.695
最小—最大规范化处理结果	0.000, 0.034, 0.172, 0.345, 0.379, 0.483, 0.621, 0.724, 0.759, 0.828, 0.862, 1.000
零—均值规范化处理结果	−1.547, −1.444, −1.031, −0.516, −0.413, −0.103, 0.309, 0.619, 0.722, 0.928, 1.031, 1.444

5. 属性构造

人们可以通过已有属性构造数据分析需要的新属性。数据分析工作往往都是围绕特定主题进行的，所以有时需要构造一些原始数据库中没有的属性。例如，有的数据库中没有消费者某次购买的商品带给企业利润的数据，但在相关数据库中可以找到该商品的进价和销售价格，这样就可以根据这两个属性构造一个新的利润属性，通过这个新属性了解消费者购买该商品带给企业的利润。这种属性构造特性对数据分析和知识发现是很有价值的。

4.4.2 数据分类汇总

要创建分类汇总，首先要对数据进行排序，然后以排序的字段为汇总依据，进行求和、求平均值和求最大值等各种汇总操作。

📋 **案例分析** 电子商务企业坚果产品销售总额分类汇总

根据某电子商务企业 2023 年 1 月的坚果销售情况表，需要对产品的销量总额进行汇总，包含对亚马逊和速卖通的销量总额单独汇总，具体操作如下。

①选择"产品"列中的某数据，选择【开始】-【排序和筛选】-【降序】选项，将"产品"

列的产品按照名称首字母降序排列，结果如图 4-10 所示。

②选择【数据】-【分级显示】-【分类汇总】选项，弹出"分类汇总"操作框（见图 4-11），设置分类汇总参数，分类字段为"产品"，汇总方式为"求和"，选定汇总项为"亚马逊""速卖通"和"合计"，其分类汇总结果如图 4-12 所示。

图 4-10　坚果销售情况按照产品降序排列结果	图 4-11　分类汇总功能

图 4-12　分类汇总结果

默认创建分类汇总时，在表格中只能显示一种汇总方式，用户可根据所需进行设置，嵌套多种汇总结果，以便查看。如果在表格中已创建分类汇总，并在"分类汇总"操作框中设置新的汇总方式后，选中"替换当前分类汇总"复选框，则可将当前分类汇总用新的分类汇总方式替换。

4.5　电子商务数据规约

4.5.1　数据规约概述

数据规约是为了降低在海量数据上进行数据分析的难度和复杂度而进行的一项工作。它的核心思想是在不破坏数据原有完整性的基础上选取小样本数据进行数据分析，但要求从小样本数据进行分析得到的结果和从大样本数据进行分析得到的结果是相同的。数据规约的这一特性使很多不适合在原数据集上实现的分析工作成为可能，是数据预处理的重要内容。数据规约的方式有很多，本节简单介绍以下几种方法。

1. 属性规约

属性规约是通过属性合并或删除不相关的属性来降低数据的维度。属性规约的目标是找到最小的属性集，这样丢弃那些不相关的属性不会对数据的效用产生太大影响，并且可以降低数据分析的成本。例如，企业销售数据中的用户联系电话与用户的购买行为无关，该属性项就可以被删除。属性规约的方法很多，如决策树、主成分分析等。

2. 数值规约

数值规约是指用较小的数据表示形式替换原数据，包括有参数方法和无参数方法两类。有参数方法是指使用一个模型去估计数据，这样可以只存放模型参数代替存放实际数据，如回归模型和线性模型。对于无参数方法，就需要存放实际数据，如直方图、聚类、抽样和数据立方体等。

3. 数据压缩

数据压缩是指在不丢失信息的前提下，缩减数据量以减少存储空间，提高其传输、存储和处理效率的一种技术方法。数据压缩包括有损压缩和无损压缩。有损压缩是指压缩后的数据经重构后与原来的数据有所不同，但不影响对原始资料所表达信息的理解。无损压缩是指压缩后的数据经重构后与原来的数据完全相同。

4. 概念分层

概念分层是用高层次概念替换低层次概念，得出的数值可以大大降低数据分析的复杂度。

4.5.2 数据规约 ID3 算法

ID3 算法是由 J.罗斯·昆兰（J. Ross Quinlan）于 1986 年提出的一种基于决策树的分类算法。该算法建立的决策树具有规模比较小、查询速度快等优点。

ID3 算法用信息增益作为属性选择度量，信息增益值越大，不确定性越小。因此，ID3 算法总是选择具有最高信息增益的属性作为当前节点的测试属性，根据"信息增益越大的属性对训练集的分类越有利"的原则来选取信息增益最大的属性作为"最佳"分裂点，以自顶向下递归的分而治之方式构造决策树。

（1）划分前的熵

假设训练样本集 S 包含 n 个样本，这些样本分别属于 m 个类，其中第 i 个类在 S 中出现的比例为 p_i，那么 S 的信息熵为：

$$I(S) = -\sum_{i=1}^{m} p_i \log_2 p_i$$

从信息熵的计算公式可以看出，训练集在样本类别方面越模糊，越杂乱无序，它的熵就越高；反之，则熵越低。

（2）划分后的熵

假设属性 A 把集合 S 划分成 v 个子集 $\{S_1, S_2, \ldots, S_v\}$，所包含的样本数为 n_i，如果 A 作为测试属性，那么划分后的熵为：

$$E(A) = \sum_{i=1}^{v} \frac{n_i}{n} I(S_i)$$

n_i / n 充当第 i 个子集的权，它表示任意样本属于 S_i 的概率。

熵越小，划分的纯度越高。用属性 A 把训练样本集分组后，样本集的熵将会降低，因为这是一个从无序向有序的转变过程。

（3）信息增益

信息增益定义为分裂前的信息熵与分裂后的信息熵之间的差。

$$Gain(A) = I(S) - E(A)$$

ID3 算法步骤（每次选信息增益最大的属性）如下：

①对当前例子集合，计算各属性的信息增益；

②选择信息增益最大的属性 A_i；

③在 A_i 处取相同值的例子归于同一个子集，A_i 取几个值就得几个子集；

④依次对每种取值情况下的子集递归调用该算法，即返回步骤①中；

⑤若子集的目标属性相同，则分支为叶子节点，并标上标签，然后返回调用处。

📋 **案例分析**　　　　　　　　　　电子商务企业用户属性分类分析

某电子商务企业某段时间内用户的购买记录如表 4-6 所示，从用户的年龄范围、收入水平、会员性别和会员等级四个方面的用户属性判断用户是否购买产品，哪个属性最具有区分度？利用决策树 ID3 算法进行分析，具体操作步骤如下。

表 4-6　某电子商务企业某段时间内用户的购买记录

序号	年龄范围/岁	收入水平	会员性别	会员等级	分类：购买产品
1	≤25	中	女	初级	否
2	≤25	高	男	中级	否
3	26～35	高	女	中级	是
4	≥36	中	男	初级	是
5	26～35	低	女	中级	是
6	≥36	中	女	初级	否
7	26～35	低	女	中级	是
8	26～35	高	男	高级	否
9	≤25	低	男	中级	是
10	≥36	高	女	高级	是

由购买记录可知，该训练样本集 S 包含 n 个样本，$n=10$，这些样本分别属于 m 个分类，$m=2$（不买产品为"否"，购买产品为"是"），其中第 1 个分类"否"在 S 中出现的比例为 $P1=4/10$，第 2 个分类"是"在 S 中出现的比例为 $P2=6/10$。

$$I(S) = -(P1)\log_2(P1) - (P2)\log_2(P2) = -\left(\frac{4}{10}\right)\log_2\left(\frac{4}{10}\right) - \left(\frac{6}{10}\right)\log_2\left(\frac{6}{10}\right) \approx 0.9709$$

假设属性 A 为"年龄范围"，把集合 S 划分成 v 个子集，分别为 {≤25，26～35，≥36}，$v=3$，其中计算每个子集 S_i 的样本数如表 4-7 所示。

表 4-7　属性"年龄范围"的子集

$S\vert A$	年龄范围/岁	个数/个	不买产品："否"	购买产品："是"
$S1$	≤25	3	2	1
$S2$	26～35	4	1	3
$S3$	≥36	3	1	2

$$I(S1) = -\left(\frac{2}{3}\right)\log_2\left(\frac{2}{3}\right) - \left(\frac{1}{3}\right)\log_2\left(\frac{1}{3}\right) \approx 0.9184$$

$$I(S2) = -\left(\frac{1}{4}\right)\log_2\left(\frac{1}{4}\right) - \left(\frac{3}{4}\right)\log_2\left(\frac{3}{4}\right) \approx 0.8113$$

$$I(S3) = -\left(\frac{1}{3}\right)\log_2\left(\frac{1}{3}\right) - \left(\frac{2}{3}\right)\log_2\left(\frac{2}{3}\right) \approx 0.9184$$

$$E(\text{年龄范围}) = \left(\frac{n1}{n}\right)I(S1) + \left(\frac{n2}{n}\right)I(S2) + \left(\frac{n3}{n}\right)I(S3)$$

$$= \left(\frac{3}{10}\right)I(S1) + \left(\frac{4}{10}\right)I(S2) + \left(\frac{3}{10}\right)I(S3)$$

$$= 0.3 \times 0.9184 + 0.4 \times 0.8113 + 0.3 \times 0.9184$$

$$\approx 0.8756$$

Gain(年龄范围)=*I(S)*−*E*(年龄范围)=0.9709−0.8756 =0.0953。

使用同样的方法，分别计算收入水平、会员性别、信用等级的信息增益：

Gain(收入水平)=0.2954；Gain(会员性别)=0.0199；Gain(会员等级)=0.1344。

从上面的结果可知，属性收入水平的信息增益值（0.2954）最高，所以选择为根节点，即为最能判断用户是否购买产品的属性。

通过观察可知，收入水平为"低"时，销售记录可判断"是"购买产品，将收入水平为"低"的数据删除后，形成新的样本数据 *S*（见表4-8），再次计算样本 *S* 的信息熵 *I(S)* 和年龄范围、会员性别、会员等级三个属性的 *E(A)*，最后计算增益信息 Gain(A)=*I(S)*−*E(A)*，选择第二个根节点、第三个根节点。以此下去，最后形成决策树。

表4-8　删除收入水平为"低"的数据后的样本数据

序号	年龄范围/岁	收入水平	会员性别	会员等级	分类：购买产品
1	≤25	中	女	初级	否
2	≤25	高	男	中级	否
3	26～35	高	女	中级	是
4	≥36	中	男	初级	是
5	≥36	中	女	初级	否
6	26～35	高	男	高级	否
7	≥36	高	女	高级	是

根据表4-8的数据分别计算可得：*I(S)*=0.9854；Gain(年龄范围)=0.3061；Gain(会员性别)=0.0204；Gain(会员等级)=0.0204。

所以第二个节点为年龄范围，通过观察可将年龄范围为"≤25"的数据、收入水平为"高"和年龄范围为"≥36"的数据均删除，最后形成的数据如表4-9所示。

表4-9　删除后的样本数据

序号	年龄范围/岁	收入水平	会员性别	会员等级	分类：购买产品
1	26～35	高	女	中级	是
2	≥36	中	男	初级	是
3	≥36	中	女	初级	否
4	26～35	高	男	高级	否

通过观察，所有叶子节点无法再拆解，无须进行信息增益计算。最后得出图4-13所示的决策树。

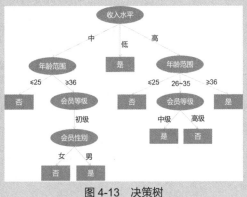

图4-13　决策树

以案"释"法 | 滴滴事件看国家数据安全处罚力度

2022年7月21日，国家互联网信息办公室发布滴滴案件处罚结果，依据《网络安全法》《数据安全法》《个人信息保护法》《行政处罚法》等法律法规，对滴滴全球股份有限公司处人民币80.26亿元罚款，对其董事长兼CEO程维、总裁柳青各处人民币100万元罚款，其违法行为如表4-10所示。

表4-10 滴滴公司违法案件分析

角度分析	违法事实
违法行为性质	滴滴公司的违法行为给国家网络安全、数据安全带来严重的风险隐患，且在监管部门责令改正的情况下，仍未进行全面深入整改，性质极为恶劣
违法行为持续时间	滴滴公司相关违法行为最早开始于2015年6月，持续至今，时间长达7年，并持续违反2017年6月实施的《网络安全法》、2021年9月实施的《数据安全法》和2021年11月实施的《个人信息保护法》
违法行为危害	滴滴公司通过违法手段收集用户剪切板信息、相册中的截图信息、亲情关系信息等个人信息，严重侵犯用户隐私，严重侵害用户个人信息权益
违法处理个人信息的数量	滴滴公司违法处理个人信息达647.09亿条，数量巨大，并且其中包括人脸识别信息、精准位置信息、身份证号等多类敏感个人信息
违法处理个人信息的情形	滴滴公司违法行为涉及多个App，涵盖过度收集个人信息、强制收集敏感个人信息、App频繁索权、未尽个人信息处理告知义务、未尽网络安全和数据安全保护义务等多种情形

本案例的行政处罚是《个人信息保护法》生效以来开出的最高金额，80.26亿元人民币的罚金甚至超过了2021年亚马逊因违反GDPR受到的7.43亿欧元（57.29亿元人民币）处罚，成为迄今为止全球数据隐私保护领域的最高罚单。

在《个人信息安全规范》中，将身份证件号码等个人身份信息，指纹、基因等个人生物识别信息，包括交易信息、银行账号在内的个人财产信息，医疗记录等健康生理信息，通信记录、聊天内容、行踪轨迹、住宿信息等内容，纳入个人敏感信息范围。而滴滴平台底层的数据字段基本可以覆盖所有的个人敏感数据类型，其中虽然无法获取明确的医疗记录，但也会包含出入医院的频次、时间等数据。

目前关于违反网络安全、数据安全、个人信息保护相关法律法规的处罚方式主要有：一般情形通常是执法约谈、责令改正、警告、通报批评、罚款等，对于情节严重的可以责令暂停相关业务、停业整顿、关闭网站、下架、吊销相关业务许可证或者吊销营业执照、处理责任人等。

此次对滴滴的处罚无疑是作为一个典型负面案例，对于其他的"数据处理者"也是一个警示和威慑，这次的处罚体现了国家对于危害国家网络安全、数据安全，以及侵害公民个人信息的违法行为越来越重视，日后管控也会愈加严格。那么对于组织来说应尽量避免此类法律风险，作为"数据处理者"的当务之急是尽快梳理业务相关数据，建立健全安全合规体系，本着"应评尽评"的原则，开展安全风险评估工作，充分了解组织安全现状，再通过相关处置措施，加强网络安全、数据安全和个人信息保护工作，以规避法律风险。

资料来源：根据网络材料整理。

拓展思考：

1．滴滴作为典型负面案例，对数据从业者有什么警示？

2．从军事角度看，滴滴掌握地理、街景、交通、人员出行等信息数据有什么风险？

本章知识结构图

扫一扫

本章测验

1. 判断题

（1）数据预处理是指在主要的处理以前对数据进行的一些处理。（   ）

（2）错误值或异常值的存在不会对分析结果产生影响。（   ）

（3）数据集成不需要保证整合后的数据是一致的。（   ）

（4）数据规约是为了降低数据分析的难度和复杂度而进行的一项工作。（   ）

（5）Power Query 进行多个工作表追加时，工作表的列标题可以不一致。（   ）

2. 单选题

（1）（   ）是将多个数据源中的数据整合起来存放在一个一致的数据存储环境中。

A. 数据清理　　　　　　B. 数据集成　　　　　　C. 数据变换　　　　　　D. 数据规约

（2）数据变换方法中，以下哪个是数据平滑的作用？（   ）

A. 对数据进行汇总　　　B. 去噪声　　　　　　　C. 减少数据复杂化　　　D. 构造新的属性

（3）对于 4，5，9，12 这组数据，运用最小—最大标准化处理后，数据 5 转换为（   ）。

A. 0　　　　　　　　　　B. 0.625　　　　　　　C. 0.125　　　　　　　D. 1

（4）对于 4，5，9，12 这组数据，运用零—均值标准化处理后，数据 5 转换为（   ）。

A. −0.947　　　　　　　B. −0.676　　　　　　　C. 0.406　　　　　　　D. 1.217

（5）VLOOKUP 函数中 range_lookup 精确匹配正确的取值为（   ）。

A. −1　　　　　　　　　B. true　　　　　　　　C. 1　　　　　　　　　D. 0

3. 多选题

（1）数据预处理的方法有（   ）。

A. 数据清理　　　　　　B. 数据集成　　　　　　C. 数据变换　　　　　　D. 数据规约

（2）以下哪些格式的数据可以导入 Excel 中？（   ）

A. 文本　　　　　　　　B. CSV　　　　　　　　C. XML　　　　　　　　D. JSON

（3）数据质量的基本要素有（   ）。

A. 正确性　　　　　　　B. 一致性　　　　　　　C. 完整性　　　　　　　D. 可靠性

（4）对于缺失的数值型数据，通常可以使用（   ）进行填充。

A. 平均值　　　　　　　B. 中位数　　　　　　　C. 众数　　　　　　　　D. 总和

（5）在进行数据集成时可能存在的冲突有（   ）。

A. 数据量冲突　　　　　B. 命名冲突　　　　　　C. 属性类型冲突　　　　D. 属性值冲突

4. 简答题

（1）简述数据清理的定义。

（2）简述决策树 ID3 算法的计算过程。

任务实训

实训内容：根据第 3 章任务实训爬取的商品的名称、价格、销量等信息数据，对数据进行预处理，保留商品的名称、价格和销量三项数据，分析商品的价格对销量的影响情况。

实训目标：通过对实际采集的数据进行处理，掌握数据的筛选、分类等操作以及函数的应用，提升读者数据预处理能力。

第 5 章　电子商务数据分析方法

章节目标

1. 了解电子商务数据分析的常用思维；
2. 掌握对比、公式、漏斗和矩阵基础分析方法；
3. 掌握描述性统计量内容；
4. 掌握相关和回归分析方法；
5. 掌握长期趋势和季节变动分析方法。

学习难点

1. 相关和回归分析方法和应用；
2. 长期趋势和季节变动分析方法和应用。

案例导入　　　　　　　懂数据还不够，重要的是拥有数据思维

在大数据时代，数据分析的重要性毋庸置疑。但依然有很多人已经掌握了数据分析工具和技能，却做不好数据分析。

我们曾经都看到过这样的报道：

"某市的人均住房面积是 120 平方米"；"计算机行业人均年收入超过 50 万元"。看到这，不少人调侃自己"被平均、被幸福、又拖后腿"了。

其实有时候我们最缺的不是数据，而是缺少正确分析数据，从数据中获取洞察力的能力（我们将这种能力称为"数据思维"）。例如，需要对一款游戏的推广投入进行决策，前期分别对安卓、iOS、Pad 等版本的已有付费数据进行分析，发现安卓用户的付费率要高于 iOS 用户，往往都会直接得出结论：在公司开发资源有限的情况下，应该投入更多精力（或者提高优先级）优化安卓版本。

但是这个决策执行下去，公司在投入了很多安卓开发工作后，极大可能无法有更多的收入回报，最终导致公司破产。反观数据本身没问题，但是分析数据的逻辑出了问题。在现实生活中，很多人习惯凭直觉去决断，或者犯经验主义错误。要知道，数据获取只是第一步，很多人不懂的是分析，是数据背后的思维。

数据时代，思维为王，无论是做产品、运营，还是研发、系统架构，乃至安全风控，都会发现，数据思维是考验你能力的重要指标。拥有数据思维的人，看到数据能够找出问题，找到规律，发现机会，不仅可以用来分析解决当下问题，还可以用来预测未来。

数据思维并非一期一夕就能学会的，关键在于要结合实际案例场景去分析、应用，并培养系统的分析方法。只有把数据分析的相关知识"串"起来，扩大你的认知边界，挖掘隐藏在数据内部的真相，才能发现谬误，避开陷阱，练就一双看透本质的眼睛，更精准地决策，从而提升自身竞争力。

案例来源：根据网络资料整理。

拓展思考：

1. 数据分析中如何破解幸存者偏差问题？

2. 数据思维的核心是什么？

5.1 电子商务数据思维

电子商务数据思维简单来说，就是面对一些业务问题时，能够通过数据分析方法给出建议，解决问题。它的核心有两个，第一个是数据敏感度，第二个是数据方法经验。数据敏感度就是在看到一个业务问题时，是否可以将其转化为数据问题，看到一个数字，是否可以看到数据背后的问题。数据方法经验就是利用数据建模的方法和数据分析的方法解决实际问题。

5.1.1 数据思维能力

电子商务数据分析从业者可以从以下几个方面培养数据思维能力。

首先，要时常关注数据，对数据敏感。应该关注一些自己感兴趣的模块，以及其他领域的更多数据，获取更多领域的知识，养成查找数据的能力。例如，百度搜索指数、艾瑞数据、TalkingData、阿里数据、微信搜索指数等网站都有针对一些领域、关键字的数据分析和统计。

其次，思考数据背后的东西，把数据转化成知识，让数据产生真正的价值。在很多时候，数据可能就是一些简单的数字，但是经过分析和思考就可以帮助我们做一些决策分析，让我们更客观地了解事物。例如，拼多多上市让很多人都意想不到，甚至有一些人在它上市后才知道拼多多的名字，一个电子商务网站仅仅运营 3 年便成功上市，活跃用户数突破了 3 亿，外界都很好奇为什么拼多多的成长速度这么快，觉得拼多多上的有些商品质量一般，商品价格比较低，但是如果我们分析拼多多背后的数据就会发现，拼多多的成功看似不可思议，其实是理所当然的。

任何事情，当我们找到衡量标准后，事情的难度就大大降低了。比如做运营也需要找到衡量运营效果好坏的标准，数据就是很好的衡量方式，运用数据思维建立自己的数据运营体系。可以通过数据对我们的运营工作、我们产品的用户有更清晰的认识。

📖 **知识拓展**　　　　　　　　　　　　　　**数据思维看问题**

如何估算 2022 年第 1 季度京东一日订单量？

角度一：京东一日订单量=（中国网民数量×使用京东的比例）÷用京东购物的天数间隔。第 49 次《中国互联网络发展状况统计报告》统计显示，截至 2021 年 12 月，我国网民规模达 10.32 亿。据调查，京东 2022 年第 1 季度市场份额约为 29.6%，则假设网民中正在使用京东的比例为 29.6%，则约有 3.055 亿人。若京东用户平均每一个月用京东购物一次，则京东一日订单量=30550 万÷30≈1018 万。

角度二：京东一日订单量=京东物流配送人员人数×每日可送达订单数。京东订单由京东物流负责配送，2022 年京东共有 30 万物流配送人员。根据招聘信息，一位物流配送员每天工作 10 小时，每月休息 4 天。若配送一个订单需要 15 分钟，则一天可送约 40 单，由此，京东一日订单量=30×40=1200 万。

结果分析：根据两个角度的估算，京东一日订单量约为 1000 万～1200 万。仍有一些因素可能导致误差，如京东用户使用京东购物的频率尚未考证，可通过用户调查使其更为准确。

资料来源：根据网络资料整理。

5.1.2　数据思维方法

常见的数据思维方法有结构化思维、对比思维、公式化思维、转化思维和分类思维（见图 5-1）。

图 5-1　数据思维方法

1. 结构化思维

结构化思维是数据分析思维中的底层思维，它来自麦肯锡的金字塔理论，通过找到核心论点（可能是假设、问题、原因等）进行结构拆解（自上而下将核心论点层层拆解成分论点，上下之间呈因果关系），其实就是逻辑树模型和 MECE 模型的结合使用。

2. 对比思维

对比思维是数据分析中最常见的分析思维，没有对比就没有结果，只有数据之间有了对比，数据才会体现出它的价值。对比有两种维度，一种是横向对比，一种是纵向对比。例如，横向对比有与同级部门、单位、地区进行对比，与目标对比，行业内对比等，纵向对比有不同时期对比、活动效果对比等。

3. 公式化思维

公式化思维是利用量化分析方法把分析对象根据指标公式逐步拆解，定位问题。在做公式化分析时一定要明确两个方向：指标和维度。指标是用来记录关键流程的、衡量目标的单位或方法，如 DAU、留存率、转化率等。维度是观察指标的角度，如时间、来源渠道、地理位置、产品版本维度等。利用指标之间的公式关系进行分析，就是在多个维度拆解，观察对比维度细分下的指标，实现将一个综合指标按照公式进行细分，从而发现更多问题。

4. 转化思维

转化思维是在细分指标后，想要了解这些指标是从哪里来的，每一个步骤的转化率怎么样，哪一个步骤的转化不好，需要改善。这些通过转化率都可以分析出来。应用转化的思想，可以有效指导和优化运营的各个环节。

5. 分类思维

分类思维就是把一些对象，按照某种规则划分为若干个类别，然后分析各个类别的特征，根据这些特征来安排工作，比如，常见的 RFM 分析模型就是用来分类的思想，实现精准营销。除了给用户分类、产品分类，还有非常复杂的分类方法，如聚类算法等。

在对实际业务进行分析时，往往是多种思维方式相结合或交叉使用，灵活应用于业务场景中。比如，结构化思维可以帮助我们厘清思路，公式化思维将分析的思维转化成数据，利用对比、转化、分类等思维用结构化的数据去贴合业务。

📄 **知识拓展**　　　　　　　　　　杜邦分析法

杜邦分析法是一种用来评价公司盈利能力和股东权益回报水平，从财务角度评价企业绩效的一种经典方法。该方法最早由美国杜邦公司使用，故名杜邦分析法。它的基本思想是将企业净资产收益率逐级分解为多项财务比率乘积（见图 5-2），这样有助于深入分析比较企业经营业绩。

杜邦分析法中的几种主要的财务指标关系为：

净资产收益率＝资产净利率×权益乘数

资产净利率＝销售净利率×资产周转率

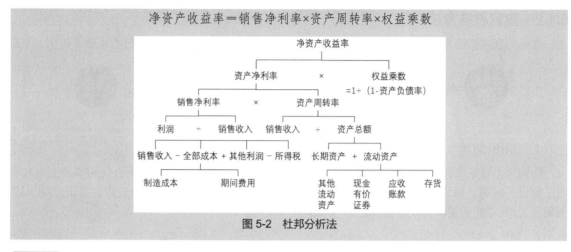

图 5-2　杜邦分析法

5.2　电子商务数据基础分析方法

5.2.1　对比分析法

对比分析是指将两个及两个以上的数据进行比较，从数量上展示和说明这几个指标的规模大小、速度快慢、关系亲疏、水平高低等情况。在电子商务数据分析中，对比分析法用于在时间维度上销售额的同比和环比、增长率对比，与竞争对手的对比，类别之间的对比，特征和属性对比等情况。对比分析法可以发现数据变化规律，经常和其他方法搭配使用。

在进行对比分析时需要考虑以下 3 点因素。

（1）计算单位必须一致，指标的口径范围、计算方法及计量单位必须一致，也就是用同一种单位或标准去衡量。

（2）指标类型必须一致，对比的指标类型必须是一致的。无论是相对数指标、绝对数指标、平均数指标，还是其他不同类型的指标，在进行对比时，双方都必须统一。

（3）对比对象必须具有可比性。例如，不能用"双 11"销售额与日常销售额、全年销量与日均销量进行对比。

📋 **案例分析**　　　　　　　　　　　　　　**某店铺产品销售数据增幅分析**

根据销售数据计算环比增幅和同比增幅。

环比增幅＝（本期数－上期数）/上期数×100%，本期数＝上期数×（1+环比增幅）。例如，（2022年9月的数值－2022年8月的数值）/2022年8月的数值。

同比增幅＝（本期数－同期数）/同期数×100%，本期数＝同期数×（1+同比增幅）。例如，（2022年9月的数值－2021年9月的数值）/2021年9月的数值。

使用 Excel 公式法计算环比/同比数据，计算结果如图5-3所示。

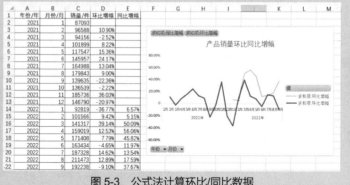

图 5-3　公式法计算环比/同比数据

5.2.2　公式分析法

公式分析法就是用公式层层分解某个指标的影响因素。比如，需要分析某店铺中某产品的销售额较低的原因，通过对销售额逐层拆解，逐步细化评估和分析的粒度，分解结果如下。

$$销售额=销售量×产品单价$$
$$销售量=渠道 A 销售量+渠道 B 销售量+渠道 C 销售量+……$$
$$渠道销售量=点击用户数×下单率$$
$$点击用户数=曝光量×点击率$$

通过上述指标之间的公式关系，可以按照以下层级进行分析。

（1）找到产品销售额的影响因素。分析是销量过低，还是价格设置不合理。

（2）找到销售量的影响因素。分析对比各渠道销售量，是哪些过低了。

（3）分析影响渠道销售量的因素。分析是点击用户数少了，还是下单量过低。

（4）分析影响点击的因素。分析是曝光量不足需要拓宽投放渠道，还是点击率太低需要优化广告创意。

公式拆解法是对问题的层级式解析，对因素层层分解，可转换多个维度看指标。公式拆解法没有固定标准，一个目标变量在不同的场景下需要利用公式拆解的细致程度也不一样。

5.2.3　漏斗分析法

漏斗分析法是数据领域最常见的一种数据分析方法，它能够科学地评估一种业务过程，从起点到终点各个阶段的转化情况。通过可以量化的数据分析，帮助找到有问题的业务环节，并进行针对性的优化。

漏斗图不仅可以显示用户从进入流程到实现目标的最终转化率，还可以展示整个关键路径中每一步的转化率。通过对关键路径（如注册流程、购物流程等）转化率的分析，来确定整个流程的设计是否合理，是否存在优化的空间等，进而提高最终目标的转化率。

📋　**案例分析**　　　　　　　　　　　　**电子商务网站用户转化率漏斗模型分析**

对某电子商务网站用户转化率进行分析，计算各个阶段的转化率并绘制漏斗模型。

用户在网站上的购物流程为浏览商品、存入购物车、生成订单、支付订单和完成订单 5 步（见图 5-4）。

图 5-4　用户访问的关键路径

1．计算关键路径的转化率

以上述购物流程为例，分别统计出每一步的人数，从而计算并得到每一步的转化率，其中第 N 个环节转化率=第 N 个环节进入人数/第（$N-1$）个环节进入人数，第 N 个环节总体转化率=第 N 个环节进入人数/第 1 个环节进入人数，结果如图 5-5 所示。

	A	B	C	D
1	环节	人数/人	每环节转化率	总体转化率
2	浏览商品	2000	100.00%	100.00%
3	存入购物车	1200	60.00%	60.00%
4	生成订单	800	66.67%	40.00%
5	支付订单	600	75.00%	30.00%
6	完成订单	300	50.00%	15.00%

图 5-5　计算关键路径的转化率

2．绘制漏斗模型

漏斗模型不仅显示了用户从进入流程到实现目标的最终转化率，而且展示了关键路径中每一步或每一个环节的转化率（见图5-6）。

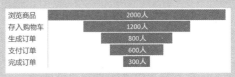

图 5-6　用户转化率漏斗图

5.2.4　矩阵分析法

矩阵分析法又叫象限图分析法，是将事物的两个属性作为分析的依据，进行分类关联分析，找到问题解决方案的一种分析方法。

矩阵分析法以属性 A 为横轴，以属性 B 为纵轴，组成一个坐标系，在两个坐标轴上分别按照某一标准（可以取平均数、经验值等）进行刻度划分，这样会构成四个象限，将待分析的主体项目对应投射进四个象限中，可以直观地表现出两属性的关联性，从而分析每一个项目在这两个属性上的表现。

案例分析　　　　　　　　　　　电子商务企业项目涉及用户满意度分析

某电子商务企业对10个项目的重要性和用户满意度进行调查，选择出哪些项目需要提高用户满意度。使用矩阵分析法进行分析。

1．插入散点图

使用 AVERAGER 函数计算重要性和满意度的平均值，选中重要性和满意度两列数值，插入散点图（见图5-7）。

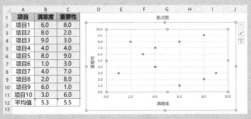

图 5-7　插入散点图

2．修改纵坐标与横坐标的交叉点

选中纵坐标轴，单击鼠标右键，选择"设置坐标轴格式"，"横坐标轴交叉"选择"坐标轴值"，输入"5.5"，"标签位置"为"低"。使用同样的方法，将横坐标轴的"纵坐标轴交叉"值设为"5.3"，"标签位置"为"低"（见图5-8）。

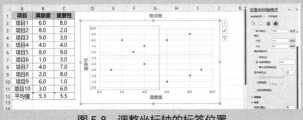

图 5-8　调整坐标轴的标签位置

3．美化图表

输入坐标轴的标题，纵坐标轴为"重要性"，横坐标轴为"满意度"。修改标题为"项目用户满意度优先改进矩阵"。去除网格线，添加数据标签，结果如图5-9所示。

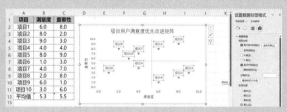

图5-9　项目用户满意度优先改进矩阵

通过以上矩阵分析可以得出如下结论：第一象限中的项目1和项目5是项目重要性和用户满意度均表现优秀，继续保持现有的资源投入和运营策略；第二象限中的项目7、项目8和项目10对于企业来说很重要，但是用户满意度很低，所以优先改进第二象限中的项目；第三象限中的项目4和项目6，项目重要性和用户满意度均较低，符合预期，暂不做调整；第四象限中的项目2、项目3和项目9对于企业来说重要性不高，但是用户满意度很好，资源投入过大，所以需要将第四象限中项目资源适当调整至第二象限的项目中，优化资源配置，给企业创造更大的效益。

📖 **知识拓展**　　　　　　　　　　**波士顿矩阵**

一般认为决定产品结构的基本因素有两个，即市场引力与企业实力。市场引力包括整个市场的销售量（额）增长率、竞争对手强弱及利润高低等。其中最主要的是反映市场引力的综合指标——销售增长率，这是决定企业产品结构是否合理的外在因素。用波士顿矩阵分析后的结果如图5-10所示。

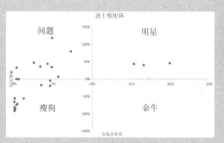

图5-10　波士顿矩阵

①明星（stars）：它是指处于高增长率、高市场占有率象限内的产品群。

②金牛（cash cow）：又被称为厚利产品，它是指处于低增长率、高市场占有率象限内的产品群，并且已进入成熟期。

③问题（question marks）：它是指处于高增长率、低市场占有率象限内的产品群。

④瘦狗（dogs）：它是指处在低增长率、低市场占有率象限内的产品群。

5.3　电子商务数据描述性统计分析

描述性统计量是对数据特征进行描述的统计量，是对数据的概括和简化。通过描述性统计可以对总体数据做出统计性描述，从而发现数据的分布规律，并挖掘出数据的内在特征。描述性统计的内容包括集中趋势统计分析、离散程度统计分析和分布形态统计分析。

5.3.1　集中趋势统计分析

集中趋势反映了一组数据中心点所在的位置。统计分析集中趋势不仅可以找到数据的中心值或一般水平的代表值，还可以发现数据向其中心值靠拢的倾向和程度。比如，全国人均国内生产总值就是一个集中趋势指标，反映的是人均国内生产总值的情况，虽然每个人对GDP的贡献度不同，但人均GDP能够反映一个国家的经济发展水平。

1. 算术平均值

算术平均值是指一组数据相加后除以数据个数的结果，它可以反映一组数据的平均水平，如上文所述的人均 GDP。该指标的优点在于利用了所有数据的信息，缺点是容易受极端值的影响，导致结果的代表性较差。

根据所计算的数据是否分组，算术平均值有简单算术平均值和加权算术平均值之分。

简单算术平均值是对未经分组的数据计算平均数而采用的计算形式。假设一组数据有 n 个变量值，分别为 $x_1, x_2, ..., x_n$，则这组数据的简单算术平均值的计算公式如下所示。

$$\bar{x} = \frac{x_1 + x_2 + ... + x_n}{n}$$

在 Excel 中可以直接使用 AVERAGE 函数计算某一组数据的简单算术平均值，例如，AI:A20 单元格区域包含不同的数值，则 "=AVERAGE(A1:A20)" 将返回这些数值的平均值。该函数等效于公式 "=SUM(A1:A20)/COUNT(A1:A20)"，其中 COUNT 函数用于计数。

加权算术平均值是对已分组的数据计算平均数而采用的计算形式。若将一组数据分为 k 组，各组的简单算术平均值表示为 $\bar{x}_1, \bar{x}_2, ..., \bar{x}_k$，每组数据的个数为各组数据的权数，分别为 $f_1, f_2, ..., f_k$，这组数据的加权算术平均值的计算公式如下所示。

$$\bar{x} = \frac{f_1\bar{x}_1 + f_2\bar{x}_2 + ... + f_k\bar{x}_k}{f_1 + f_2 + ... + f_k}$$

在 Excel 中可以使用 SUMPRODUCT 函数计算加权算术平均值公式中的分子部分。该函数可以返回对应区域的乘积之和，如公式 "=SUMPRODUCT(A1:A5,B1:B5)"。

📄 **知识拓展**　　　　　　　Excel 的 COUNT 函数和 SUMPRODUCT 函数

1．COUNT 函数

该函数计算包含数字的单元格个数，以及参数列表中数字的个数。

• 语法

COUNT(value1, [value2], ...)

COUNT 函数语法具有下列参数。

Value1，必需，要计算其中数字个数的第一项、单元格引用或单元格区域。

Value2，...可选，要计算数字个数的其他项、单元格引用或单元格区域，最多可包含 255 项。这些参数可以包含或引用各种类型的数据，但只有数字类型的数据才被计算在内。

• 备注

如果参数为数字、日期或者代表数字的文本，则将被计算在内。

逻辑值和直接输入参数列表中代表数字的文本被计算在内。

如果参数为错误值或不能转换为数字的文本，则不会被计算在内。

如果参数是一个数组或引用，则只计算其中的数字。数组或引用中的空白单元格、逻辑值、文本或错误值将不被计算在内。

若要计算逻辑值、文本值或错误值的个数，则使用 COUNTA 函数。

若要计算符合某一条件的数字个数，则使用 COUNTIF 函数或 COUNTIFS 函数。

2．SUMPRODUCT 函数

该函数在给定的几组数组中，将数组间对应的元素相乘，并返回乘积之和。

• 语法

SUMPRODUCT (array1，[array2]，[array3]，...)

SUMPRODUCT 函数语法具有下列参数。

Array1，必需，其相应元素需要进行相乘并求和的第一个数组参数。

Array2，Array3,...可选，2～255 个数组参数，其相应元素需要进行相乘并求和。

- 备注

数组参数必须具有相同的维数，否则函数 SUMPRODUCT 将返回#VALUE!错误值#REF!。例如，=SUMPRODUCT (C2：C10，D2：D5)将返回错误，因为范围的大小不同。

SUMPRODUCT 函数将非数值数组条目视为零。

2. 中位数

中位数是指将一组数据按从小到大或从大到小的顺序排列后，处于中间位置上的数据。当一组数据中含有异常或极端的数据时，通过算术平均值这个指标就有可能得到代表性不高甚至错误的结果，此时可以使用中位数作为该组数据的代表值。

需要注意的是，当该组数据的个数 k 为奇数时，中位数是位于（$n+1$）/2 位置上的数值，如当 $n=13$ 时，中位数是第 7 位对应的数值；当该组数据的个数 n 为偶数时，中位数是位于（$n+1$）/2 前后相邻的两个自然数位置对应数值的算术平均值，如当 $n=14$ 时，中位数是第 7 位和第 8 位数值的算术平均值。

在 Excel 中可以直接使用 MEDIAN 函数返回一组数据的中位数，如果该组数据的个数为偶数，则该函数将自动返回位于中间两个数的平均值。例如，公式"=MEDIAN(A1:A20)"将返回该区域中位于第 10 位和第 11 位（按大小排序）的两个数的平均值。

3. 众数

众数是指一组数据中出现频率最高的数值，这个指标对定类数据、定序数据、定距数据和定比数据都适用，能表示由它们组成的一组数据的集中趋势。

如果总体包含的数据足够多，且数据具有明显的集中趋势时，就可以使用众数反映该组数据的集中趋势。例如，一个班级有 50 位学生，其中 45 位学生的年龄为 14 岁，3 位学生的年龄为 13 岁，2 位学生的年龄为 15 岁，就可以用 14 岁作为该班级的学生平均年龄。

需要注意的是，如果在一组数据中只有一个数值出现的次数最多，就称这个数值为该组数据的众数；如果有两个或多个数值的出现次数并列最多，则称这两个或多个数值都是该组数据的众数；如果所有数值出现的次数都相同，则称该组数据没有众数。

在 Excel 中可以使用 MODE.SNGL 函数返回一组数据的众数，例如，"=MODE.SNGL(AI:A20)"将返回该区域中出现频数最高的数值。

5.3.2 离散程度

在统计学中，离散程度反映总体中各个个体的变量值之间的差异程度，也称为离中趋势。描述一组数据离散程度的指标有很多，常用的包括极差、四分位差、方差、标准差、变异系数等，使用这些指标并结合集中趋势的描述，可以更好地发现数据的特性。例如，算术平均值会受到极端值的影响，不能完全展现一组数据的特征，结合离散程度指标可以在一定程度上弥补这个缺陷。例如，有两组数据，一组数据的数值为 13、14、16，另一组数据的数值为 10、14、19。如果只考虑两组数据的算术平均值，则无法判断这两组数据有什么区别。通过仔细观察可以看出，两组数据是存在明显不同的，即第二组数据中各数值之间的差距比第一组数据更大，这种情况就需要使用离散程度指标来进一步发现问题。

一般而言，在同类离散指标的比较中，离散指标的数值越小，说明该组数据的波动（变异）程度越小；离散指标的数值越大，说明该组数据的波动（变异）程度越大。

1. 极差

极差又称为范围误差或全距，通常以 R 表示，反映一组数据中最大值与最小值之间的差距，其计算公式如下所示。

$$R = X_{max} - X_{min}$$

极差代表一组数据中最大值与最小值之差，因此该组数据中任何两个变量之差自然都不会超过极差。这一特性使得极差能够刻画出一组数据中变量分布的变异范围和离散幅度，能体现出一组数据波动的范围。也就是说，一组数据的极差越大，该组数据的离散程度越大；极差越小，离散程度就越小。

需要注意的是，极差只能反映一组数据的最大离散范围，未能利用该组数据的所有信息，不能细致地反映出变量彼此之间的离散程度，从而不能反映变量分布情况，同时极差也易受极端值的影响。在 Excel 中可以利用 MAX 函数和 MIN 函数来计算极差。其中 MAX 函数为最大值函数，可以返回指定区域中的最大值，MIN 函数为最小值函数，可以返回指定区域中的最小值。

2. 四分位差

如果将一组数据按从小到大或从大到小的顺序排列后等分为 4 份，则处于该组数据 25%位置上的数据称为下四分位数 Q_L，处于 50%位置上的数据称为中位数，处于 75%位置上的数据称为上四分位数 Q_U。四分位差 Q_D 是指的是上四分位数 Q_U 与下四分位数 Q_L 之差，即 $Q_D = Q_U - Q_L$（见图 5-11）。

图 5-11　四分位差

若一组数据中包含 n 个数值，则下四分位数 Q_L 和上四分位数 Q_U 的位置分别是：下四分位数 Q_L 的位置=$(n+1)/4$，上四分位数 Q_U 的位置=$3 \times (n+1)/4$。

从图 5-11 中可以发现，约有 50%的数据包含在上四分位数 Q_U 和下四分位数 Q_L 之间，说明四分位差可以表示占全部数据一半的中间数据的离散程度。四分位差越大，表示数据离散程度越大；四分位差越小，表示数据离散程度越小。四分位差不受极值的影响，适用于顺序数据和数值型数据。此外，由于中位数处于数据的中间位置，因此四分位差的大小在一定程度上也说明了中位数对一组数据的代表程度。尤其是当用中位数测度数据集中趋势时，特别适合用四分位差来描述数据的离散程度。

在 Excel 中可以借助 QUARTILEINC 函数来计算四分位差。该函数的语法格式为 QUARTILEINC(array, quart)。其中参数 array 为需要返回的四分位数值所在的单元格区域，参数 quant 为需要返回的具体的值，取值范围为 0~4 的整数。

3. 平均差

平均差也是一种表示各个变量值之间差异程度的指标，是指各个变量值与其算术平均值的离差绝对值的算术平均值，可以用 A.D 或 M.D 表示。其中，离差就是偏差，是某个变量值与整个数据的算术平均值之差。

假设一组数据有 n 个变量值，分别为 $x_1, x_2, ..., x_n$，其算术平均值为 $\bar{x}$，则平均差的计算公式如下所示。

$$A.D = \frac{\sum |x - \bar{x}|}{n}$$

例如，一组数据包含的数值有 20,40,60,80,100，则该组数据的平均差为：

$$A.D = \frac{\sum |x - \overline{x}|}{n} = \frac{|20-60|+|40-60|+|60-60|+|80-60|+|100-60|}{5} = 24$$

由于每个变量与整个数据的算术平均值之差可能大于 0，也可能小于 0，各个变量的离差之和可能等于 0，这样就无法反映出平均差的情况。为此，上述公式才需要为离差取绝对值，以避免所有变量离差之和为 0 的情况。

4．方差与标准差

平均差通过绝对值的方法消除离差的正负号，从而保证离差之和不为 0。在数学上还有一种方法比使用绝对值来处理该问题更为合理，即对离差进行平方计算，这就是方差。考虑到方差是经过平方处理的，其单位与数据单位不相同，因此为了更好地比较和分析数据，可以对方差开平方根，这就是标准差。

（1）总体的方差和标准差

假设一组数据有 N 个变量值，分别为 $x_1, x_2, ..., x_n, \sigma^2$ 为总体方差，μ 为总体均值，则总体方差的计算公式如下所示。

$$\sigma^2 = \frac{\sum (x-\mu)^2}{N}$$

总体标准差的计算公式为：

$$\sigma = \sqrt{\frac{\sum (x-\mu)^2}{N}}$$

（2）样本的方差和标准差

在实际工作中，如果总体参数无法得到，则可以使用样本统计量代替总体参数。假设样本量为 n，样本量的均值为 $\overline{x}$，样本方差的计算公式如下。

$$s^2 = \frac{\sum (x-\overline{x})^2}{n-1}$$

样本标准差的计算公式为：

$$s = \sqrt{\frac{\sum (x-\overline{x})^2}{n-1}}$$

需要注意的是，在总体方差和标准差的计算公式中，分母部分即总体的数据总量为 N；在样本方差和标准差的计算公式中，分母部分则是样本量与 1 之差，即 $n-1$。这样处理可以使样本方差和标准差更好地估计总体方差和标准差。

在 Excel 中，如果采集到的是总体的所有数据，则可以使用 STDEV.P 函数计算总体标准差，将结果进行平方处理得到总体方差的数据；如果采集到的是总体的部分样本数据，则可以使用 STDEV.S 函数计算样本标准差，将结果进行平方处理得到样本方差的数据。

5．变异系数

极差、平均差和标准差实际上都是以绝对值形式反映的数据离散指标，其计量单位与算术平均值的计量单位相同。如果两组数据的计量单位相同且平均水平相当，就可以用上述绝对值形式的离散指标对这两组数据进行对比。如果两组数据的计量单位不同或平均水平差距较大，上述离散指标在不同的总体之间就缺少可比性，这时需要计算相对值形式的离散指标，即变异系数（也称离散系数）。

变异系数是用绝对值形式的离散指标与平均值相除的结果，是用比率的形式反映离散程度大小的一种指标，通常用标准差除以算术平均值的百分数来表示。

总体的变异系数计算公式如下所示。

$$V_\sigma = \frac{\sigma}{\mu} \times 100\%$$

样本的变异系数计算公式如下所示。

$$V_s = \frac{S}{\bar{x}} \times 100\%$$

需要注意的是，变异系数无单位指标，它不仅可以说明同类数据的相对离散程度，还可以说明不同类型数据的相对离散程度。例如，比较一群人的收入离散程度和忠诚度离散程度，因为收入与忠诚度的单位不一致，所以其他的离散指标都不适用，而变异系数能够用于两者的比较，因为它消除了单位的影响。

5.3.3 分布形态

集中趋势和离散程度都是分析数据的分布特征。对于任意两组数据而言，即使它们的集中趋势和离散程度特征都相同，表现出来的分布特征也有可能不同，原因在于决定数据分布的特征除了集中趋势和离散程度外，还有分布形态。

数据的分布形态并没有确切的定义，但作为数据描述的第三个维度，它是最为形象的描述方式，可以用各种统计图形将数据的分布形态形象地展现在图形上，使分析者对数据的各种分布特征一目了然。

在统计分析中，通常要假设样本的分布属于正态分布，因此需要用偏度和峰度两个指标来检查样本是否符合正态分布。如图 5-12 所示。

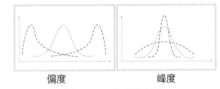

图 5-12 偏度和峰度

1. 偏度

偏度是描述样本分布的偏斜方向和程度。偏度系数是以正态分布为标准来描述数据对称性的指标。如果偏度系数大于 0，则高峰向左偏移，长尾向右侧延伸，称为正偏态分布；如果偏度系数等于 0，则为正态分布；如果偏度系数小于 0，则高峰向右偏移，长尾向左延伸，称为负偏态分布。

2. 峰度

峰度是描述样本分布曲线的尖峰程度。峰度系数是以正态分布为标准来描述分布曲线峰顶尖峭程度的指标。如果峰度系数大于 0，则两侧极端数据较少，比正态分布更高、更窄，呈尖峭峰分布；如果峰度系数等于 0，则为正态分布；如果峰度系数小于 0，则两侧极端数据较多，比正态分布更低、更宽，呈平阔峰分布。

📋 **案例分析**　　　　　　　　　　　**店铺 UV 值的描述性统计**

对某店铺 2021 年 11 月的独立访客 UV 值进行描述性统计。

1. 数据分析功能加载

在 Excel 中选择【文件】-【选项】-【加载项】-【管理】-【转到】-【分析工具库】-【确定】选项，将 Excel 的【数据分析】功能加载显示。

2. 数据分析——描述性统计

选择【数据】-【数据分析】-【描述性统计】选项，打开"描述统计"操作框，设置"输入区域"为"$B$1:$B$21"，"分组方式"为"逐列"，勾选"标志位于第一行"复选框，在输出选项中，"输出区域"可选择"$K$2"，"汇总统计""平均数置信度""第 K 大值"和"第 K 小值"复选框均勾选（见图 5-13），单击【确定】按钮，结果显示如图 5-14 所示。

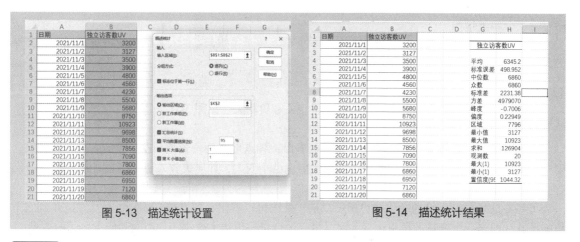

图 5-13　描述统计设置　　　　　　　　图 5-14　描述统计结果

5.4　电子商务数据相关分析与回归分析

相关分析与回归分析是数理统计中两种重要的统计分析方法，应用非常广泛。它们都是从数据内在逻辑方面分析变量之间的联系的，其中相关分析是回归分析的基础和前提，只有当变量之间存在高度的相关关系时，进行回归分析，寻求其相关的具体形式才有意义。

相关分析是研究两个及两个以上处于同等地位的随机变量间的相关关系的统计分析方法。相关关系是指变量之间存在的一种不确定的数量依存关系，即当一个变量的数值发生变化时，另一个变量的数值也相应地发生变化，但变化的数值是不确定的，而是在一定范围内的。例如，产品销量与广告投入之间的关系，产品销量受到产品的质量、价格和销售方式等多种因素的影响，并不完全受广告投入的影响，两者之间的关系就是相关关系。

回归分析是研究处理变量之间的相关关系的一种统计分析方法。它按照涉及变量的多少，可分为一元回归分析和多元回归分析；按照因变量的多少，可分为简单回归分析和多重回归分析；按照自变量和因变量之间的关系类型，可分为线性回归分析和非线性回归分析。

5.4.1　相关关系的分类

1．按相关程度分类

相关关系按照相关程度分类，可以分为完全相关、不相关和不完全相关（见图 5-15）。

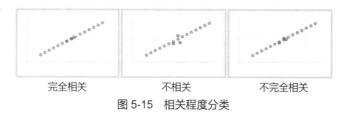

完全相关　　　　不相关　　　　不完全相关

图 5-15　相关程度分类

（1）完全相关

完全相关是指两个变量之间的关系是一个变量的数量变化由另一个变量的数量变化唯一确定，即两个变量间为函数关系。在相关图中，完全相关表现为所有观察点都落在直线或曲线上。例如，在价格不变时，销售额与销售量成正比例关系。

（2）不相关

如果两个变量彼此的数量变化互相独立，那么两个变量之间没有关系，例如，河南省某个湖里的鱼的数量与河南省的经济总量之间不存在相关关系。

（3）不完全相关

不完全相关是指两个变量之间的关系介于不相关和完全相关之间，如国民收入和国民支出之间的关系。

2. 按相关方向分类

相关关系按照相关方向分类，可以分为正相关和负相关（见图5-16）。

（1）正相关

两个变量的变化趋势相同，从相关图可以看出，各点散布的位置是从左下角到右上角的区域，即当一个变量的值由小变大时，另一个变量的值也由小变大，如居民收入与支出之间的关系。

（2）负相关

负相关是指两个变量的变化趋势相反，从相关图可以看出，各点散布的位置是从左上角到右下角的区域，即当一个变量的值由小变大时，另一个变量的值由大变小，如利润和成本之间的关系。

3. 按表现形式分类

相关关系按照表现形式分类，可以分为线性相关和非线性相关（见图5-17）。

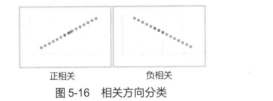

正相关　　　　　负相关

图5-16　相关方向分类

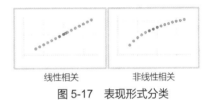

线性相关　　　　非线性相关

图5-17　表现形式分类

（1）线性相关

线性相关是指相关关系近似表现为一条直线。当一个变量变动时，另一个变量也相应地发生均等的变动，如人均消费水平与人均收入水平之间的关系。

（2）非线性相关

非线性相关是指相关关系近似表现为曲线形态，如二次抛物线、指数曲线、双曲线等。当一个变量变动时，另一个变量也相应地发生不均等的变动。

总之，在做相关分析时，首先要确定现象之间有无关系，以及相关关系的密切程度，判断现象之间相关关系的表现形式是否为线性，再选择合适的数学模型进行相关关系的显著性检验，达到反映变量回归的效果。

5.4.2　相关关系的测定

测定变量之间的相关关系有多种方法，在进行具体相关关系的判断时，一般是先做定性分析，之后再做定量分析。定性分析一般根据既有经济理论、生活常识、专业知识和实践经验等进行科学判断，可以初步确定现象间有无相关关系。若根据经验可判断出变量间具有相关关系，则可进一步编制相关图和相关表，这样便可更为直接、形象地大致判断出现象间呈何种形式的关系，如正向或反向相关等。在此基础上，进一步利用相关系数做定量分析，便可精确反映相关关系的方向和程度。

1. 相关表与相关图

相关表和相关图都可以反映两个变量之间的相互关系及其相关方向。

相关表是指将变量按大小顺序排列，将另外变量对应排列而成的表格，通过相关表中变量的数值变化可以大致判断出变量之间的相关关系。

相关图又称为散点图，它是用直角坐标系的 x 轴代表自变量，用 y 轴代表因变量，将两个变量间相对应的变量值用坐标点的形式描绘出来，用以表明相关点分布状况的图形。例如，将一组用户

的收入 x 与支出 y 的数据排列成表（见图 5-18），可以看出，该组用户的收入与支出之间呈正相关关系，且关系较为紧密。

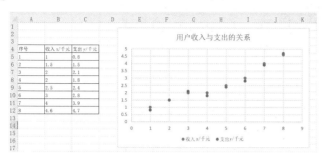

图 5-18　相关表与相关图

2. 相关系数

相关系数 r 用来反映变量之间的线性关系的密切程度，因此又称为线性相关系数，又因其是由英国统计学家皮尔逊（Pearson）提出的，故也称为 Pearson 积矩相关系数。

根据相关表中的变量数据，相关系数 r 可以使用积差法计算。

$$r=\frac{\sigma_{xy}^2}{\sigma_x\sigma_y}=\frac{\frac{1}{n}\sum(x-\bar{x})(y-\bar{y})}{\sqrt{\frac{\sum(x-\bar{x})^2}{n}}\sqrt{\frac{\sum(y-\bar{y})^2}{n}}}=\frac{\sum(x-\bar{x})(y-\bar{y})}{\sqrt{\sum(x-\bar{x})^2}\sqrt{\sum(y-\bar{y})^2}}$$

为了根据原始数据计算 r，可由上述公式推导出下面的简化计算公式。

$$r=\frac{n\sum xy-\sum x\sum y}{\sqrt{n\sum x^2-(\sum x)^2}\sqrt{n\sum y^2-(\sum y)^2}}$$

由上式可以看出，相关系数 r 是一个无量纲的值，其取值范围为[-1，1]，取值范围的含义如表 5-1 所示。

表 5-1　相关系数取值范围及含义

取值范围	含义
$\lvert r\rvert=1$	-1 表示变量间存在完全负相关关系，1 表示变量间存在完全正相关关系
$r=0$	变量间不存在线性相关关系，但可能存在非线性关系
$-1\leqslant r<0$	表示变量间存在负相关关系
$0<r\leqslant1$	表示变量间存在正相关关系
$\lvert r\rvert>0.8$	表示变量间存在高度相关关系
$0.5<\lvert r\rvert\leqslant0.8$	表示变量间存在中度相关关系
$0.3<\lvert r\rvert\leqslant0.5$	表示变量间存在低度相关关系
$\lvert r\rvert\leqslant0.3$	表示变量间不存在线性相关关系

📋　**案例分析**　　　　某平台 6 家电子商务企业的年广告费和年利润相关系数分析

　　某平台 6 家电子商务企业的年广告费和年利润资料如表 5-2 所示，求年利润和年广告费之间的相关系数，并分析相关的密切程度和方向。

表 5-2　电子商务企业年广告费和年利润

年广告费 x/万元	0.8	1	1.2	1.5	2	2.5
年利润 y/万元	5	6	6.5	8	9	10

$$r = \frac{n\sum xy - \sum x \sum y}{\sqrt{n\sum x^2 - (\sum x)^2}\sqrt{n\sum y^2 - (\sum y)^2}} \approx 0.98$$

因为 r=0.98，所以年利润和年广告费之间呈高度正相关关系。

某平台 6 家电子商务企业的月成本和月利润资料如表 5-3 所示，计算其月成本和月利润之间的相关系数，并分析相关的密切程度和方向。

表 5-3　电子商务企业月成本和月利润

月成本 x/万元	2	3.2	4	5.5	6	7
月利润 y/万元	10	8.5	6	4.5	4	3

$$r = \frac{n\sum xy - \sum x \sum y}{\sqrt{n\sum x^2 - (\sum x)^2}\sqrt{n\sum y^2 - (\sum y)^2}} \approx -0.98$$

因为 $r \approx -0.98$，所以月成本和月利润之间呈高度负相关关系。

3. 协方差

协方差是两个数据集中每对数据点的偏差乘积的平均值，同样可以用来描述两个变量之间的相关关系。对于随机变量 X、Y，x_i 和 y_i 分别为 n 次独立观测值，计算协方差 $\mathrm{cov}(X, Y)$，公式如下。

$$\mathrm{cov}(X,Y) = \sum_{i=1}^{n} \frac{(x_i - \bar{x})(y_i - \bar{y})}{n}$$

其中，

$$\bar{x} = \frac{1}{n}\sum_{i=1}^{n} x_i \qquad \bar{y} = \frac{1}{n}\sum_{i=1}^{n} y_i$$

协方差具有如下性质。

①$\mathrm{cov}(X, Y)$ 绝对值越大，表明两个变量之间的相关程度越强。

②若 $\mathrm{cov}(X, Y)>0$，则表明两个变量之间存在正相关关系；若 $\mathrm{cov}(X, Y)<0$，则表明两个变量之间存在负相关关系。

③若 $\mathrm{cov}(X, Y)=0$，则表明两个变量之间无线性相关关系。

5.4.3　一元回归分析

一元线性回归分析是处理两个变量 x（自变量）和 y（因变量）之间关系的最简单模型，研究这两个变量之间的线性相关关系。

$$y_i = a + bx_i + u_i \quad i = 1, 2, \ldots, n$$

u 是一个随机变量，称为随机项，其反映除 x 之外的随机因素对 y 的影响，是不能由 x 和 y 间的线性关系所解释的波动。a、b 两个常数称为回归系数（参数），i 表示变量的第 i 个观察值，共有 n 组样本观察值。

以收入支出模型 $y = a + bx + u$ 为例，其中，y 表示消费支出，x 表示收入，u 表示除收入以外的影响支出的其他若干随机因素，如家庭财富、消费理念、生活习惯、居住区域等。这些因素均可对一个人的支出产生或多或少的影响，只是无法具体体现在回归模型中，因为一元线性回归模型只能包含一个自变量。

正是由于 u 的随机波动性，才使得每一个人的消费支出均不相同，此时 y 表现为具体的样本点，这些样本点的排列并没有严格的规律。所以在一元线性回归模型中，一般假设 u 为 0，原因在于不同个体的随机误差项 u 有高有低，难以具体测定，但若将所有个体的随机误差项 u 综合在一起，则可视作相互抵消的关系。

因此，为表示方便，将 $y=a+bx$ 称为回归方程。

1. 一元线性回归方程的参数估计

建立回归方程实际上是利用样本观测值 (x_i, y_i)，$i=1,2,...,n$ 估计未知参数 a、b 的值，其中 a 是回归方程的常数项，b 是方程的回归系数。在线性回归方程中，参数一般使用最小二乘法和极大似然法进行估计，下面仅用最小二乘法进行讲解。

一般情况下使用的最小二乘法常称为普通最小二乘法（Ordinary Least Square，OLS），其基本原理是使因变量的观测值与估计值之间的离差平方和达到最小，对目标函数求偏导数，并令偏导数为 0，进而求得 a、b 的值。

$$\begin{cases} b = \dfrac{n\sum x_i y_i - \sum x_i \sum y_i}{n\sum x_i^2 - \left(\sum x_i\right)^2} \\ a = \overline{y} - b\overline{x} \end{cases}$$

📋 **案例分析**　　　　　　　某平台 6 家电子商务企业费用相关的线性回归方程

1．年利润和年广告费的线性回归方程

某平台 6 家电子商务企业的年广告费和年利润资料如表 5-2 所示，求年利润和年广告费的线性回归方程。

解：设 $y_c = a+bx$，求得：

$$b = \frac{n\sum xy - \sum x\sum y}{n\sum x^2 - \left(\sum x\right)^2} \approx 2.91 \qquad a = \overline{y} - b\overline{x} = 3.05$$

故年利润和年广告费的线性回归方程为 $y_c = 3.05 + 2.91x$。

2．月成本和月利润的线性回归方程

某平台 6 家电子商务企业的月成本和月利润资料如表 5-3 所示，求月成本和月利润的线性回归方程。

解：设 $y_c = a+bx$，求得：

$$b = \frac{n\sum xy - \sum x\sum y}{n\sum x^2 - \left(\sum x\right)^2} \approx -1.43 \qquad a = \overline{y} - b\overline{x} = 12.62$$

故月成本和月利润的线性回归方程为 $y_c = 12.62 - 1.43x$。

2. 一元线性回归模型的检验

在实际统计分析中，有些回归模型虽然建立起来，但这些模型不一定能够通过检验，不能利用这样的回归模型进行预测和决策，否则将对实际工作产生反作用。检验不通过的原因多种多样，可能是模型的设定形式不正确，也可能是变量选取不切合实际，还可能是变量数据有误等。为避免使用一个回归效果较差的模型进行预测，有必要在模型建立之后对其进行各种检验。

一般而言，回归模型的检验包括 3 个步骤。第一是经济意义检验，即如果模型中各变量之间的关系明显与现实不符，则需要仔细对该模型建立的众多细节进行分析。例如，一个小区居民的支出关于收入的回归模型为 $y_c = 1300 - 0.8x$，则该模型明显与现实不符，因为收入 x 与支出 y 之间应该为正相关关系，需要对该模型进行重新审核。第二是统计检验，即检验模型中各变量以及模型整体是否具有显著性。常用的检验方法包括 t 检验、F 检验、拟合优度检验、估计标准误差检验等。第三是计量检验，即检验模型是否与一些经典的回归假设相悖。常用的检验方法有多重共线性检验、自相关检验、异方差检验等。

下面介绍一些常用的检验方法。

（1）拟合优度检验

拟合优度是指回归直线与各观测点的接近程度，拟合优度检验就是检验回归模型对样本观测值的拟合程度。我们看下列公式。

$$SST = SSE + SSR$$

其中，SST 代表总离差平方和，用于反映 n 个样本点因变量观察值与其均值的总离差；SSE 代表残差平方和，用于反映除 x 以外的其他因素对 y 取值的影响；SSR 代表回归平方和，用于反映自变量 x 的变化对因变量 y 取值变化的影响。在给定的样本中，当 SST 不变时，SSR 在 SST 中所占的比重越大，实际样本点离样本回归线就越近，即表明回归方程的拟合优度效果较好。因此回归直线的拟合优度系数可用下面的公式进行计算。

$$R^2 = SSR / SST = 1 - SSE / SST$$

其中，R^2 为拟合优度系数，又称为可决系数或判定系数，取值范围为[0, 1]，其取值越接近 1，表明各实际样本点离趋势线越近，拟合优度越高。

在线性相关分析中，拟合优度系数（R^2）为相关系数（r）的平方，即 $R^2 = r^2$。

（2）估计标准误差

估计标准误差是指因变量各实际值与其估计值之间的平均差异程度，用于反映实际观察值在回归直线周围的分散状况，即回归估计值对各实际观察值代表性的强弱。其值越小，回归方程的代表性越强，用回归方程估计或预测的结果越准确。

估计标准误差用 S_e 表示，其计算公式为：

$$S_e = \sqrt{\frac{SSE}{n-2}}$$

📋 **案例分析** 　　某平台 10 家电子商务企业月营业支出和月营业收入的线性回归方程

某平台 10 家电子商务企业的月营业收入和月营业支出数据如表 5-4 所示，求这 10 家企业月营业支出与月营业收入的线性回归方程，并求出回归方程的拟合优度系数和估计标准误差。

表 5-4　10 家电子商务企业月营业收入和月营业支出数据

月营业收入 x/万元	20	30	33	40	15	13	26	38	35	43
月营业支出 y/万元	7	9	8	11	5	4	8	10	9	10

解：设 $y_c = a + bx$，求得：

$$b = \frac{n\sum xy - \sum x \sum y}{n\sum x^2 - (\sum x)^2} \approx 0.2 \qquad a = \overline{y} - b\overline{x} = 2.17$$

故月营业支出与月营业收入的线性回归方程为 $y_c = 2.17 + 0.2x$。

将各家电子商务企业的月营业收入 x 代入上述回归模型中，可求得月营业支出估计值，如表 5-5 所示。

表 5-5　电子商务企业月营业支出估计值

月营业收入 x/万元	20	30	33	40	15	13	26	38	35	43
月营业支出估计值 y_c/万元	6.17	8.17	8.77	10.17	6.17	4.77	7.37	9.77	9.17	10.77

$$R^2 = \frac{SSR}{SST} = \frac{\sum\limits_{i=1}^{n}(y_c - \bar{y})^2}{\sum\limits_{i=1}^{n}(y - \bar{y})^2} \approx 0.9$$

$R^2 = 0.9$，表明该回归方程拟合效果较好。

$$\sum(y - y_c)^2 = \sum y^2 - a\sum y - b\sum xy = 4.2992$$

$$S_e = \sqrt{\frac{\sum(y - y_c)^2}{n-2}} = \sqrt{\frac{4.2992}{10-2}} \approx 0.73$$

该回归模型的估计标准误差为 0.73，其值较小，说明模型拟合效果较好。

📑 **知识拓展**　　　　　　　　Excel 的 CORREL 函数和 LINEST 函数

1. CORREL 函数

该函数返回两个单元格区域的相关系数。使用相关系数确定两个属性之间的关系。

- 语法

CORREL(array1，array2)

CORREL 函数语法具有下列参数。

Array1 必需，单元格值区域。

Array2 必需，第二个单元格值区域。

- 备注

① 如果数组或引用参数包含文本、逻辑值或空单元，则忽略这些值。

② 如果 array1 和 array2 的数据点数不同，则 CORREL 返回#N/A 错误。

③ 如果 array1 或 array2 为空，或者等于零，则 CORREL 返回 #DIV/0! 错误。

④ 如果相关系数接近于 ±1，则表示数组之间的正负相关性越强。

⑤ 接近于 0 的关联系数表示数组之间不相关或弱相关。

2. LINEST 函数

该函数使用最小二乘法计算与现有数据最佳拟合的直线，以此来计算某直线的统计值，然后返回描述此直线的数组。

直线的公式为：$y = mx + b$

- 语法

LINEST(known_y's，[known_x's]，[const]，[stats])

该函数语法具有下列参数。

Known_y's 必需，关系表达式 $y = mx + b$ 中已知的 y 值集合。

Known_x's 可选，关系表达式 $y = mx + b$ 中已知的 x 值集合。

Known_x's 对应的单元格区域可以包含一组或多组变量。如果仅使用一个变量，那么只要 known_x's 和 known_y's 具有相同的维数，它们就可以是任何形状的区域。如果用到多个变量，则 known_y's 必须为向量（即必须为一行或一列）。如果省略 known_x's，则假设该数组为{1, 2, 3, ...}，其大小与 known_y's 相同。

const 可选，一个逻辑值，用于指定是否将常量 b 强制设为 0。如果 const 为 TRUE 或省略，则 b 将按正常计算。如果 const 为 FALSE，则 b 将被设为 0，并同时调整 m 值使 $y = mx$。

stats 可选，一个逻辑值，用于指定是否返回附加回归统计值。如果统计信息为 TRUE，则 LINEST 返回其他回归统计信息。如果 stats 为 FALSE 或省略，则函数 LINEST 只返回系数 m 和常量 b。

5.4.4 相关与回归分析应用

📋 **案例分析**　　　　某电子商务企业广告费用与销售额之间的相关系数及回归分析

某电子商务企业为研究广告费用与销售额之间的关系，抽取其 2022 年 12 个月的广告费用和销售额数据（见表 5-6），试计算广告费用与销售额之间的相关系数并对二者进行回归分析（显著性水平为 0.05）。

表 5-6　电子商务企业 2022 年 12 个月的广告费用和销售额

广告费用/万元	42	80	76	142	65	132	56	126	48	116	44	102
销售额/万元	132	166	152	186	148	176	142	180	156	168	148	170

1．利用函数确定相关关系

（1）计算相关系数

在单元格 C2 中输入"相关系数"，在 D2 单元格中输入"=CORREL(A2:A13，B2:B13)"，得到结果约为 0.9224。利用 PEARSON 函数（=PEARSON(A2:A13，B2:B13)），通过同样的操作步骤将会得到一样的结果。

（2）计算协方差

在单元格 C3 中输入"协方差"，在 D3 单元格中输入"=COVARIANCE.S(A2:A13，B2:B13)"，按 Enter 键，即可得到广告费用与销售额之间的协方差为 556.091（见图 5-19）。

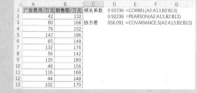

图 5-19　利用函数确定相关关系

2．利用趋势线输出回归方程

（1）插入散点图

选中单元格区域 A2:B13，插入散点图，单击其右侧的【图表元素】按钮，勾选"趋势线"复选框，单击其右侧三角形按钮，选择"更多选项"，在"设置趋势线格式"操作框中勾选"显示公式""显示 R 平方值"复选框，得到添加趋势线后的散点图（见图 5-20）。

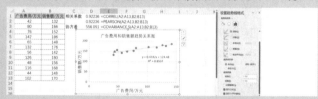

图 5-20　散点图添加趋势线

（2）美化图表

添加标题为"广告费用和销售额趋势线关系图"，横坐标轴标题为"广告费用/万元"、纵坐标轴标题为"销售额/万元"（见图 5-21）。

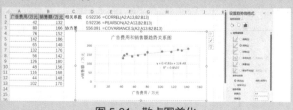

图 5-21　散点图美化

3．利用回归分析工具进行回归分析

（1）选择回归分析工具

切换至【数据】选项卡，依次选择【数据分析】-【回归】选项，然后单击【确定】按钮，进入回归参数设置界面。

（2）回归参数设置

在 "回归" 操作框中，将 "Y 值输入区域" 设置为单元格区域 B1：B13，将 "X 值输入区域" 设置为单元格区域 A1：A13，勾选 "标志" 复选框，在 "输出选项" 下选中【新工作表组】单选按钮，以将输出结果显示在一个新的工作表上。再勾选 "残差" "正态分布" 选项组的全部复选框（见图 5-22），最后单击【确定】按钮，得到回归结果（见图 5-23）。

图 5-22　回归参数设置

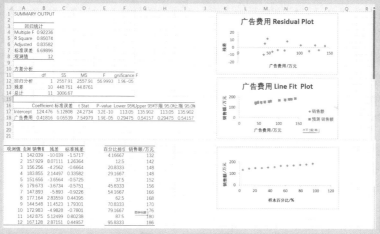

图 5-23　回归结果

4．结果分析

通过以上操作，分析结果如下。

①用函数计算的相关系数值为 0.9224，广告费用与销售额之间的关系高度正相关。

②用函数计算的协方差为 556.0909，表明广告费用与销售额之间的关系为正相关。协方差的绝对值越大，表明变量之间的相关程度越强，但从该实例的计算结果中只能看出变量间的相关方向，无法判断相关程度。

③散点图较为直观地体现了变量间的相关关系，还可以通过趋势线形态判断相关关系和相关方向，通过 R 值得出相关程度，直接得到回归方程，操作较为方便。

④利用回归分析工具法获得的回归方程 $y_c = 124.476 + 0.4181x$ 与散点图法的回归方程一致，还可以输出相关的回归图形。

⑤该回归方程的拟合优度和显著性检验结果。系数 R^2 为 0.850744802，说明该回归方程拟合

效果较好，表明该公司销售额的增长中，约有 85.074% 是广告投入的增加造成的。在该回归方程中 $P=1.9\times10^{-5}$，小于显著性水平 0.05，说明拒绝原假设，即该回归系数显著，广告投入对销售额有明显影响。$P=1.9\times10^{-5}<0.05$，说明拒绝原假设，即该回归方程显著。

5.5 电子商务数据时间序列分析法

5.5.1 时间序列的分类

时间序列是把反映某种社会经济现象的同一指标在不同时间上的指标数值，按照时间先后顺序排列而成的数列。由于时间序列反映现象的动态变化，故又称动态序列。任何一个时间序列都具有两个基本要素：一个是现象所属的时间，可以表现为年、季、月或日等时间单位；另一个是反映客观现象的统计指标数值。时间序列按其排列的指标不同，可以分为绝对数时间序列、相对数时间序列和平均数时间序列三种。

1. 绝对数时间序列

绝对数时间序列又称总量指标时间序列，是将反映某种社会经济现象的一系列总量指标按时间先后顺序排列而成的一种序列。它能反映社会经济现象总量在各个时期所达到的绝对水平及发展变化过程。该序列按其指标本身的性质不同，又分为时期序列和时点序列。

（1）时期序列

时期序列是由时期总量指标按时间顺序编制而成的数列，在时期数列中每个指标值都反映某个社会经济现象在一定时期内发展过程的总量，如表 5-7 所示就是一个时期序列。

表 5-7　某电子商务企业 2016—2022 年的销售收入

年份/年	2016	2017	2018	2019	2020	2021	2022
销售收入/万元	119	120	123	125	140	145	150

（2）时点序列

时点序列是由时点总量指标按时间顺序编制而成的数列，在时点序列中，每个指标值反映社会经济现象在某一时点（时刻）上所达到的水平，如表 5-8 所示就是一个时点序列。

表 5-8　细分市场 2017—2022 年底人口数

年份/年	2017	2018	2019	2020	2021	2022
年底人数/人	97098	98487	100853	101099	101788	102100

2. 相对数时间序列

相对数时间序列是指一系列相对指标按照时间先后顺序排列而成的时间序列，用来反映现象数量对比关系的发展变化过程。相对指标是由两个有联系的总量指标对比得到的，由于总量指标时间序列有时期序列和时点序列之分，因此，两个总量指标时间序列对比形成的相对数时间序列可分为三种：由两个时期序列对比形成的相对数时间序列；由两个时点序列对比形成的相对数时间序列；由一个时期序列和一个时点序列对比形成的相对数时间序列。在相对数时间序列中，每个指标都是相对数，因为各个指标值是不能直接相加的。

3. 平均数时间序列

平均数时间序列是由一系列同类平均指标按照时间先后顺序排列而成的时间序列，它反映现象平均水平的发展趋势。在平均数时间序列中，各个指标数值是不能相加的。

5.5.2　长期趋势分析

1. 移动平均法

移动平均法是在算术平均法的基础上加以改进形成的，其基本思想是每次取一定数量周期的数据平均，按时间顺序逐次推进。每推进一个周期，就舍去前一个周期的数据，增加一个新周期的数据，再进行平均。移动平均法一般只用于一个时期后的预测（即预测第 $t+1$ 期值）。

设观测的时间序列为 $y_1, y_2, ..., y_n$，则 N（$1<N<n$）期的移动平均的计算公式为：

$$M_t^{(1)} = \frac{y_t + y_{t-1} + ... + y_{t-N+1}}{N} (t=1,2,...,n)$$

其中 $M_t^{(1)}$ 为 t 期的中心化移动平均数。

应用移动平均法分析长期趋势时，应注意下列几个问题。

（1）用移动平均法对原时间序列进行平滑拟合，平滑程度的大小与平均的项数多少有关。N 取值越大，则平滑作用越强。

（2）移动平均法的移动平均项数应根据时间序列的特点来定。原时间序列如果有较明显的周期性波动，则移动平均项数要以周期的长度为准，这样所得的移动平均项数既能消除随机变动的影响，又能消除周期性变动的影响。

（3）移动平均项数 N 为奇数，只需一次移动就可以得出对正原数列的各时期的趋势值。移动平均项数 N 为偶数，需进行两次移动，即在第一次移动后形成的移动平均项数的基础上，再将相邻的两个移动平均项数依次移动进行简单相加被 2 除，作为第二次移动平均项数，才能得出对正原时间数列各时期的趋势值，即移正平均。

（4）移动平均后形成的派生序列的项数要比原时间序列的项数少。按奇数项移动时，新数列首尾各减少（$N-1$）/2 项数值；按偶数项移动时，首尾各减少 $N/2$ 项数值。移动平均法使数列首尾各丢失部分信息量，而且移动平均时间越长，丢失项数越多。因此移动平均时间不宜过长。

案例分析　　　　　　　　　　电子商务企业销售额的项数移动平均

某电子商务企业 2022 年 12 个月的销售额如表 5-9 所示，分别进行项数为 2 和 3 的移动平均。

表 5-9　某电子商务企业 2022 年 12 个月的销售额

月份/月	销售额/万元	2 项移动平均数	3 项移动平均数
1	75.00	—	—
2	80.00	77.50	77.67
3	78.00	79.00	78.00
4	76.00	77.00	77.00
5	77.00	76.50	78.00
6	81.00	79.00	77.33
7	74.00	77.50	74.33
8	68.00	71.00	72.33
9	75.00	71.50	75.00
10	82.00	78.50	80.00
11	83.00	82.50	81.33
12	79.00	81.00	—

①2 项移动平均，第一个平均数=1/2×(75.00+80.00)=77.50

②3 项移动平均，第一个平均数=1/3×(75.00+80.00+78.00)=77.67

按照上述方法，依次进行第二、第三个，直至最后一个移动平均数计算，其中最后一个 3 项移动平均数是缺失的。

当时间序列具有线性增长的发展趋势时，用一次移动平均法预测会出现滞后偏差，表现为对线性增长的时间序列的预测值偏低，这时可通过二次移动平均法来计算。

二次移动平均法是将一次移动平均再进行一次移动平均，然后建立线性趋势模型。

$$Y = y_{t+\tau} = \hat{a}_t + \hat{b}_t * \tau$$

$$\hat{a}_t = 2M_t^{(1)} - M_t^{(2)}$$

$$\hat{b}_t = \frac{2}{(N-1)}\left(M_t^{(1)} - M_t^{(2)}\right)$$

2. 指数平滑方法

（1）一次指数平滑

设时间序列为 $y_1, y_2, ..., y_n$，则一次指数平滑公式为：

$$S_t^{(1)} = \alpha y_t + (1-\alpha) S_{t-1}^{(1)}$$

$S_t^{(1)}$ 为第 t 期的一次指数平滑值；α 为加权系数，$0<\alpha<1$。

指数平滑法的参数 α 代表一种不同程度的权重，它主要取决于历史观测数据的变化趋势和变化程度，作为系数值，参数 α 是由应用者根据实际情况进行预估和决定的。α 越大，说明当前时期的预测数据和临近的历史数据的影响越强，反之，α 越小，说明当前时期的预测数据具有较大的整体性和持续性。所以在使用指数平滑法进行预测及长期趋势分析时，正确确定 α 的取值是非常重要的，在实际中常用的方法是采用过去几次的实际数据来调整 α 的取值，即根据拟合效果调整 α 值，以达到良好的预测效果。

（2）二次指数平滑

当时间序列没有明显的变动趋势时，使用第 t 期一次指数平滑法就能直接预测第 $t+1$ 期的值。但当时间序列的变动呈现直线趋势时，用一次指数平滑法来预测存在明显的滞后偏差。修正的方法是在一次指数平滑的基础上再进行一次指数平滑，利用滞后偏差的规律找出曲线的发展方向和发展趋势，然后建立直线趋势预测模型，即二次指数平滑。

设一次指数平滑为 $S_t^{(1)}$，则二次指数平滑 $S_t^{(2)}$ 的计算公式为：

$$S_t^{(2)} = \alpha S_t^{(1)} + (1-\alpha) S_{t-1}^{(2)}$$

若时间序列为 y_1，y_2，$\cdots$，y_n，从某时期开始具有直线趋势，且认为在未来时期也按此直线趋势变化，则其与趋势移动平均类似，可用以下直线趋势模型来预测。

$$\hat{y}_{t+T} = a_t + b_t T \ (T = 1,2,..., \ t)$$

其中，t 为当前时期数；T 为由当前时期数 t 到预测时期的时期数；$\hat{y}_{t+T}$ 为第 $t+T$ 期的预测值；a_t 为截距，b_t 为斜率，$a_t = 2S_t^{(1)} - S_t^{(2)}$，$b_t = \frac{\alpha}{(1-\alpha)}\left(S_1^{(1)} - S_2^{(2)}\right)$。

S_0 取值：

样本数量<10 时，取前 3 期的平均值；

10≤样本数量≤20 时，取前 2 期的平均值；

20<样本数量≤100 时，取第 1 期的值。

📋 **案例分析**　　　　　　　　　电子商务企业月销量分析预测

　　某电子商务企业 2022 年 1 月至 11 月的销量如表 5-10 所示,假设根据企业以往的历史数据确定加权系数为 0.9,试对 2022 年 12 月的销量进行预测。

表 5-10　某电子商务企业 2022 年前 11 个月的销量

月份/月	1	2	3	4	5	6	7	8	9	10	11
销量/件	5231	5001	5021	5100	5078	4983	5201	5390	5218	5102	5235

　　1．观察数据趋势

　　插入销量折线图(见图 5-24),可看出企业销量呈水平波动,无明显上升或下降趋势,所以使用一次指数平滑即可完成预测。

　　2．计算预测值

　　在单元格 C2 中输入 "=AVERAGE(B2:B3)",按 Enter 键,在单元格 C3 中输入 "=0.9×B2+(1−0.9)×C2",按 Enter 键,并向下进行快速填充,即得出 2022 年 12 月的预测销量大约为 5223 件(见图 5-25)。

图 5-24　销量趋势　　　　　　　　　图 5-25　一次指数平滑预测结果

5.5.3　季节变动分析

　　季节变动往往会给社会生产和人们的经济生活带来一定的影响。研究季节变动就是为了认识这些变动的规律性,以便更好地安排、组织社会生产与生活。

　　测定季节变动的方法有很多,从长期趋势的影响来看,有两种方法:一是不考虑长期趋势的影响,直接根据原始的动态序列来计算,常用的方法是按月平均法;二是根据剔除长期趋势影响后的序列资料来计算,常用的方法是移动平均趋势剔除法。不管使用哪种方法来计算季节变动,都必须用 3 年或更多年份的资料作为基本数据进行计算分析,这样才能较好地消除偶然因素的影响,使季节变动的规律性更切合实际。

　　1．按月平均法

　　按月平均法是时间序列不含长期趋势,即不受长期趋势因素的影响,仅受季节变动因素的影响,从而对呈现的周期性季节变动规律进行预测的方法。按月平均法的步骤如下。

　　(1)分别计算各年同月(季)的平均数。

　　(2)计算各年所有月(季)的总平均数。

　　(3)将各年同月(季)的平均数与各年所有月(季)的总平均数相比,即求得用百分数表示的各月(季)的季节比率,又称季节指数。季节指数=各年同月(季)平均数/各年所有月(季)总平均数。如果某月(季)的季节指数大于 100%,则该月(季)为旺季;如果小于 100%,则为淡季;如果等于 100%,则月(季)不受季节变动的影响。

（4）计算预测年度的月平均值，则预测值为：

$$预测值=预测年度的月平均值×季节指数$$

📋 **案例分析** ▸ **电子商务企业 A2023 年月销量分析预测**

电子商务企业 A 2020—2022 年每月的销量如表 5-11 所示，2023 年拟定总销量为 85000 件，预测每月的销量。

表 5-11　电子商务企业 A2020—2022 年每月的销量

时间	销量/件	时间	销量/件	时间	销量/件
2020 年 1 月	5405	2021 年 1 月	5769	2022 年 1 月	5231
2020 年 2 月	5315	2021 年 2 月	4826	2022 年 2 月	5001
2020 年 3 月	5544	2021 年 3 月	5737	2022 年 3 月	6099
2020 年 4 月	6251	2021 年 4 月	6357	2022 年 4 月	6858
2020 年 5 月	7540	2021 年 5 月	7542	2022 年 5 月	7802
2020 年 6 月	8067	2021 年 6 月	8679	2022 年 6 月	8675
2020 年 7 月	8685	2021 年 7 月	9113	2022 年 7 月	9306
2020 年 8 月	8685	2021 年 8 月	9465	2022 年 8 月	9024
2020 年 9 月	6953	2021 年 9 月	6609	2022 年 9 月	6625
2020 年 10 月	6391	2021 年 10 月	6690	2022 年 10 月	7182
2020 年 11 月	5297	2021 年 11 月	5237	2022 年 11 月	5379
2020 年 12 月	5707	2021 年 12 月	5882	2022 年 12 月	5693

1．观察数据的趋势和季节性

将各年度、月度数据按列显示，并选择全部数据，插入折线图，得出的趋势图如图 5-26 所示。通过趋势图可知该数据无趋势性，但是含有季节性。

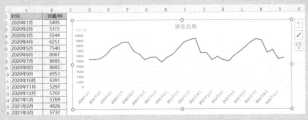

图 5-26　电子商务企业 A 销量趋势

2．计算季节性销售指数

增加年份、月份、预测值等项进行数据计算：年份=YEAR(A2)；月份=MONTH(A2)；所有年度的月平均销量 =AVERAGE(D2:D37)；季节性消费指数=I3/$L$2；各年同月平均销量 =AVERAGEIF($C$2:$C$37,H3,$D$2:$D$37)。

按照上述各项顺序在单元格中进行计算，并向下快速填充，计算所有数值，数值保留 2 位小数（见图 5-27）。

图 5-27　电子商务企业 A 季节性销售指数

3．计算预测年度的各月预测值

预测 2023 年度各月平均值：2023 年的拟定总销量为 85000 件，则月度平均值为 85000/12=7083（件）。

2020 年预测值=AVERAGE($D$2:$D$13)×VLOOKUP(C2,$H$3:$J$14,3,0)；

2021 年预测值=AVERAGE($D$14:$D$25)×VLOOKUP(C14,$H$3:$J$14,3,0)；

2022 年预测值=AVERAGE($D$26:$D$37)×VLOOKUP(C26,$H$3:$J$14,3,0)；

2023 年预测值=(85000/12)×VLOOKUP(C38,$H$3:$J$14,3,0)。

按照上述各项顺序在单元格中进行计算，并向下快速填充计算所有数值，注意年度的间隔，数值为整数，结果如图 5-28 所示。

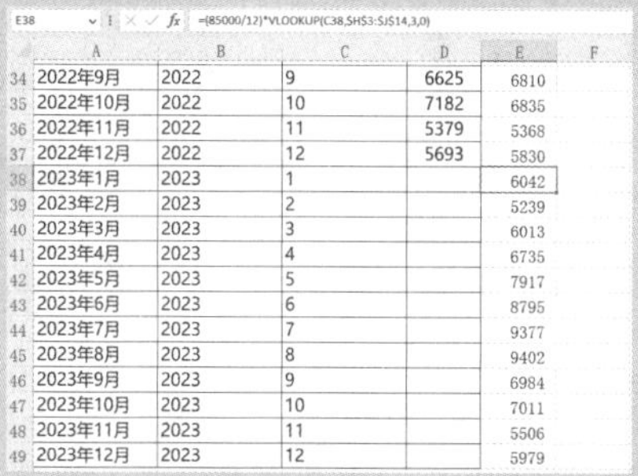
E38　=(85000/12)*VLOOKUP(C38,$H$3:$J$14,3,0)

	A	B	C	D	E	F
34	2022年9月	2022	9	6625	6810	
35	2022年10月	2022	10	7182	6835	
36	2022年11月	2022	11	5379	5368	
37	2022年12月	2022	12	5693	5830	
38	2023年1月	2023	1		6042	
39	2023年2月	2023	2		5239	
40	2023年3月	2023	3		6013	
41	2023年4月	2023	4		6735	
42	2023年5月	2023	5		7917	
43	2023年6月	2023	6		8795	
44	2023年7月	2023	7		9377	
45	2023年8月	2023	8		9402	
46	2023年9月	2023	9		6984	
47	2023年10月	2023	10		7011	
48	2023年11月	2023	11		5506	
49	2023年12月	2023	12		5979	

图 5-28　电子商务企业 A 销量趋势

4．结果验证

2020 年、2021 年、2022 年预测数据的误差=预测销量-实际销量。

误差标准差=STDEV.P(F2:F37)=268.49；拟合优度=RSQ(D2:D37,E2:E37)=0.96258627。

根据以上验证，误差标准差为 268.49，拟合优度为 0.96，说明预测的结果数据可以接受，即 2023 年各月的销量预测数据如表 5-12 所示。

表 5-12　电子商务企业 A 2023 年各月的销量预测

月份/月	1	2	3	4	5	6	7	8	9	10	11	12
销量/件	6042	5239	6013	6735	7917	8795	9377	9402	6984	7011	5506	5979

2．移动平均趋势剔除法

如果三年及以上年份的资料表明，现象不仅有明显的季节变动，而且有逐年显著增加或显著减少的趋势，则需用趋势剔除法测定现象的季节变动。移动平均趋势剔除法是先利用移动平均法消除原时间序列中长期趋势的影响，再测定它的季节变动，具体步骤如下。

（1）先根据各年的季度（或月度）数据资料（Y）计算 4 个季度（或 12 个月）的移动平均数，然后为了“正位”，再计算相邻两个移动平均数的平均数，便得到长期趋势值和循环变动值的新序列（TC）。

（2）从原数列中剔除趋势值和循环变动值，得出仅包含季节变动和不规则变动的时间序列资料，即 Y/（TC）=S_i。

（3）将上面的计算结果重新按月（季）排列，求得同月（同季）平均数，再将其除以总平均数，即得季节指数 S_i。

（4）对季节指数的调整。各月（季）的季节指数总和应为 1200%（400%），如果不等于 1200%（400%），则需计算调整系数，并用调整系数对各月（季）的季节指数进行调整。调整系数=1200%（400%）/各月（季）季节指数之和；调整后的季节指数=各月（季）实际季节指数×调整系数 。

（5）对 TC 计算线性趋势预测值，$\hat{X}_t = a + bt$，最简单的是使用函数 LINEST 计算线性回归方程参数 a 和 b。

（6）计算季节指数趋势预测值，$\hat{Y}_t = \hat{X}_t * S_i$。

案例分析　　电子商务企业 B 2023 年月销量分析预测

电子商务企业 B 2020—2022 年每月的销量如表 5-13 所示，2023 年未拟定总销量，试根据以上销量，预测 2023 年的总销量和每月的销量。

表 5-13 电子商务企业 B 2020—2022 年每月的销量

时间	销量/件	时间	销量/件	时间	销量/件
2020 年 1 月	5405	2021 年 1 月	10489	2022 年 1 月	11401
2020 年 2 月	5315	2021 年 2 月	9546	2022 年 2 月	12499
2020 年 3 月	5544	2021 年 3 月	10457	2022 年 3 月	13258
2020 年 4 月	6251	2021 年 4 月	11077	2022 年 4 月	14202
2020 年 5 月	7540	2021 年 5 月	12262	2022 年 5 月	15075
2020 年 6 月	8067	2021 年 6 月	13399	2022 年 6 月	15706
2020 年 7 月	8685	2021 年 7 月	13833	2022 年 7 月	15424
2020 年 8 月	8685	2021 年 8 月	14185	2022 年 8 月	13025
2020 年 9 月	6953	2021 年 9 月	11329	2022 年 9 月	13582
2020 年 10 月	6391	2021 年 10 月	11410	2022 年 10 月	11779
2020 年 11 月	5297	2021 年 11 月	9957	2022 年 11 月	12093
2020 年 12 月	5707	2021 年 12 月	10602	2022 年 12 月	11631

1．观察数据的趋势和季节性

将各年度、月度数据按列显示，并选择全部数据，插入折线图，得到销量趋势图（见图 5-29），通过趋势图可知该数据呈上升趋势，且含有季节性。

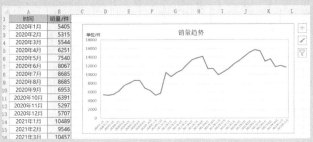

图 5-29 电子商务企业 B 销量趋势

2．计算季节性销售指数

增加年份、月份、预测值等项进行数据计算：年份=YEAR(A2)；月份=MONTH(A2)；居中移动平均值=AVERAGE(D2:D13)（以 12 个月为项数进行移动平均）；移正平均值=AVERAGE(E8:E9)；季节比率=D8/F8；总季节比率平均值=AVERAGE(G8:G31)；同月季节比率平均值=AVERAGEIF($C$8:$C$31,K2,$G$8:$G$31)/ AVERAGE(G8:G31)。

计算出同月季节比率平均值之和为 11.98，即不等于标准值 12，因此需要调整同月季节比率，调整系数为 12/11.98≈1.00167，均保留两位小数，因此可以忽略此调整系数。

按照上述各项顺序在单元格中进行计算，并向下快速填充计算所有数值，数值保留两位小数，结果如图 5-30 所示。

日期	年度/年	月份/月	销量/件	居中移动平均	移正平均	季节比率	线性趋势预测值	预测值
2020年1月	2020	1	5405					
2020年2月	2020	2	5315					
2020年3月	2020	3	5544					
2020年4月	2020	4	6251					
2020年5月	2020	5	7540					
2020年6月	2020	6	8067					
2020年7月	2020	7	8685	6653	6865	1.27		
2020年8月	2020	8	8685	7077	7253	1.20		
2020年9月	2020	9	6953	7430	7634	0.91		
2020年10月	2020	10	6391	7839	8040	0.79		
2020年11月	2020	11	5297	8241	8438	0.63		
2020年12月	2020	12	5707	8635	8857	0.64		
2021年1月	2021	1	10489	9079	9294	1.13		
2021年2月	2021	2	9546	9508	9737	0.98		
2021年3月	2021	3	10457	9966	10149	1.03		
2021年4月	2021	4	11077	10331	10540	1.05		
2021年5月	2021	5	12262	10749	10943	1.12		
2021年6月	2021	6	13399	11138	11342	1.18		
2021年7月	2021	7	13833	11546	11593	1.19		
2021年8月	2021	8	14185	11641	11718	1.21		
2021年9月	2021	9	11329	11795	11880	0.95		

月份/月	同月季节比率平均值	总季节比率平均值	1.00
1	1.03		
2	0.94		
3	1.00		
4	1.04		
5	1.10		
6	1.16		
7	1.23		
8	1.20		
9	0.93		
10	0.87		
11	0.72		
12	0.75		
合计	11.98		

年份/年	销售总量/件
2020	79840
2021	138546
2022	159675
2023	

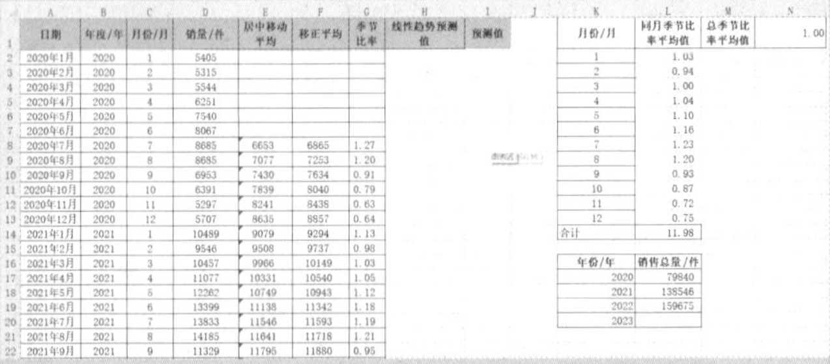

图 5-30 电子商务企业 B 的季节性销售指数

3．计算线性趋势预测值

根据上面的计算，新序列如表 5-14 所示，其中首项为 6865，末项为 13244，项数为 24，对该序列使用 LINEST 函数计算线性回归方程参数，在单元格 K22 中输入 “=LINEST(F8:F31)”，得出 278.67,7274.83，即线性回归方程为：

$$\hat{X}_t = a + bt = 7274.83 + 278.67t$$

根据上述线性方程，可计算出 2023 年的线性预测值，其中 t 的取值范围为[25,36]，结果如图 5-31 所示。

表 5-14　电子商务企业 B 销量移正平均值

月份/月	1	2	3	4	5	6	7	8	9	10	11	12
2020 年							6865	7253	7634	8040	8438	8857
2021 年	9294	9737	10149	10540	10943	11342	11593	11718	11880	12056	12228	12379
2022 年	12527	12656	12779	12940	13106	13244						

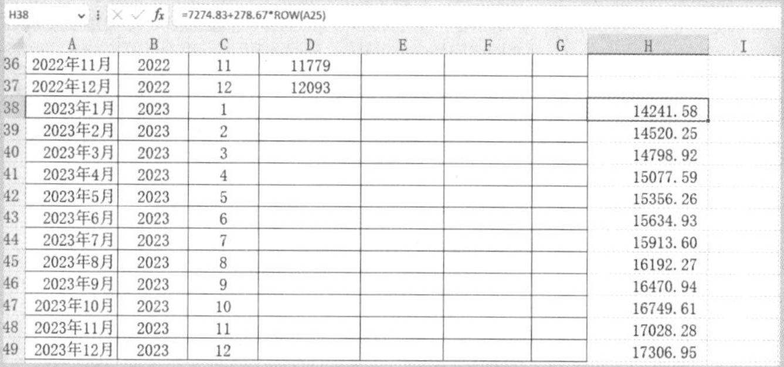

H38　=7274.83+278.67*ROW(A25)

	A	B	C	D	E	F	G	H	I
36	2022年11月	2022	11	11779					
37	2022年12月	2022	12	12093					
38	2023年1月	2023	1					14241.58	
39	2023年2月	2023	2					14520.25	
40	2023年3月	2023	3					14798.92	
41	2023年4月	2023	4					15077.59	
42	2023年5月	2023	5					15356.26	
43	2023年6月	2023	6					15634.93	
44	2023年7月	2023	7					15913.60	
45	2023年8月	2023	8					16192.27	
46	2023年9月	2023	9					16470.94	
47	2023年10月	2023	10					16749.61	
48	2023年11月	2023	11					17028.28	
49	2023年12月	2023	12					17306.95	

图 5-31　电子商务企业 B 2023 年的线性趋势预测值

4．计算预测值

基于预测模型 $\hat{Y}_t = \hat{X}_t * S_i$，其中 S_i 如图 5-31 中的 J 列所示，根据对应的月份计算出 2023 年各月的预测值，在单元格 I38 中输入 “=H39×VLOOKUP(C39,$K$2:$L$13,2,0))”，按 Enter 键，并向下快速填充，最终预测结果如图 5-32 所示，以整数形式显示。

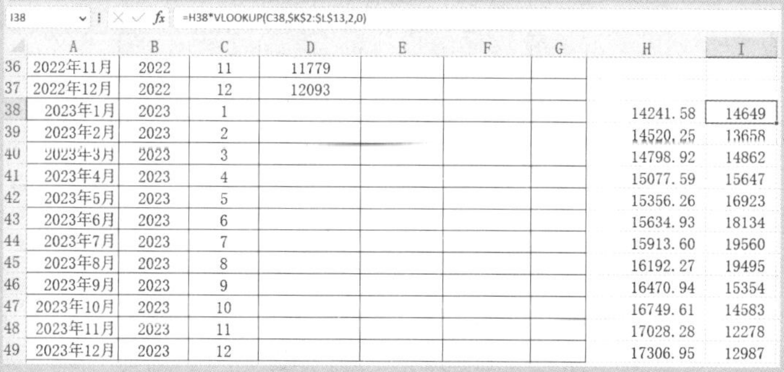

I38　=H38*VLOOKUP(C38,$K$2:$L$13,2,0)

	A	B	C	D	E	F	G	H	I
36	2022年11月	2022	11	11779					
37	2022年12月	2022	12	12093					
38	2023年1月	2023	1					14241.58	14649
39	2023年2月	2023	2					14520.25	13658
40	2023年3月	2023	3					14798.92	14862
41	2023年4月	2023	4					15077.59	15647
42	2023年5月	2023	5					15356.26	16923
43	2023年6月	2023	6					15634.93	18134
44	2023年7月	2023	7					15913.60	19560
45	2023年8月	2023	8					16192.27	19495
46	2023年9月	2023	9					16470.94	15354
47	2023年10月	2023	10					16749.61	14583
48	2023年11月	2023	11					17028.28	12278
49	2023年12月	2023	12					17306.95	12987

图 5-32　电子商务企业 B 2023 年各月销量预测值

5．结果验证

使用线性预测模型对 2022 年和 2022 年的销量进行线性预测，并将预测值与对应的季节比率进行相乘计算，得出两年的预测值。对 2021 年 1 月至 7 月的原始观察值和预测值进行误差计算、误差标准差计算和拟合优度计算。如图 5-33 所示，标准差为 1635，拟合优度为 0.8766，即预测结果与观察值高度相关，表 5-15 为 2023 年各月销量预测结果，年销量为 188129 件。

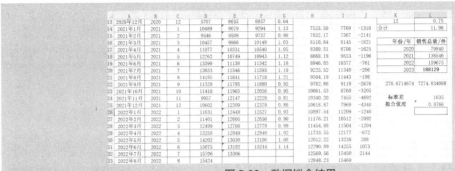

图 5-33　数据拟合结果

表 5-15　电子商务企业 B 2023 年各月预测销量

月份/月	1	2	3	4	5	6	7	8	9	10	11	12
销量/件	14649	13658	14862	15647	16923	18134	19560	19495	15354	14538	12278	12987

素养课堂　"数据二十条"为数据要素发展夯实政策基础

中共中央、国务院于 2022 年 12 月印发《关于构建数据基础制度更好发挥数据要素作用的意见》（以下简称"数据二十条"），旨在充分激活数据要素潜能，将数字经济做强做优做大，为经济发展增添新动能，为国家竞争构筑新优势。"数据二十条"主要从总体要求、数据产权、流通交易、收益分配、安全治理及保障措施六个方面提出二十条意见，指导数据要素市场发展。

"数据二十条"的出台，对于搭建数据要素流通的基础条件框架、进一步发挥数据要素的作用、挖掘数据价值至关重要。此次的"数据二十条"中，明确提到了数据权属的三权结构性分置，要求建立公共数据、企业数据、个人数据的分类分级确权授权制度。要根据数据来源和数据生成特征，分别界定数据生产、流通、使用过程中各参与方享有的合法权利，建立数据资源持有权、数据加工使用权、数据产品经营权等分置的产权运行机制。这是后续一系列数据要素市场搭建和流通的核心基础。

数据要素之所以难管，在于其只有使用才能产生价值，但是所有者却无法通过使用自己的数据获取价值。这背后存在一个矛盾，那就是保护和流通之间的矛盾，解决这一矛盾需要借助权利分置的方式，让保护的权利归保护，让流通的权利归流通。

"数据二十条"所提出的持有权、使用权和经营权三权分置正体现了上述目标。持有权是消费者拥有数据的证明，也是消费者权益得到保护的关键，更是消费者同意将自身数据流入市场的前提。而使用权则是对数据处理这个产业的"正名"。数据要素规模大，但是差异性更大，无效数据占比很高，从中提取有用的信息并收集整理打包成针对不同用户可用的数据是一项复杂的工作，这个过程需要一系列成熟技术服务产业的支持。只有将使用权分离才能让这些产业更加心无旁骛地开展技术革新，专注于数据处理。经营权则是数据流通的重要条件之一。消费者是无法通过仅使用自身的数据获取价值的，这就需要通过一系列数据经营服务商将这些数据和对应的产业相结合，充分挖掘数据价值，借助数据引导实体生产和服务革新，创造更多价值，从而反馈给消费者。

数据的流通特性使其具有因过度集中而产生垄断的可能。此次的"数据二十条"围绕确权授权机制明确提出，引导行业龙头企业、互联网平台企业发挥带动作用，促进与中小微企业双向公平授权，共同合理使用数据，赋能中小微企业数字化转型。这项规定可以从两个方面理解：一方面，数据反垄断绝不是搞"小微主义"，也不是没有龙头企业，而是要促进龙头企业和小微企业的公平授权，这个公平体现在机会公平，而不是结果公平；另一方面，小微企业也要积极参与到数字化转型的过程中，享受数据要素规模化的红利。数据反垄断的原则还是要突出保护，一方面突出对于数据所有者权益的保护，另一方面突出对数据产品、数据处理技术、数据服务等重要成果的保护。

总而言之，"数据二十条"的出台是非常合时宜的，也是十分关键的。数据三权分置、数据反垄断等政策规划，对于数据要素产业的长期健康发展有着重要意义，将为推动经济结构转型升级、实现高质量发展奠定更加坚实的基础。

资料来源：根据网络资料整理。

拓展思考：

1．在使用数据时，如何划分数据持有权、使用权和经营权？

2．"数据二十条"的出台对哪些行业发展有助益作用？

本章知识结构图

扫一扫

本章测验

1．判断题

（1）行业内数据对比属于纵向对比思维的体现。（   ）

（2）公式化思维是利用量化分析方法把对象根据指标公式逐步拆解，定位问题。（   ）

（3）算术平均值是对已分组的数据计算平均数而采用的计算形式。（   ）

（4）偏度系数是以正态分布为标准来描述数据对称性的指标。（   ）

（5）极差、平均差和标准差等指标都是以非绝对值形式反映数据的离散指标。（   ）

2．单选题

（1）（   ）是把一些对象按照某种规则划分为若干类别，再分析各个类别的特征。

Λ．结构化思维　　　　B．转化思维　　　　C．公式化思维　　　D．分类思维

（2）相关系数 r 的取值范围为 $[-1,1]$，当 $r=0.75$ 时，表示变量间存在（   ）。

A．高度相关关系　　　　　　　　B．中度相关关系

C．低度相关关系　　　　　　　　D．完全相关关系

（3）AVERAGE 函数计算一组数据的（   ）。

A．和　　　　　　　B．众数　　　　　　C．中位数　　　　　　D．平均值

（4）时间序列的速度分析指标有发展速度、增长速度等，其计算公式正确的是（   ）。

A．发展速度=报告期水平/定期水平

B．环比发展速度=报告期水平/后一期水平

C．定基发展速度= 报告期水平/ 上一期水平

D．定基增长速度=定期发展速度−1

（5）时间序列无明显变动时，使用第 t 期一次指数平滑法能直接预测第（   ）期的值。

A．$t-1$　　　　　　B．$t+1$　　　　　C．$t+2$　　　　　D．$t+3$

3. 多选题

（1）列对比的是（ ），横向对比的是（ ）。

A. 与同级部门、单位、地区对比　　　　B. 与目标对比

C. 不同时期对比　　　　　　　　　　　D. 活动效果对比

（2）在进行漏斗分析计算转化率时，下列公式计算正确的是（ ）。

A. 第 N 个环节转化率=第 N 个环节进入人数/第 $(N-1)$ 个环节进入人数

B. 第 N 个环节转化率=第 N 个环节进入人数/第 $(N+1)$ 个环节进入人数

C. 第 N 个环节总体转化率=第 N 个环节进入人数/第 1 个环节进入人数

D. 第 N 个环节总体转化率=第 N 个环节进入人数/第 2 个环节进入人数

（3）按相关的程度不同，相关关系可以分为（ ）。

A. 正相关　　　B. 完全相关　　　C. 不完全相关　　　D. 不相关

（4）对于回归模型的检验可以采用（ ）。

A. 方差　　　　　　B. 拟合优度　　C. 估计标准误差　　　D. 极差

（5）时间序列的编制原则为（ ）。

A. 时间长短一致　　　　　　　　　　B. 经济内容一致

C. 总体范围一致　　　　　　　　　　D. 计算方法与计量单位一致

4. 简答题

（1）简述常见的五种数据分析思维方式。

（2）简述环比增幅和同比增幅的计算公式。

任务实训

实训内容：某电子商务企业 2019—2022 年店铺的销售数据如表 5-16 所示，分析数据趋势，采用合适的方法建立预测模型，对 2023 年的季度销售额进行预测。

表 5-16　某电子商务企业 2019—2022 年店铺销售数据

时间序列	年份/年	季度	销售额/万元	时间序列	年份/年	季度	销售额/万元
1	2019	1	340	11	2021	3	520
2	2019	2	210	12	2021	4	670
3	2019	3	300	13	2022	1	690
4	2019	4	360	14	2022	2	580
5	2020	1	460	15	2022	3	620
6	2020	2	410	16	2022	4	750
7	2020	3	450	17	2023	1	
8	2020	4	570	18	2023	2	
9	2021	1	530	19	2023	3	
10	2021	2	480	20	2023	4	

实训目标：通过对数据的趋势分析，读者可以采用合适的分析模型进行销售数据预测，提升读者的数据模型应用能力。

第 6 章　电子商务数据可视化

章节目标

1. 了解图表的内容构成和图表的类型；
2. 了解数据可视化定义及数据可视化的流程；
3. 掌握柱状图、折线图和饼图的制作方法；
4. 掌握复合饼图、平均线图、竖形折线图、帕累托图和旋风图的制作方法；
5. 掌握数据透视表和数据透视图的应用方法。

学习难点

复合饼图、平均线图、竖形折线图、帕累托图和旋风图的制作方法。

案例导入　　　2022 年天猫"双 11"数据大屏设计，原来是这样探寻出来的！

1. 商业之上的社会价值

从 2009 年到 2022 年，"双 11"经历了 14 年，"双 11"媒体数据大屏作为"双 11"重要记忆点也如期发布。从 2021 年开始，商业价值的表达已不再是媒体传播内容的重心，社会价值成为今年大屏传播的主题。

2022 年"双 11"跟以往相比都更贴近"双 11"的本质：大家想要呼唤美好、快乐、有希望的生活。"双 11"是一个标志，代表着大家有希望、有憧憬和欣欣向荣的生活。在第 14 个"双 11"里，我们想更多传递"双 11"的社会价值，向外界展示更多侧面：有绿意的"双 11"，有暖意的"双 11"，有善意的"双 11"，有在意的"双 11"。

2. 传递善意、暖意、绿意、在意的数据花语

随着"双 11"宣传方向往社会价值转变，今年大屏设计策略也随之调整，没有选择在星空宇宙或城市高楼中寻找商业奇迹，而是去寻找身边那些小而美的花朵，用不同的花语来向社会传递善意、暖意、绿意和在意（见图 6-1），对应"双 11"的数字特征，4 个 1（意）。

（1）暖意：绽放在老街道的迎春花

助老是暖意的核心主题。用真实场景和数据去述说故事往往是最具温度的，于是选取了老年人较多的杭州大运河街道，用花的创意可视化来表现老年人的"双 11"数据，展现长辈模式下老年人群也能够享受线上购物的便捷和实惠。

选择迎春作为暖意屏的花语。迎春寓意冬去春来，541 万长辈模式用户逛"双 11"、送入 4.5 万户家庭的黄扶手、685 家中华老字号品牌参与"双 11"、天猫"双 11"发布 60 万个岗位……传递的温暖不仅仅是冬天的离去，还有春天到来的希望和生机。

（2）善意：从山区偏向远方的蒲公英

助农公益是善意屏的数据主题。响应国家乡村振兴战略，阿里巴巴一直致力于让大山中的农产品离消费者更近一些，通过"双 11"平台帮助乡村卖出更多的农产品，让乡亲们腰包鼓一点。

采用真实地理数据与热卖商品数据，并结合青绿山水的人文故事，用相对微观的视角看到一个个农产品从大山之中飘向远方。截至11月7日，我们在榜单上看到有1664万人涌进直播间，累计购买了3549万件农产品，有46000多款农产品的销量直接翻倍了。

（3）绿意：绿意盎然的花蕊

绿意屏的核心命题是绿色低碳，展示"双11"视角下的绿色消费、绿色物流和绿色算力。商品品类层级是典型的多层父子关系，用树形图可以很好地阐述这种关系，对树形图进行创意改造，形成绿色花朵中间的多层花蕊，来展示"双11"期间热门的绿色消费品类和热销商品。

（4）在意：无限绽放的雪莲

通过总结屏揭晓金句：暖意、善意、绿意是我们的在意，升华主题。在设计上，总结屏以寓意纯洁希望的雪莲花为主视觉，让花无限绽放，配合花朵四周不断显现的花粉数据新闻，来寓意阿里巴巴对于社会价值事业长久而纯粹的坚持。

图 6-1 "双11"数据花语

资料来源：根据网络资料整理。

拓展思考：

1．数据可视化的意义和作用是什么？

2．通过对本案例的学习，分析数据可视化的方向是什么。

6.1 电子商务数据图表

图表是指可以直观展示统计信息属性和数值的图形表格。图表这种可视化工具可以帮助我们对数据进行总结，用更直观的视觉方式来认识数据和找出规律和趋势。

6.1.1 图表的构成

图表既然由数据内容生成，这个生成和转化的过程当然具备一些基本的规则和条件。满足图表生成要求的数据必须包含两个基础信息，"维度"和"数值"，它们是组成绝大多数图表的基石。维度通常指某个具体的人、日期、事件、分类，通常是不可量化的内容。而数值则是指可量化的数据类型，重点要记得数值是指"数据类型"，而不是指具体的参数值。一个完整的图表除了中心图形，还包括标题、单位、维度图例、网格、选中提示等内容，用来提升其阅读性。

6.1.2 图表的类型

随着统计学的发展，图表也经历了一系列的增长与创新，除了我们常见的几种图表外，还发展出了大量平常看不到，只存在于各自专业领域的特殊种类。但是，它们对我们的生活和工作也产生了重要的影响。

通常将图表展示类型分成比较、分布、构成和联系四个大类。这主要是由于数据所包含的信息和特性不同，导致了它们所总结的规律类型也不同。

①比较：用来对比不同对象数值的高低，如销售数据的对比、环比或同比等。

②分布：展示不同对象数值的分布区间，如购买产品用户的区域分布。

③构成：表示某子对象的构成关系，如产品用户的年龄构成。

④联系：表示不同对象之间的联系情况，如不同城市之间的人口流动。

1. 比较类图表

比较图表是用来对维度的数值进行对比的图表类型，直观对比不同对象的强弱、排序、趋势，如图 6-2 所示。

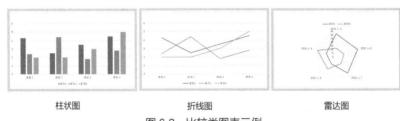

柱状图　　　　　　　　　折线图　　　　　　　　　雷达图

图 6-2　比较类图表示例

（1）柱状图

柱状图是一个使用柱状图形反映维度数值的二维坐标轴图表，也是我们最常见的图表类型。在二维坐标轴中，我们可以用纵轴代表数值，也可以用横轴代表数值，另一个代表维度，即在显示的过程中可以使用纵向或者横向的图表，横向的图表也被叫成条形图。当我们使用柱状图时，往往关注数值的总量，或者维度代表的不同对象，如不同产品的销量对比。

（2）折线图

折线图是通过创建端点并使用直线连接的方式展示出高低不平曲折的线段。折线图是通过线段的曲折来反映数值的波动，在应用过程中往往不作为一个静态的图表展示，而是应用于监控的场景，如网站在线人数、产品的搜索指数等。折线图也是进行对比的图形，如果没有直观的波动，这个图形带来的信息量就非常有限。曲线会因为圆角的缘故而降低波动带来的冲击力，甚至抹平这种对比。只有在必定会连续出现极大波动的图表中才适合使用曲线。

（3）雷达图

雷达图是用来对比同一个对象不同维度数值的图表。它是一种偏向概括性的图表，并不能用来体现大数值和高频变化。使用雷达图时，首先要确认出不低于 5 个维度，并且这些维度可以使用相同的数值体系，如 0～10 分、0～100% 等，这些维度最好是从同一个对象身上拆分出来的。绘制雷达图时，优先制定说明内容，因为在雷达图中，我们对维度的描述基本只能涉及不同端点外部，文字本身的数量、占比就会对图形的显示产生非常大的影响，并且在雷达图中对维度的描述文字是必须的，过度精简还是用其他方式体现都很不直观，所以优先制定说明内容。

2. 分布类图表

分布类图表主要用来研究数据分布情况，对不同数据的统计分布状况进行描述，如图 6-3 所示。

（1）直方图

直方图是用来表示同一个维度范围中不同区间频率的图形。直方图是一个二级图表，是对一级数据的进一步转化。对于设计师来说，和直方图打交道是非常普遍的，如在 Lightroom 和 Photoshop 中的通道直方图。直方图是统计学中的频率分布的视觉表现形式，需要确保使用的场景符合直方图的定义，确保用户能理解图表内容。

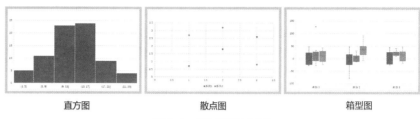

直方图　　　　　　　　散点图　　　　　　　　箱型图

图 6-3　分布类图表示例

（2）散点图

散点图是使用非常频繁的图表，它通过在 XY 坐标轴中添加圆点来表示不同对象的分布情况。常见的散点图就是对普通二维坐标轴进行"打点"的图表，每个点代表统计学中的一个"样本"或数学概念中的一个"定量"，用样本来称呼每个散点。每个样本在散点图中必然包含两种信息，一种是维度值，另一种是数值，这样才能确定其在坐标轴中的位置。

散点图也是回归分析中使用的主要工具。往往会看到散点图内出现了一条线段，那条线段叫作"回归线"，它是通过散点分布情况计算出来的一条均值线段。这条线段不仅可以大致标识数据的趋势，还可以用来做概率计算和预测。回归线包括指数、线性、多项式三种，对应绘制出来的回归线是曲线、直线、波浪线。

（3）箱型图

箱型图也是一个二级图表，即它不是直观反映原始数据，而是对原始数据的状态进行转译。图表中的每个箱型反映一组数据的分散情况资料，箱型图反映的是一种"大概"情况，它不是一种用来进行精确数值展示的图形。箱体主要由上四分位和下四分位的区间组成，下/上四分位指的是"样本中所有数值由小到大排列后的 25%、75% 的数字"。这里的排列主要通过"数值大小"来决定，而不是分布数据。箱型图可以反映的信息是非常丰富的，它可以非常有效地反映不同数据组的虚实、占比、上下限，可以获得非常多有趣的结论。

3. 构成类图表

构成类图表相对其他图表来说是最简单的一种，包括扇形图、环形图、饼图、堆叠图、矩形树图等，如图 6-4 所示。

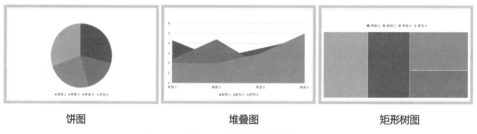

饼图　　　　　　　　　　堆叠图　　　　　　　　矩形树图

图 6-4　构成类图表示例

（1）饼图

饼图是一种常见图表，包括饼图和环形图两大类。它绘制的主要依据是需要表现的几个维度及其对应的百分比值。饼图的显示有比较大的局限性，其显示的维度不能过多，控制在 2～9 个比较合理，数量过多就会导致图形失去使用意义。

（2）堆叠图

堆叠图是一种相对不那么严谨的图表，因为它多数由其他基础图表发展而来。堆叠图主要包括柱状堆叠图、面积堆叠图、百分比堆叠图。之所以把它归类到构成类而不是其他大类下的图表子项，原因是只要出现堆叠，就意味着这个图表的核心目的是展示构成内容，而不是对比或者分布。在柱状堆叠图中，通过将每个柱体切割成不同的更小柱体来呈现子分类的占比。面积堆叠图则是单纯地把折线图进行填充，然后叠加形成的图形。而百分比堆叠图虽然看起来和面积堆叠图接近，但它是以最上层数据为 100% 的标准，往下的每一级对象都根据顶层百分比呈现分布样式。

（3）矩形树图

矩形树图是对一些更抽象的概念实现矩阵化的排列，最初是用来表示磁盘空间占用情况的图形，通过将一块矩形切割成不同的区域来表示不同维度的占比和位置。矩形树图比饼图表示的信息更丰富，第一点是位置信息和并列关系，第二点非常关键的要素是其中的"树"字。完整的矩形树图是可以支持缩放或点击进入下一层级的，这是因为矩阵中每个切割出来的矩形都可以作为一个独立矩形进行下一级的分割，实现一个类树状图结构的信息收纳。在使用过程中，如果只是简单表现层级结构，如企业组织架构、知识点拆分之类的，则要用树状图而不能使用矩形树图。

6.2　电子商务数据可视化

6.2.1　数据可视化的定义

数据可视化起源于 20 世纪 60 年代的计算机图形学，人们使用计算机创建图形图表，可视化提取出来的数据，将数据的各种属性和变量呈现出来。随着数据可视化平台的拓展、应用领域的增加、表现形式的不断变化，以及增加了诸如实时动态效果、用户交互使用等，数据可视化像所有新兴概念一样边界不断扩大。在我们的日常生活中，每天都会不经意地和数据可视化相遇，如跑步机屏幕上显示的速度、距离和心率等数据，上班的线路图，汽车仪表盘等，这些微妙的可视化已经悄悄地溜进我们的生活，这也证明了可视化的简单性和有效性。

数据可视化的开发和大部分项目开发一样，也是根据需求来对数据维度或属性进行筛选，根据目的和用户群选择表现方式。同一份数据可以可视化成多种看起来截然不同的形式。有的可视化是为了观测、跟踪数据，所以要强调实时性、变化、运算能力，可能会生成一份不停变化、可读性强的图表；有的是为了分析数据，所以要强调数据的呈现度，可能会生成一份可以检索的、交互式的图表；有的是为了发现数据之间的潜在关联，可能会生成分布式的多维图表；有的是为了帮助普通用户或商业用户快速理解数据的含义或变化，会利用漂亮的颜色、动画创建生动、明了，具有吸引力的图表；还有的用于教育、宣传或政治，被制作成海报、课件，出现在街头、广告手持、杂志和集会上。这类可视化拥有强大的说服力，使用强烈的对比、置换等手段，可以创造出极具冲击力、直指人心的图像。在国外，许多媒体会根据新闻主题或数据，雇佣设计师来创建可视化图表对新闻主题进行辅助。

数据可视化的多样性和表现力吸引了许多从业者，而其创作过程中的每一个环节都有强大的专业背景支持。无论是动态还是静态的可视化图形，都为我们搭建了新的桥梁，让我们能洞察世界的究竟，发现形形色色的关系，感受每时每刻围绕在我们身边的信息变化，还能让我们理解其他形式下不易发掘的事物。

📑　**知识拓展**　　　　　　　　数据可视化与信息可视化的区别

数据可视化和信息可视化都是通过"视觉化"的手段来达到向观者传递事实、信息、观念、情绪等简单或复杂内容的目的。数据可视化是信息可视化的一种。从制作角度来看，数据可视化需要具备两个因素，一是可以用于分析的数据，二是其形象化地呈现。目前在数据可视化领域所处理的数据主要包括数值型数据、文本型数据和"关系"。数据可视化往往需要借助一些专业软件。信息可视化是一种将数据与设计结合起来的图片，是有利于个人或组织简短有效地向受众传播信息的数据表现形式。并没有任何一个可视化程序能够基于任一数据生成具体化的图片并在上面标注所有的解释性文字，所以这个图是需要手工定制的。

信息可视化是隶属于视觉传达的一种设计，是以视觉化的逻辑语言对信息进行剖析的视觉传达方式，所以信息可视化要尽力做到直观、高效，而且画面清爽舒适，表达意图相对明确。根据不同表现功能的需要，信息可视化可以用来展示对比关系、阶层关系、相互关联、地理空间位置、分配状况、运转过程、时间转换变化、格局规律等，旨在把数据资料以视觉化的方式表现出来。

数据可视化是关于数据视觉表现形式的科学技术研究。其中，这种数据的视觉表现形式被定义为一种以某种概要形式抽提出来的信息，包括相应信息单位的各种属性和变量。数据可视化利用图形图像处理、计算机视觉和用户界面，通过表达、建模，以及对表面、立体、属性和动画的显示来完成。其具备显示行业数据高维、多态、多场景、动态性的特点，实现海量数据的呈现及数据分析。数据可视化可以帮助观者高效理解大量数据包含的信息，为企业或者机构挖掘潜在数据价值，为应急决策提供准确的数据支持。

数据可视化与针对已知特定数据进行信息可视化设计绘制相比，用户使用起来更像是对数据进行可视化的应用学习和数据挖掘。不过信息可视化和数据可视化是两个容易混淆的概念。二者在现实应用中有异曲同工之妙，部分还能够互相替换使用。但是这两者到底还是有区别的。总结来看，数据可视化是指那些用程序生成的图形图像，这个程序可以应用到很多不同的数据上。信息可视化是指为某一数据定制的图形图像，它往往是设计者手工定制的，只能应用在那个数据中。

资料来源：根据网络材料整理。

6.2.2　数据可视化的流程

一个完整的数据可视化流程主要包括确定主题、提炼数据、确定图表、可视化设计（见图 6-5）这 4 个步骤。

1. 确定主题

确定数据主题，即确定需要可视化的数据是围绕

图 6-5　数据可视化流程

什么主题或目的来组织的。业务运营中的具体场景和遇到的实际问题、公司层面的某个战略意图，都是确定数据可视化主题的来源和依据。简而言之，一个具体问题或某项业务、战略目标的提出，其实就可以对应一个数据可视化的主题。比如，电子商务平台进行"双 11"实时交易情况的大屏直播，物流公司分析包裹的流向、承运量和运输时效，向政府机构或投资人展示公司的经营现状等，都可以确定相应的数据主题。

2. 提炼数据

确定数据围绕什么主题进行组织之后，接下来要了解我们拥有哪些数据，如何来组织数据，这里面又衍生出另外三个问题。

（1）确定数据指标

分析和评估一项业务的经营现状通常有不同的角度，这也就意味着会存在不同的衡量指标。同样一个业务问题或数据，因为思考视角和组织方式不同，会得出截然不同的数据分析结果。例如，要评估寄件这项业务，有人想了解寄件量，有人想知道不同快递公司的运输时效，有人想知道寄件用户的下单渠道，还有人想了解寄件收入。

（2）明确数据间的相互关系

基于不同的分析目的，所关注的数据之间的相互关系也截然不同，这一步实质上是在进行数据指标的维度选择。例如，都要统计寄件量，有人希望知道各个快递公司的寄件量是多少，有人想了解一天内的寄件量高峰位于哪个时段，还有人想知道寄件量排名前 10 的城市排名。这里的快递公司、时段、城市都是观察寄件量这个指标的不同维度。

（3）确定用户关注的重点指标

确定要展示的数据指标和维度之后，就要对这些指标的重要性进行排序。因为对于一个可视化展示的终端设备而言，其屏幕大小有限，且用户的时间有限，注意力也极其容易分散。如何让用户在短时间内，更有效率地获取到重要的信息是评估一个可视化产品好坏的重要因素。

3. 确定图表

数据之间的相互关系决定了可采用的图表类型。通常情况下，同一种数据关系对应的图表类型有多种可供选择，但不能随机选择一种方式应用。创建图表的目的是更好地呈现数据中的现象和规律，可视化图表的效果也极大地受到实际数据的影响。

无论是要对比数据，还是研究数据的分布情况，都需要根据数据的类型、特征来确定可视化的最佳方式。根据数据之间的关系、分析目的、数据特征来选择和确定相应的图表类型，这是可视化过程中需要牢牢把握的要点。使用图表的目的是更直观、准确地呈现数据背后的信息和知识，不同数据关系应该选择什么图表都是有规律可循的。但是，如果只是为了使用某个高大上的图表，而不管数据的特征是否适用，则是舍本逐末的做法，最终的可视化效果也必定是不理想的。

4. 可视化设计

在做好以上的需求收集和整理之后，接下来就要进入可视化设计和呈现阶段。这一步主要包括可视化布局的设计、数据图形化的呈现两个方面。

（1）可视化设计的布局

可视化设计的页面布局要遵循聚焦、平衡和简洁三个原则。聚焦是设计者应该通过适当的排版布局，将用户的注意力集中到可视化结果中最重要的区域，从而将重要的数据信息展现出来，集中用户的注意力，提升用户信息解读的效率。平衡是要合理利用可视化的设计空间，在确保重要信息位于可视化空间视觉中心的情况下，保证整个页面的不同元素在空间位置上处于平衡，提升设计美感。简洁是在可视化整体布局中要突出重点，避免过于复杂或影响数据呈现效果的冗余元素。

（2）数据图形化的呈现

图表呈现效果主要由数据层面和非数据层面的因素决定。从数据层面因素来说，如果数据中存在极端值或过多分类项等，则会极大影响可视化的效果呈现，如柱状图中柱形条的高度、气泡图中气泡的大小、饼图中的分类项等，这就需要熟悉各个图表使用时的注意事项、适用场景。非数据层面因素通常在设计过程中就可以解决，如图表的背景颜色、网格线的深浅有无、图表的外边框等，这类元素是辅助用户理解图表的次要元素，但如果不加处理全部呈现，视觉上就不够聚焦，干扰真正想展示的数据信息。

6.3　电子商务数据可视化应用

本部分重点介绍 Excel 中的电子商务数据可视化应用。

6.3.1　基本图形

1. 图表结构

为了在 Excel 中更直观地表现工作表中的抽象数据，可以在表格中创建 Excel 图表来清楚地展示各个数据的大小及变化情况，方便我们对数据进行对比和分析。在 Excel 中，图表是重要的数据分析工具，运用图表可以清晰地表现工作簿中的数据，Excel 图表主要由图表区、绘图区、图例、数值轴、分类轴、图表标题、数据系列和网格线组成，如图 6-6 所示。

①图表区是整个图表的背景区域，包括所有的数据信息和图表辅助的说明信息。

②绘图区是使用用户指定类型的图表显示工作表中的数据，是图表主要的组成部分。

③数值轴是根据工作表中数据的大小来自定义数据的单位长度，是表示数值大小的坐标轴。

④分类轴用来表示图表中需要比较的各个对象。

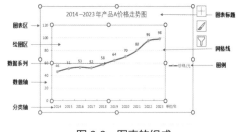

图 6-6　图表的组成

⑤数据系列是在用户指定类型的图表中以系列的方式显示的数据，分类轴上的每个分类都对应一个或者多个数据，不同分类上颜色相同的数据便构成了一个数据系列。

⑥网格线包括主要网格线和次要网格线。

⑦图例是用来表示图表中各个数据系列的名称或者分类而指定的图案或颜色。

⑧图表标题是图表的名称，用来说明图表主题的说明性文字。

除了上述图表的构成项外，图表元素还包括坐标轴、坐标轴标题、图表标题、数据标签等，熟悉图表的结构可以根据需求对图表的坐标轴、数据系列等进行调整。

2．基本图形制作

（1）柱状图

柱状图可以非常清晰地表现不同项目之间的差距和数值，通常用于不同时期或不同类别数据之间的比较，也可以用来反映不同时期和不同数据的差异。柱状图可以纵向放置条形，也可以横向放置条形。在纵向柱状图中，通常水平轴表示分组类别，垂直轴表示各分组类别的数值。

📋　**案例分析**　　　　　　　　　**电子商务企业销售数据的柱状图制作**

根据某电子商务企业 2022 年第三季度各产品的销售数据，在 Excel 中选择适当的柱状图将各产品的三项数据进行展示。

首先选择 A2:D7 单元格数据，依次选择【插入】-【图表】-【所有图表】-【组合图】选项，在自定义组合中，将"销售指标"设置为"簇状柱形图"，"已到账金额/元"和"未到账金额/元"勾选"次坐标轴"复选框，并设置为"堆积柱状图"，最后单击【确定】按钮。

设置"销售指标"的柱状图的"间隙宽度"数据。选择"销售指标"数据系列，单击鼠标右键，选择【设置数据系列格式】选项，将"间隙宽度"设置为"80%"。

设置"标题"为"2022 年第三季度各产品销量是否到达预计指标统计"，将"图例"移至标题下方，隐藏次坐标轴，去除网格线，效果如图 6-7 所示。

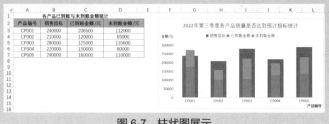

图 6-7　柱状图展示

（2）折线图

折线图主要用于以等时间间隔显示数据的变化趋势，强调的是时间性和变动率，而非动量，其可以预测未来的发展趋势。折线图常通过若干条折线来绘制若干组数据，以判断每组数据的峰值与谷值，以及折线变化的方向、速率和周期等特征。

📋 案例分析 　　　　电子商务企业各月份利润数据的折线图制作

根据某电子商务企业 2022 年下半年各月份利润统计数据，在 Excel 中选择适当的图形对利润数据进行展示。

1．插入折线图并设置数据系列样式

选择 A1:B7 单元格区域，依次选择【插入】-【图表】-【折线图】选项，设置纵坐标最小值为 40000。选择数据系列，单击鼠标右键，选择【设置数据系列格式】选项，选择右侧的【填充与线条】选项，再选择【线条】选项，设置"短划线类型"为"方点"，选择【标记】选项，设置"标记选项"为"●"，"填充"为"纯色填充"，选择橙色。

2．为图表添加垂直线

选中图表，单击【图表设计】选项卡，依次选择【添加图表元素】-【网格线】-【主轴主要水平网格线】选项，取消图表的网格线，再次选择【线条】-【垂直线】选项，显示图表垂直线，并修改图表的标题为"2022 年下半年各月利润统计"，效果如图 6-8 所示。

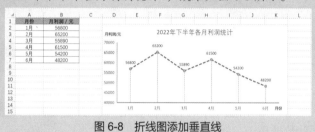

图 6-8　折线图添加垂直线

（3）饼图

饼图是一种用圆内扇形面积的大小来反映统计分组数据的图形，主要用于反映总体内部的结构及其变化，对研究结构性问题比较适用。饼图通常只能用于一个数据系列，可方便比较一个整体内每个部分所占的比例，其各部分所占百分比之和为 100%，主要用来分析内部各组成部分对事件的影响。

📋 案例分析 　　　　电子商务企业店铺访问的年龄段分析

某电子商务企业店铺 2022 年 7 月消费者的访问量数据已按照年龄段划分，在 Excel 中选择合适的图形展示店铺各个年龄段的访问比重。

首先选择 A1:B7 单元格数据，依次选择【插入】-【图表】-【饼图】-【二维饼图】选项。然后单击图表右上角"+"号，勾选"数据标签"复选框，选择"更多选项"，打开"设置数据标签格式"操作框，勾选"百分比"和"单元格中的值"复选框，在弹出的操作框中选择 A2:A7 单元格区域的数值。最后将标题设置为"2022 年 7 月消费者访问年龄段占比统计"，隐藏图例，效果如图 6-9 所示。

图 6-9　饼图展示效果

6.3.2 高级图形

1. 复合饼图

复合饼图用于处理数据中占比很小的数据，这些数据放在饼图中只有极细的扇形，可读性不强，于是将主饼图中某些小比例的数据合并到一个堆积条形图中单独列出比较，这样可读性较强，视觉效果较好。

案例分析　　　　　　　　电子商务店铺的访问流量渠道的流量构成分析

根据某电子商务店铺 2022 年 7 月免费流量和付费流量渠道的成交量数据，在 Excel 中以复合饼图的形式展示访问流量渠道的流量构成。

首先选中 B2:C5 单元格数据区域，依次选择【插入】-【图表】-【二维饼图】-【子母饼图】选项。再选中图表区域，单击鼠标右键，选择【设置数据系列格式】选项，将"系列分割依据"设置为"位置"，"第二绘图区中的值"设置为"3"。最后编辑图表标题，取消图例显示，添加数据标签，数据标签内容为"类别名称"和"百分比"，效果如图 6-10 所示。

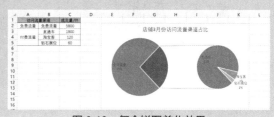

图 6-10　复合饼图美化效果

2. 平均线图

平均线图可以将平均值和具体的数值一同展现在图表中，方便比较平均值与数值之间的差距，可以很明显地观察到哪些数据高于／低于平均值。

案例分析　　　　　　　　中国电子商务发展指数的平均线图制作

根据 2018 年 1～12 月中国电子商务发展指数数据，使用平均线图进行可视化展示。

具体操作步骤如下：计算平均值，选中 D2 单元格，输入"=AVERAGE($C$2:$C$32)"，按 Enter 键，并使用公式向下填充；选中 B1:C32 单元格区域，依次选择【插入】-【图表】-【所有图表】-【组合图】选项，设置"电子商务发展指数"为"簇状柱形图"，"平均值"为"折线图"，单击【确定】按钮；将标题设置为"2018 年全国电子商务发展指数统计"，添加"电子商务发展指数"数据系列的数据标签，效果如图 6-11 所示。

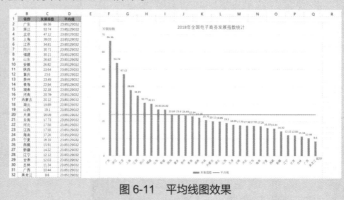

图 6-11　平均线图效果

3. 竖形折线图

竖形折线图是将折线图立起来，也称为蛇形图，在市场研究、商业咨询等领域使用较多，用它来衡量产品功能、品牌形象等指标在消费者心中的评价。可用于多个不同产品项目在每个指标方面的表现比较分析，得出不同产品项目在每个指标上的属性偏向。

📋 **案例分析**　　　　　　　　　　　产品特性竖形折线图制作

某产品通过网络对产品的特性进行调查，特性分别为"女性-男性""传统-创新""成熟-年轻""简洁-精致""家庭-个人"和"平庸-出众"，每一项评分从 0 分到 5 分，将得出的结果数据使用竖形折线图进行可视化展示。

1. 添加辅助列及插入散点图

按照表格中的内容添加辅助列："标签值 1""标签值 2""标签 1"和"标签 2"以及对应的数据。选择 A2:B7 单元格区域，依次选择【插入】-【图表】-【所有图表】-【XY 散点图】-【带平滑曲线和数据标记的散点图】选项，单击【确定】按钮，效果如图 6-12 所示。

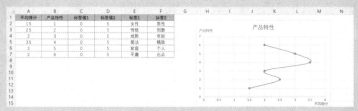

图 6-12　带平滑曲线和数据标记的散点图

2. 添加数据系列

单击鼠标右键，选择【选择数据】选项，在"选择数据源"操作框中单击【添加】按钮，在"编辑数据系列"操作框中设置系列，其中标签值 1（X 轴系列值为 C2:C7，Y 轴系列值为 B2:B7）的设置如图 6-13 所示。

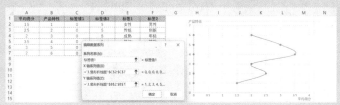

图 6-13　添加"标签值"数据系列

3. 设置标签

选中散点图中的"标签值 1"系列，单击鼠标右键，选择【添加数据标签】选项，在"标签选项""标签包括"设置中勾选"单元格中的值"复选框，并选择 E2:E7 单元格区域，勾选"显示引导线"复选框，其他选项取消；将"标签位置"设置为"靠左"。选择"填充与线条"，"标记选项"为"无"，"线条"为"无线条"。参考以上步骤，设置辅助列 2 标签。添加图表标题"产品属性评价"，添加属性数据系列的标签，取消选中"主轴主要垂直网格线"复选框，将主横坐标轴数值设置为 0~5，效果如图 6-14 所示。

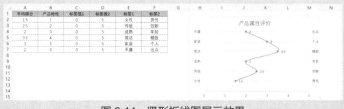

图 6-14　竖形折线图展示效果

4．帕累托图

帕累托图又叫排列图、主次图，是按照发生频率的高低顺序绘制的直方图（无间距的柱状图），表示有多少结果是由已确认的原因造成的。它是将出现的问题和原因/改进措施按照重要程度依次排列得到的图表，可以用来分析质量问题，以分析寻找影响质量问题的主要因素。

案例分析　　　　　　　　**电子商务企业退货原因及件数情况的帕累托图制作**

将某电子商务企业 2022 年上半年退货原因及件数试用帕累托图展示。

1．计算累计件数和累计百分比

在 D2 单元格中输入 "=sum(B$2:B2)"，按 Enter 键，拖动填充柄向下填充公式，得出累计件数；在 C2 单元格中输入 "=D2/$D$8"，按 Enter 键，拖动填充柄向下填充公式，得出累计百分比数据。

2．插入柱状图和折线图的组合图

选择 A1:C8 单元格区域数据，依次选择【插入】-【图表】-【所有图表】-【组合图】选项，在自定义组合中，将"件数/件"设置为"簇状柱形图"，在"累计百分比"中勾选"次坐标轴"复选框，将"累计件数/件"设置为"折线图"，单击【确定】按钮，并将次纵坐标轴最大值修改为"1"，修改图表标题为"退货原因帕累托图"，效果如图 6-15 所示。

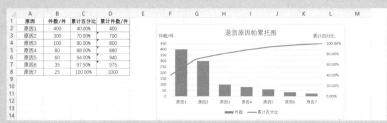

图 6-15　柱状图和折线图的组合图

3．设置折线图起点为（0，0）

在第二行插入一行空白行，在"累计百分比"列的 C2 单元格中输入"0.00%"；选中图表中的"累计百分比"数据系列，单击鼠标右键，选择【选择数据】选项，选中"累计百分比"，单击【编辑】按钮，打开"编辑数据系列"操作框，将"系列值"设置为"='4.帕累托图'!$C$2:$C$9"，即将辅助数据"0.00%"包含进去，单击【确定】按钮；选中整个图表，单击图表右上角的"+"号，将"次要横坐标轴"选中，即在图表上方出现次横坐标轴；单击该次横坐标轴，打开"设置坐标轴格式"操作框，将"坐标轴位置"设置为"在刻度线上"，效果如图 6-16 所示。

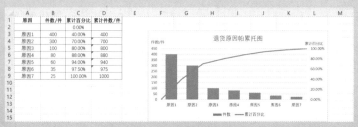

图 6-16　设置折线图起点

4．设置柱状图"间隙宽度"

选中"件数/件"数据系列，打开"设置数据系列格式"操作框，将"间隙宽度"设置为"2%"。将次要横坐标轴隐藏（即设置坐标轴"刻度线"为"无"，"标签位置"为"无"，坐标轴"线条"为"无填充"），添加数据标签，取消网格线，效果如图 6-17 所示。

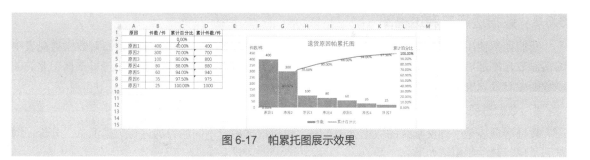

图 6-17　帕累托图展示效果

5. 旋风图

旋风图也称成对条形图或对称条形图，主要用于两种情况，一是同一事物在某个活动、行为影响前后不同指标的变化，如某企业促销活动开展前后，收入、销量等不同指标的变化；二是同一事物在某个条件变化下（指标 A 的变化），指标 B 受影响也随之变化，具有因果关系，如产品价格与销量的关系。

📋 **案例分析**　　　　　　　　竞争企业指标数据对比的旋风图制作

根据某电子商务企业 A 与竞争企业 B 在各个指标中的数据对比,试用旋风图展示该对比数据。

1. 插入簇状条形图

选中 A1:C7 单元格区域数据，依次选择【插入】-【图表】-【所有图表】-【条形图】-【簇状条形图】选项，单击【确定】按钮，结果如图 6-18 所示。

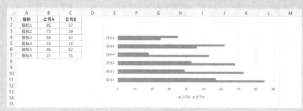

图 6-18　插入簇状条形图

2. 竞争企业 B 使用次横坐标轴

选中竞争企业 B 数据条，打开"设置数据系列格式"操作框，选择"次坐标轴"；选中"次坐标轴"，打开设置坐标轴格式"操作框，坐标轴选项"最小值"为"−100"，"最大值"为"100"，勾选"逆序刻度值"复选框，"刻度线"为"无"，"标签"为"无"，"数字"中的"类别"为"自定义"，"类型"为"0；0；0"。对于"主坐标轴"，需设置坐标轴的最小值和最大值、数字的设置方式同次坐标轴的设置。

3. 美化图表

编辑图表标题，添加数字标签，取消网格线，设置纵坐标轴标签位置为"低"，设置横坐标轴样式，效果如图 6-19 所示。

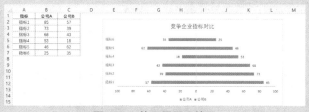

图 6-19　旋风图展示效果

6.3.3 数据透视表和透视图

我们经常使用数据透视表汇总、分析、浏览和呈现汇总数据，使用数据透视图对数据透视表中的汇总数据添加可视化效果来对其进行补充。借助数据透视表和数据透视图，用户可根据企业的关键数据做出合理决策。

1. 数据透视表

数据透视表是一种交互式的数据分析工具，可以根据用户不同的目的进行数据汇总、分析、浏览和呈现。其主要用途如下。

（1）以多种用户友好的方式查询大量数据。

（2）分类汇总和聚合数值数据，按类别和子类别汇总数据，创建自定义计算和公式。

（3）展开和折叠数据级别以重点关注结果，深入查看感兴趣的区域汇总数据的详细信息。

（4）通过将行移动到列或将列移动到行（也称为"透视"），查看源数据的不同汇总。

（5）对一组数据执行筛选、排序、分组和条件格式设置，重点关注所需信息。

（6）提供简明、有吸引力并带有批注的联机报表或打印报表。

此外，数据透视表可以动态改变数据的版面布置，以便按照不同方式分析数据，也可以重新安排行号、列标和页字段。每一次改变版面布置时，数据透视表都会立即按照新的布置重新计算数据。另外，如果原始数据发生更改，则可以更新数据透视表。

2. 数据透视图

数据透视图是将数据透视表中的数据图形化，能够方便地查看数据的模式和趋势。它可以显示数据系列、类别、数据标记和坐标轴（与标准图表相同），也可以更改图表类型和其他选项，如标题、数据标签、图表位置等。在创建数据透视图时会显示数据透视图筛选窗格，可使用此筛选窗格对数据透视图的基础数据进行排序和筛选。对关联数据透视表中的布局和数据的更改将立即体现在数据透视图的布局和数据中。

3. 数据透视图与标准图表之间的差异

数据透视图的大部分操作与标准图表是一样的，但也存在以下一些差异。

（1）不能使用"选择数据源"操作框切换数据透视图的行/列方向。可以通过旋转关联数据透视表的"行"和"列"标签来达到相同的效果。

（2）可以将数据透视图更改为除散点图、股价图和气泡图之外的任何图表类型。

（3）不能在数据透视图的"选择数据源"操作框中更改图表数据范围。

（4）刷新数据透视图时不会保留趋势线、数据标签、误差线和其他数据集更改。

📋 **案例分析** ▶ 　　　　　　　　　　　**数据透视表和透视图的常规操作**

根据某电子商务企业的员工信息表，进行数据透视表和数据透视图的常规操作。

1. 计数项值汇总

分析员工职务、薪资，选中数据透视表，设置"行"为"职务"，"值"为"薪资/元"，"值"默认为求和项，可以在"值"下拉列表框中选择【值字段设置】选项，选择"计算类型"为"平均值"（见图 6-20）。

2. 多维数据分析

分析薪资与教育水平和职位之间的关系，选中数据透视表，设置"行"为"职务"，"列"为"教育水平"，"值"为"平均值：薪资/元"，结果如图 6-21 所示。

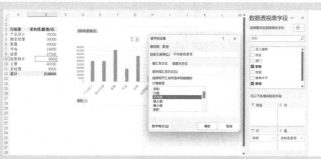

图 6-20　值字段汇总方式选择

3．值筛选

为了解平均薪资大于或等于 9000 元的有哪些部门,使用值筛选的方式。单击"行标签"的"值筛选",选择"大于或等于",输入 9000,单击【确定】按钮,结果如图 6-22 所示。

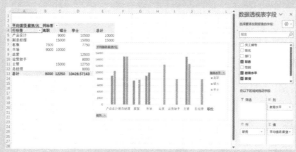

图 6-21　多维数据分析

图 6-22　值筛选

4．切片操作

使用切片器工具对表进行切片操作。根据上一步骤的结果,选择【插入】-【筛选器】-【切片器】选项,选择"性别",单击【确定】按钮,单击"女"标签可得到女性职工的薪资水平,结果如图 6-23 所示。

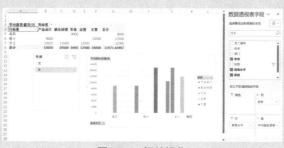

图 6-23　切片操作

素养课堂　　　　　可视化打假：商家如何利用图表欺骗我们？

"3·15"国际消费者权益日，很多媒体都在为消费者打假。其实商家的搞假不仅存在于商品中，宣传介绍里也有利用视觉陷阱欺骗消费者的。特别是相比文字，图表在传播中更有优势，所谓一图胜千言。好看的图表、专业的图表，可信度似乎也更高。

阿尔贝托·开罗（Alberto Cairo）的《数据可视化陷阱》（How Charts Lie）一书则告诉我们并非如此，它揭穿了很多美国政客、公司利用图表进行欺骗的把戏。本应帮读者更好地理解数据的图表，却常常成为忽悠人的工具。书中指出了可视化的最核心原则，即忠实于数据去做可视化。毕竟想欺骗你的人并不会用默认模板简单地生成图表，而是会处心积虑地调整各种参数，让你看完图后，得出和数据本身并不相符的结论。

具体有哪些猫腻？书中科普了一张图表该如何正确地阅读：首先应看标题、介绍和数据来源，其次看度量、单位、坐标和图例，再次看视觉编码方式，最后看标注。大多数人遇到图表时，往往只看标题和可视化，忽略了数据来源、坐标轴等部分，而这些正是可以做手脚的地方。书中根据读图要点总结出了五大类图表陷阱。

陷阱1：可视化视差。当我们使用可视化突出对比时，呈现方式的差异会给人带来完全不同的观感和解读。不够精准、合理的取值范围，肆意地摆布标度和比例通常会导致图表展现得歪曲。

陷阱2：数据不可靠。一张讲各地小孩会说方言比例的图表曾在社交媒体广为流传。很多媒体和政务号都出来回应：扬子晚报《吴语熟练使用比例全国最低，专家：不必当真》、苏州发布《苏州小孩会说方言比例全国垫底！我们专门做了调查，结果……》。这张图最大的问题就是数据来源。谁做的调查、调查的样本量是多少、熟练使用方言的判断标准是什么，这些通通没有交待。但为什么还有这么多人相信，还传播？因为那些符合我们根深蒂固的信念的图表对我们产生误导的可能性最高。

此外还有陷阱3：片面的数据，即使用断章取义的数据；

陷阱4：虚假关系，即强行建立因果关系，比如"某国人均鸡肉消费量与其原油进口总量的关系图"；

陷阱5：隐藏不确定性，即在进行预测时不能保证百分之百的准确，所以常常会有"置信区间"的前提，但往往会忽略"置信区间"。

身处数据时代，面对着大量的数据及图表，准确性有待确认。但有错的不是图表，图表只是工具，毕竟"图表会说谎的原因之一是我们会对自己说谎"。书的最后提到："我们生活在一个数据和图表被神化的时代"，而这样揭穿图表陷阱的科普是很有必要的，我们要做的就是判断数据的真实性、理解数据的来源和指标、找出数据中存在的客观事实，进而产生见解，得出自己的结论。

资料来源：根据网络资料整理。

拓展思考：

1．在进行图表分析时，应怎么避免被图表误导？

2．在进行图表设计时，数据从业者应遵循什么原则？

本章知识结构图

扫一扫

本章测验

1. 判断题

（1）一个完整的图表包含中心图形和标题。（　　　）

（2）构成类图表用于展示不同对象数值的分布区间，如店铺产品种类。（　　　）

（3）柱状图是使用柱状图形反映维度数值的二维坐标轴图表。（　　　）

（4）折线图是不可以表示对比的图形。（　　　）

（5）使用一个数据透视表作为另一个表的数据源，两者必须在同一个工作簿中。（　　　）

2. 单选题

（1）直方图是一个看起来和普通（　　　）非常接近的图表类型，是一个用来表示同一个纬度范围中不同区间频率的图形。

A. 折线图　　　　　B. 柱状图　　　　　C. 条形图　　　　　D. 面积图

（2）可用于多个不同产品项目在每个指标方面的表现比较分析，可得出不同产品项目在每个指标上的属性偏向的图表是（　　　）。

A. 帕累托图　　　　B. 旋风图　　　　　C. 竖形折线图　　　D. 平均线图

（3）雷达图要确认出不低于（　　　）维度，并且这些维度可以使用相同的数值体系。

A. 3 个　　　　　　B. 4 个　　　　　　C. 5 个　　　　　　D. 6 个

（4）帕累托图又叫排列图、主次图，是按照发生频率的高低顺序绘制的（　　　），表示有多少结果是由已确认的原因造成的。

A. 折线图　　　　　B. 直方图　　　　　C. 条形图　　　　　D. 堆积图

（5）在 Excel 中制作旋风图时，选用的基础图形是（　　　）。

A. 堆积图　　　　　B. 柱状图　　　　　C. 条形图　　　　　D. 折线图

3. 多选题

（1）通常将图表展示类型分为四大类，分别是（　　　）。

A. 比较　　　　　　B. 分布　　　　　　C. 构成　　　　　　D. 联系

（2）比较图表的作用，是用来对维度的数值做对比的图表类型，直观对比不同对象的强弱、排序、趋势。可以使用的图形有（　　　）。

A. 柱状图　　　　　B. 折线图　　　　　C. 饼图　　　　　　D. 雷达图

（3）分布类图表主要是用来研究数据分布情况的图表，对不同数据的统计分布状况进行描述。可以使用的图形有（　　　）。

A. 直方图　　　　　B. 箱型图　　　　　C. K 线图　　　　　D. 散点图

（4）可以用来表示构成的图表有（　　　）。

A. 柱状图　　　　　B. 饼图　　　　　　C. 扇形图　　　　　D. 环形图

（5）数据透视表和数据透视图可以实现的操作有（　　　）。

A. 计数项值汇总　　B. 多维数据分析　　C. 值、标签筛选　　D. 切片操作

4. 简答题

（1）简述数据可视化的步骤。

（2）简述可视化设计的页面布局要遵循的原则。

任务实训

实训内容：针对第 4 章、第 5 章的任务实训，对最后处理得出的数据选择合适的图表进行可视化展示。

实训目标：通过对以往任务实训数据的可视化展示，提升读者对数据之间的关系确定、图表选择和制作的综合应用能力。

第 7 章　电子商务市场数据分析

章节目标

1. 了解行业数据的采集渠道；
2. 掌握 PEST 分析模型和波特五力分析模型；
3. 掌握市场交易分析和市场趋势分析的方法；
4. 熟悉市场需求分析和目标用户分析的内容；
5. 掌握竞争数据分析的内容及应用。

学习难点

1. 市场需求分析和目标用户分析的内容；
2. 竞争数据分析的内容。

📋 **案例导入**　　　　　　　　　　"东方彩妆"花西子的市场巧定位

以"东方彩妆"入局赛道的纯线上品牌花西子，仅用四年时间，就成为当时的国产彩妆第一品牌。它是如何依靠产品定位、全渠道营销策略，精准收获年轻消费人群的？

一个品牌是否能做大做强，最初的品牌定位非常关键。2017 年正是国货市场复兴的时候，国潮的定位符合未来的流行趋势。当时国内的彩妆市场，排名前 20 的国产彩妆品牌加起来的市场占有率不超过 8%。市场有足够的空白，国风审美兴起，加之人们对天然成分的追求，让花西子果断将产品定位在了"东方彩妆、以花养妆"这个领域。

确定市场定位后，该用什么产品打开市场呢？花西子的团队选择了力推散粉。当时线上彩妆领域，完美日记主攻口红，橘朵力推眼影和腮红。在这样的市场结构中，选择散粉作为主推产品，可以避开同业竞争的焦点，在产品上构成差异化。散粉的产品特性也更利于花西子来讲品牌故事，贴合品牌的文化内涵，传递品牌的价值。

新产品的定价也是门艺术，花西子之前，国产散粉走的就是国际大牌的平替路线，定价在 150元以内，而国际大牌的散粉定价基本在 300 元以上。花西子将价格定在了 150～300 元的空白地带，坚定地走国产彩妆大牌路线。

总之，在准备做一个新品牌或者是推新产品时，一定要做好市场调研，好的定位就如同品牌天生的优良基因，能让品牌赢在起跑线上。

资料来源：根据网络资料整理。

拓展思考：

1. 市场行情分析对品牌定位来说有什么价值？
2. 在进行市场分析时，应从哪些方面着手？

7.1　市场数据分析模型

7.1.1　PEST 分析模型

PEST 分析是对宏观环境，即一切影响行业和企业的宏观因素的分析。不同行业和企业根据自身特点和经营需要，分析的具体内容会有差异，但一般都应对政治（Political）、经济（Economic）、社会（Social）和技术（Technological）这四大类外部环境因素进行分析。

（1）政治环境

政治环境包括一个国家的社会制度，执政党的性质，政府的方针、政策、法令等。不同的国家有不同的社会性质，不同的社会制度对组织活动有不同的限制和要求。即使社会制度不变的同一个国家，在不同时期，由于执政党的不同，其政府的方针特点、政策倾向对组织活动的态度和影响也是不断变化的。

需要重点监视的关键政治变量有政治体制、经济体制、财政政策、税收政策、产业政策、投资政策、国防开支水平、政府补贴水平和民众对政治的参与度等。

（2）经济环境

经济环境主要包括宏观和微观两个方面的内容。宏观经济环境主要是指一个国家的人口数量及其增长趋势，国民收入、国内生产总值及其变化情况，以及通过这些指标能够反映的国民经济发展水平和发展速度。微观经济环境主要是指企业所在地区或所服务地区的消费者的收入水平、消费偏好、储蓄情况、就业程度等。这些因素直接决定企业目前及未来的市场大小。

需要重点监视的关键经济变量有 GDP 及其增长率、中国向工业经济转变贷款的可得性、可支配收入水平、居民消费（储蓄）倾向、利率、通货膨胀率、规模经济、政府预算赤字、消费模式、失业趋势、劳动生产率水平、汇率、证券市场状况、外国经济状况、进出口因素、不同地区和消费群体间的收入差别、价格波动和货币与财政政策。

（3）社会环境

社会环境包括一个国家或地区的居民教育程度和文化水平、宗教信仰、风俗习惯、审美观点、价值观念等。文化水平会影响居民的需求层次，宗教信仰和风俗习惯会禁止或抵制某些活动的进行，价值观念会影响居民对组织目标、组织活动以及组织存在本身的认可与否，审美观点则会影响人们对组织活动内容、活动方式，以及活动成果的态度。

关键的社会因素有妇女生育率、特殊利益集团数量、结婚数、离婚数、人口出生死亡率、人口移进移出率、社会保障计划、人口预期寿命、人均收入、生活方式、平均可支配收入、对政府的信任度、对政府的态度、对工作的态度、购买习惯、对道德的关切度、储蓄倾向、性别角色、投资倾向、种族平等状况、节育措施状况、平均教育状况、对退休的态度、对质量的态度、对闲暇的态度、对服务的态度、对外国人的态度、污染控制、对能源的节约、社会活动项目、社会责任、对职业的态度、对权威的态度、城市城镇和农村的人口变化和宗教信仰状况等。

（4）技术环境

技术环境除了要考察与企业所处领域的活动直接相关的技术手段的发展变化外，还应及时了解国家对科技开发的投资和支持重点、领域技术发展动态和研究开发费用总额、技术转移和技术商品化速度、专利及其保护情况等。

📋 **案例分析**　　　　　2021 年中国跨境电商行业发展环境（PEST）分析

在当前电子商务全球广泛兴起且市场繁荣发展的背景下，跨境电商已成为我国对外贸易的主流。

1．政策环境分析

随着跨境电商成为外贸新的增长点，国家和地方政府为保障其发展出台了一系列政策。国务院先后在具备发展跨境电商潜力的城市进行试点，如杭州、郑州、上海、重庆、宁波等。随后国务院办公厅印发《国务院办公厅关于促进跨境电子商务健康快速发展的指导意见》，该意见为跨境电商发展提出了具有可操作性的对策建议，对跨境电商发展有一定的重要意义。各省市也提出措施以保障区域内跨境电商的发展，主要包括建立跨境电商综合服务平台、鼓励有实力的企业建立海外仓、扶持有实力的企业做大做强等措施。

2．经济环境分析

我国拥有雄厚的经济基础，这既保证了在发展跨境电商方面有丰富的商品用于出口，又有广阔的消费市场用于进口。随着经济全球化程度的加深和我国"一带一路"倡议的实施，跨境电商简化了传统国际贸易方式的交易流程，降低了交易成本，扩大了交易量。智研咨询发布的《2022—2028年中国跨境电商行业投资潜力分析及发展前景展望报告》中的数据显示，2020年中国跨境电商进出口总额达到16900亿元，较2019年的1862.1亿元同比增长807.6%。

3．社会环境分析

随着移动终端用户规模不断增加，跨境电商市场在原有基础上呈现指数级增长。截至2021年6月份，中国互联网用户规模为10.11亿人，其中手机网民用户规模为10.07亿人，中国网络购物用户增加至8.12亿人，为跨境电商的发展提供了良好的用户基础。在企业方面，阿里巴巴、京东等大型电子商务企业正积极拓展海外市场，国美、苏宁等传统零售企业相继推出"海外购"跨境电商业务。

4．技术环境分析

（1）交通物流方面

在企业实现向跨境贸易方式的转型过程中，跨境物流行业也迎来了新的发展契机，像中国邮政、顺丰速运等凭借可靠有保障的物流服务逐渐走出国门，得到了世界物流市场的认可。但目前我国跨境物流仍存在物流费用过高、覆盖范围小、配送效率低等问题。

（2）网络技术方面

我国跨境电商的发展特别是跨境出口的交易与出口企业的信息化程度息息相关，也与全球移动通信的发展密不可分。目前，我国网络带宽速率正在以几何倍数增长，互联网的普及程度不断提高，完善的基础设施遍布全国各地，我国网上购物越来越方便和快捷，为跨境电商行业的发展奠定了技术基础。

7.1.2　波特五力分析模型

波特五力分析模型是迈克尔·波特（Michael Porter）在行业竞争五力分析的基础上设计的行业竞争结构分析模型。该模型可以使企业管理者从定性和定量两个方面分析行业竞争结构和竞争状况。其中，行业竞争五力主要包括同业竞争者的竞争能力、新进者的威胁力、替代品的威胁力、供方的议价能力及买方的议价能力（见图7-1）。

图7-1　波特五力分析模型

（1）同业竞争者的竞争能力

多数行业中企业间的利益都是紧密联系在一起的，在企业发展过程中必然会产生冲突与对抗的现象，这就构成了现有企业之间的竞争。竞争常表现在价格、广告、产品介绍和售后服务等方面。

（2）新进者的威胁力

新进入者在给行业带来新生产能力、新资源的同时，还希望在现有市场中赢得一席之地，这就有可能与现有企业发生原材料与市场份额的竞争，最终导致行业中现有企业盈利水平降低，严重的话还有可能危及这些企业的生存。

（3）替代品的威胁力

行业企业会生产新一代的产品，从而产生相互竞争的行为。替代品的竞争会以多种形式影响行业中现有企业的竞争：①容易被接受的替代品，会影响现有企业产品售价和获利潜力；②替代品生产者的侵入，使得现有企业必须提高产品质量，或者降低售价，或者使产品具有特色；③替代品生产者的竞争强度受到买主转换成本高低的影响。

（4）供方的议价能力

供方主要通过提高投入要素，影响行业中现有企业的盈利能力与产品竞争力。一般来说，满足如下条件的供方会具有比较强的讨价还价能力：①供方有比较稳固的市场地位，不受市场激烈竞争困扰的企业所控制；②产品的买主很多，每个买主都不可能成为供方的重要用户；③供方的产品具有特色，很难找到可与供方企业产品相竞争的替代品。

（5）买方的议价能力

买方主要通过压价与要求提供较高的产品或服务质量的方式，影响行业中现有企业的盈利能力。一般来说，满足如下条件的买方具有比较强大的讨价还价力量：①买方的总数较少，且购买量占了卖方销售量的很大比例；②卖方规模较小，购买者可向多个卖主购买产品。

📋 **案例分析**　　　　　　　　**直播电商行业波特五力分析模型研究**

随着互联网技术的发展，以直播为代表的关键意见领袖（Key Opinion Leader，KOL）带货模式给消费者带来更直观、生动的购物体验，转化率高、营销效果好，使其已经成为电商平台和内容平台的新增长动力。

1．同业竞争者的竞争能力

（1）主要直播平台对比分析

直播电商平台主要有电商平台和内容平台，带货商品的属性和客单价与平台的主要用户群体直接相关。淘宝、抖音、快手为直播电商行业三大平台，贡献了行业绝大部分成交额，竞争已经从群雄逐鹿到三足鼎立。

（2）内容平台与电商平台的合作博弈关系

电商平台借助内容平台培养用户新一代消费习惯并获取更多外部流量。内容平台借助电商平台渠道增加变现模式，提升各方收益。双方也在积极补足缺失的生态链环节，形成生态闭环，获取最大收益。

2．买方议价能力

直播电商作为新形态的带货渠道，买方的议价能力较高，购买成本较低。随着渠道线上化的趋势，商家与主播带货的竞争将愈演愈烈，作为买方，即消费者反而挑选余地更大。

3．供方的议价能力

主播议价能力越高，即能带来的流量和成交额越高，商家/品牌方的议价能力就越弱，MCN（即Multi-Channel Network 的首字母缩写，表示多频道网络，是一种新的网红经济运作模式）机构与主播抽成，占佣金比重较大。

4．新进者与替代品的威胁

新进者与替代品的威胁其实都不大，直播电商行业已经从增量竞争进入了存量竞争时代，最具有话语权的是购买者的议价能力。

7.2 行业数据分析

行业数据的主要来源渠道有金融机构、政府部门、行业协会、社会组织、行业年检、公司公告、报纸杂志和专业数据库，行业数据的采集渠道及数据种类如表 7-1 所示。

表 7-1　行业数据的采集渠道

数据来源	数据种类
金融机构	金融机构公开发布的各类年度数据、季度数据、月度数据等
政府部门	宏观经济数据、行业经济数据、产量数据、进出口贸易数据等
行业协会	年度报告数据、公报数据、行业运行数据、会员企业数据等
社会组织	国际性组织、社会团体公布的各类数据等
行业年检	农业、林业、医疗、卫生、教育、环境、装备、房产、建筑等各类行业数据
公司公告	资本市场各类公司发布的定期年报、半年报、公司公告等
报纸杂志	在报纸杂志中获取的仅限于允许公开引用、转载的部分数据
专业数据库	实地调查、行业访谈获取的一手数据，专业的调研机构，如中商调研、中宏数据等获取的数据

📄 **知识拓展**　　　　　　　　　　　全国电子商务公共服务平台

全国电子商务公共服务平台由中华人民共和国商务部电子商务和信息化司主办，是集权威信息发布、资源开放共享、政企交流互动为一体的国家级电子商务公共服务平台，通过电子商务公共服务网、微信订阅号"电商公共服务"、小程序"电商企业信用共建"三种形式，为电子商务市场主体、行业协会、研究机构、社会公众提供权威信息和"一站式"公共服务，促进我国电子商务持续健康发展。2019 年 12 月 3 日，全国电子商务公共服务平台、微信订阅号"电商公共服务"和微信小程序"电商企业信用共建"上线。

全国电子商务公共服务平台包括电商新闻、数据中心、丝路电商、惠民惠企、信用共建、资源目录和专题专栏七个功能板块，在数据中心（见图 7-2）可以对全国电子商务交易额、跨境电商进出口交易额、全国农产品网络零售额等进行统计显示。

图 7-2　全国电子商务公共服务平台数据中心

除分析行业横向整体状况外，还需要纵深下去，分析该电子商务平台的竞争环境、市场售价、识别并选择竞争对手、对竞争对手数据进行跟踪分析等。在信息透明的互联网时代，所谓市场容量大、竞争小的市场很少，甚至可以说几乎不存在。对此，需要积极加入竞争环境中，通过比较，明确企业在同行业中的位置，了解自身的优势，也需要找出自身和竞争对手的差距，并积极改善。

7.2.1　行业发展分析

行业发展分析对于电子商务企业来说非常重要，其主要围绕行业的发展现状展开，包括市场容量分析、市场趋势分析和行业集中度分析。

1. 市场容量分析

市场容量也称为市场规模，是指某个市场在统计期间的需求总价值。市场容量分析是对市场规模的分析和判断，市场规模决定了市场中企业发展的天花板。市场容量的大小决定了市场的规模瓶颈，正常来讲容量越大瓶颈越高，分析时可用市场容量和头部企业来确定市场瓶颈。例如，某个市场的规模是 10 亿元，对于市场内的店铺来说，最大的规模便是 10 亿元，假设市场由 20 家店铺瓜分80% 的份额，因此这 20 家店铺的规模瓶颈可能在 4000 万元左右。

进行市场容量分析时还可以用多个指标来描述市场容量，如销售额、流量、销售件数等。市场容量是评判行业的一个维度，但在分析时要注意不能单纯认为市场容量越大越好，市场容量的大小只是一种现状，如何选择市场或如何确定市场策略，需要结合企业的内外因素。一般认为市场容量越大，相对市场竞争也就越大，需要的市场预算也就越大。实力雄厚的企业应该选择市场容量大的市场，实力不足或新兴企业应选择市场容量相对较小的市场。

📋　**案例分析**　　　　　　　　　　　　　　　　**市场规模分析**

根据某电子商务平台运动服行业 2020—2022 年的市场数据，汇总数据并研究市场规模。

选中所有数据源，在新工作表中插入数据透视表和数据透视图，在"数据透视表字段"操作框中，将"行"设置为"二级类目"，"值"设置为"求和项：成交金额/元""求和项：访客数/人"和"求和项：搜索人数/人"，单击鼠标右键，选择【更改图表类型】选项，在弹出的操作框中选择"饼图"。再将饼图的"数据标签"进行显示设置，且在"标签选项"设置中取消【值】选项，选择【类别名称】和【百分比】选项，将饼图中的【图例】选项取消。

完成对类目的数据汇总后，从数据透视图中可以直观地看到运动裤、运动套装、运动 T 恤是一级类目下规模最大的二级类目，占比分别为 26%、20% 和 15%（见图 7-3）。

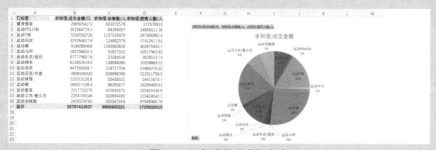

图 7-3　二级类目成交额占比

2. 市场趋势分析

企业在制定未来发展规划时，需要掌握市场趋势，发展趋势好的市场称为增量市场，发展趋势差的市场称为存量市场。分析市场趋势就是要辨别市场，如果连续两年增幅超 15%，则可判定为增量市场，反之则为存量市场。

市场趋势可以根据市场需求的变化划分为导入期、上升期、爆发期和衰退期 4 个阶段。导入期是指消费者开始产生需求的阶段，在导入期，企业就要布局好产品将其投入市场。上升期是指消费者需求开始上升的阶段，在此阶段企业要投入足够的市场预算抢占市场。爆发期是指消费者需求达到顶峰的阶段，在此阶段，企业要尽量促进销售。衰退期是指消费者需求开始下降的阶段，在此阶段，企业要将库存清理到安全库存的范围。

📋 **案例分析**   **运动服行业的市场趋势分析**

根据某电子商务平台运动服行业 2020—2022 年的市场数据，在市场容量分析中可以看到运动裤、运动套装、运动 T 恤三个二级类目占比最大，那么其市场趋势如何？下面进行市场趋势分析。

1．插入数据透视表和数据透视图，并进行"列标签"筛选设置

选中数据透视表，在"数据透视表字段"操作框中，将"行"设置为"年份"，"值"设置为"求和项：成交金额/元"，"列"设置为"二级类目"。单击数据透视表中的"列标签"，仅选择"运动裤、运动套装、运动 T 恤"三个二级类目。选中数据透视图，单击鼠标右键，选择【更改图表类型】选项，在弹出的操作框中选择"折线图"，单击【确定】按钮，效果如图 7-4 所示。

图 7-4　运动 T 恤、运动裤、运动套装年度市场趋势

上述设置完成后，从年度总量中可以看到，运动 T 恤和运动裤两个二级类目的市场呈上升趋势，2021—2022 年增速明显，而运动套装市场 2020—2021 年下降比较厉害，总体呈下降趋势。

2．显示季度/月度数据

将数据透视表行标签的年份前的"＋"号点开，显示各个年份的季度数据（见图 7-5）。

图 7-5　运动 T 恤、运动裤、运动套装季度市场趋势

通过上述设置可以明显观察到每一年都有共同的趋势，总体来说，行业旺季集中在第二季度和第四季度，其中运动 T 恤销售旺季在第二季度，运动裤销售旺季在第二和第四季度，运动套装销售旺季分布同运动裤销售，但是总体市场趋势为下降趋势。每年运动裤的销售波峰都是 11 月，这是受"双 11"购物节的影响，每年运动 T 恤的销售波峰为第二季度，在 5 月份左右，这是受节温度变化的影响，而运动套装的销售波峰为每年的 3 月到 4 月和 9 月到 10 月，即春季和秋季。

3．计算年度环比数据

单击数据透视表中行标签的年度前的"—"号，将数据恢复至年度显示，选择数据透视表数据，单击鼠标右键，选择"值显示方式""差异百分比"，进入环比计算设置界面，设置"基本字

段"为"年","基本项"为"上一个",单击【确定】按钮,结果如图7-6所示。

通过上述设置,可以从数据透视表中看到,运动T恤、运动裤和运动套装2021年环比增长分别为13.64%、15.60%和-21.84%,2022年环比增长分别为28.92%、21.85%和-6.35%,即运动T恤和运动裤为增量市场,运动套装市场减少,为存量市场。

图7-6　计算年度环比数据

4. 预测2023年运动T恤和运动裤各月的成交金额

在市场数据源中利用筛选工具,将运动T恤和运动裤各月的数据筛选出来,将"二级类目""月份"和"成交金额/元"复制粘贴至新的工作表中,并在工作表中将A列表头的"月份"改为"日期"。

首先对运动T恤2023年各月成交额进行预测,选择B2:C37单元格区域数据,依次选择【数据】-【预测工作表】选项,在"创建预测工作表"中将预测结束时间设置为"2023-12-1",在"选项"中将"季节性"设置为"手动设置",值设置为"12",单击【创建】按钮,效果如图7-7所示。

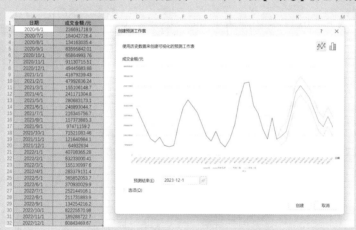

图7-7　运动T恤2023年各月成交额预测结果

3. 行业集中度分析

行业集中度是指某行业的相关市场内前 N 家最大的企业所占市场份额的总和,是对整个行业的市场结构集中程度的测量指标,是市场实力的重要量化指标。在实际应用中,行业集中度用于反映某市场是否有利于品牌的发展。

行业集中度计算方法主要有赫芬达尔指数法和二八原则法。赫芬达尔指数是用行业中各市场竞争主体所占市场份额百分比的平方和来计量市场份额的变化,即市场中品牌规模的离散度。二八原则是指超过80%份额的样本数 X 代表排名前 N 的品牌的行业集中度。

其中,二八原则的计算步骤如下:采样市场排名前 N 的品牌市场份额;计算每个样本市场份额占采样总体的百分比;从大到小排序,计算累加超过80%份额的样本数 X。设 $X \div N = Y\%$,建议 $N \geqslant 30$,Y 代表某品牌的行业集中度,其含义如表7-2所示。

表 7-2　品牌行业集中度取值范围的含义

取值范围	含义
0＜Y≤30%	市场品牌高度集中，消费者对品牌具有高度认知，市场可能已经不适合其他品牌发展
30%＜Y≤50%	市场品牌轻度集中，消费者对品牌具有一定认知，其他品牌要从市场热销品牌中争夺市场份额相对较难
50%＜Y≤80%	市场品牌没有集中，消费者并没有明显地倾向于某些品牌。该市场可以给其他品牌提供发展机会
80%＜Y≤100%	消费者对品牌并不敏感，有没有品牌对消费者没有产生影响，品牌市场可能比较混乱，甚至没有品牌市场

案例分析　　运动裤排名前 30 品牌的品牌集中度计算

根据某电子商务平台运动裤销量前 30 名的品牌 2020—2022 年的线上支付金额，计算运动裤排名前 30 品牌的品牌集中度。

1．计算各个品牌的市场份额

选中 C2 单元格，输入“=B2/SUM($B$2:$B$31)”，按 Enter 键，并使用填充柄快速填充公式，计算出 30 个品牌的市场占比，设置单元格格式为百分比显示，保留两位小数，结果如图 7-8 所示。

2．计算市场占比的累计百分比

选中 D2 单元格，输入“=SUM(C$2:C2)”，并快速填充公式，计算出 30 个品牌的市场占比累计百分比，设置单元格格式为百分比，保留两位小数，结果如图 7-8 所示。

	A	B	C	D	E	F
1	品牌	支付金额/元	市场占比	累计百分比	市场占比平方	赫芬达尔指数
2	××克	48069313.46	13.63%	13.63%	0.018590096	0.070814944
3	××依	47583831.91	13.50%	27.13%	0.018216486	
4	××莉	38363780.76	10.88%	38.01%	0.011841006	
5	××玛	25446518.01	7.22%	45.23%	0.005209578	
6	××un	24568189.87	6.97%	52.20%	0.00485615	
7	××动店	16098611.87	4.57%	56.77%	0.00208508	
8	××奇	13021434.75	3.69%	60.46%	0.001364154	
9	××nS	12373339.47	3.51%	63.97%	0.001231742	
10	××蒂克	12281128.34	3.48%	67.45%	0.001213451	
11	××宁	11859159.96	3.36%	70.82%	0.001131498	
12	××NE	10685842.38	3.03%	73.85%	0.000918678	
13	××ians	9500206.27	2.69%	76.54%	0.000726126	
14	××站	9468456.87	2.69%	79.23%	0.000721281	
15	××U	7434156.96	2.11%	81.34%	0.000444641	
16	××摇	5825026.55	1.65%	82.99%	0.000272987	
17	××n	5482513.39	1.56%	84.54%	0.000241827	
18	××even	4963426.49	1.41%	85.95%	0.000198202	
19	××士	4923811.34	1.40%	87.35%	0.000195051	
20	××斯	4579766.14	1.30%	88.65%	0.000168746	
21	××a	4423103.43	1.25%	89.90%	0.000157398	
22	××UIT	4282143.01	1.21%	91.12%	0.000147526	
23	××ET	4004196.61	1.14%	92.25%	0.000128996	
24	××喜	3807231.28	1.08%	93.33%	0.000116618	
25	××酷狼	3713233.3	1.05%	94.38%	0.00011093	
26	××和	3532970.02	1.00%	95.39%	0.000100421	
27	××entos	3500654.34	0.99%	96.38%	9.85926E-05	
28	××S	3246592.36	0.92%	97.30%	8.48011E-05	
29	××ME	3197136.81	0.91%	98.21%	8.22372E-05	
30	××弟	3167030.18	0.90%	99.11%	8.06957E-05	
31	××ort	3152380.49	0.89%	100.00%	7.99508E-05	

图 7-8　运动裤市场占比和累计百分比

通过上述操作可清晰地看出，累加到第 14 个品牌时占比超过 80%，市场份额集中在 14 个品牌中，14/30=46.7%，表示市场品牌轻度集中，消费者对品牌有一定的认知，其他品牌要从市场热销品牌中争夺市场份额相对较难。

7.2.2　市场需求分析

市场需求反映的是在一定时期和地区内，用户对计划购买的商品所表现出的各类需求。如果不适应用户的需求，商品就有可能在后期出现销售疲软。因此，需要提前收集分析市场反馈出的各类需求，做好需求量变化趋势分析，以及用户品牌、价格、属性偏好分析。

1. 市场需求变化趋势

市场需求变化趋势是通过分析产品需求量变化的原因和规律推断出来的。电子商务企业可以根据自身的产品开发和供应链特点进行上新时间规划安排，比如一般服饰类目会提前1~2个月准备。后期进入正式运营后，除了关注大盘数据外，电子商务企业还需要结合不同品类销售数据进行分析，提前做好下一季度、下一年度的品类上新规划。

2. 用户品牌偏好分析

品牌偏好是指某一市场中用户对某些品牌的喜爱程度，是对用户品牌选择意愿的了解，是品牌力的重要组成部分。电子商务企业通过品牌排名情况，找到高销量、高流量的品牌店铺商品，进行参考学习，然后根据热销品牌的商品进行数据优化、上新优化。

3. 价格偏好分析

市场价格是指一定时间内某种商品在市场上形成的具有代表性的实际成交价格。市场供求是形成商品价格的重要参数，当市场需求扩大时，商品价格处于上涨趋势，高于价值；当供求平衡时，价格相对稳定，符合价值；当需求萎缩时，商品价格趋跌，低于价值。

4. 用户属性偏好分析

用户属性偏好是消费者对一种商品或一种物品的某一属性（如功能、厚薄、图案等）的偏好程度。对用户属性偏好进行分析，可以使选品与用户属性偏好契合，优化电子商务企业选品，全面提升店铺的销售额。

7.2.3　目标用户分析

目标用户是指需要电子商务企业的产品或服务，并且有购买能力的用户。目标用户是电子商务企业营销及销售的前端，只有确定了目标用户的属性，才能进一步展开具有针对性的营销策略。

在进行目标用户分析时，可以通过第三方调研机构发布的目标用户的消费行为白皮书来加深对目标用户的了解。还可以通过百度指数、360趋势等了解目标用户画像。此外，为了使目标用户分析更精准，需要结合选定的电子商务平台进行目标用户分析。

📄 **知识拓展**　　　　　　　　　　　**利用百度指数分析市场行情**

百度指数是以百度海量网民行为数据为基础的数据分享平台，它研究关键词搜索趋势，洞察网民需求变化，监测媒体舆情趋势，定位数字消费者特征，还可以从行业的角度分析市场特点。百度指数主要包括趋势研究、需求图谱和人群画像等栏目。

趋势研究栏目的搜索指数反映的是关键词最近一周或一个月的总体搜索指数表现（见图7-9），指标有整体搜索指数、移动搜索指数，以及同比增长率和环比增长率。

图 7-9　百度搜索指数

需求图谱栏目是依据用户搜索该词前后的行为变化表现出来的检索需求，通过综合计算关键词与相关词的相关程度，以及相关词自身的搜索需求大小得出的，相关词距圆心的距离表示相关词与中心检索词的相关性强度，相关词自身大小表示相关词自身搜索指数的大小，红色代表搜索指数上升，绿色代表搜索指数下降（见图 7-10）。

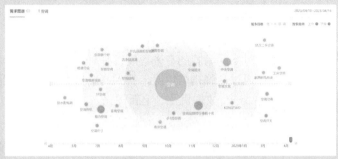

图 7-10　百度需求图谱

人群画像栏目的地域分布是根据百度用户搜索数据，采用数据挖掘的方法对关键词的人群属性进行聚类分析，给出用户所属的省份、城市及城市级别的分布和排名（见图 7-11），根据特定地域用户偏好进行有针对性地运营和推广。

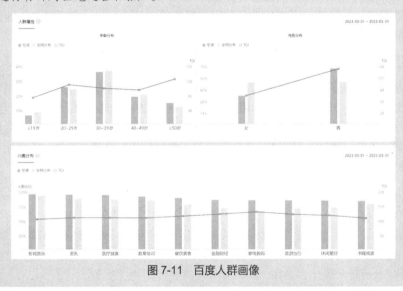

图 7-11　百度人群画像

7.3　竞争数据分析

在激烈的市场环境中，竞争数据分析已成为每个企业必须做的一项市场活动，其主要目的在于了解竞争对手的经营状况，了解目标用户的未来需求，以及发现新的消费点和新的用户群，最终达到在未来市场竞争活动中占据主导位置的目的。竞争数据分析可以为自己的企业更好地成长提供安全的环境，同时提升自己所在企业的核心竞争力。

7.3.1　竞争环境分析

企业的竞争环境十分复杂，在进行商业活动时掌握复杂的市场竞争环境是非常重要的。电子商务平台搜索是企业重要的流量渠道之一，搜索环境的竞争激烈程度将影响企业的生存环境。搜索环境分为搜索人数规模、搜索商品规模、搜索竞争度三个部分。下面以生意参谋为例进行说明。

搜索人数规模是指以在搜索分析中查询行业搜索关键词的搜索人气指数为基础，时间粒度取 7 天或者 30 天，将点击人气指数化后的结果。点击人气具体是指在统计日期内，用搜索点击人数拟合出来的一个指数。点击人气的数值不能和搜索点击的人数画等号，只能说点击人气越高，搜索点击人数也就越多。

搜索商品规模即在线商品数，可以在相关词分析中采集到数据，在线商品数越大代表竞争对手越多，竞争环境越恶劣。

搜索竞争度有多种分析方法和技巧，第一种方法，将搜索点击人数除以搜索商品规模得到平均商品的点击人数，以此作为竞争度的判断标准。指标越大代表竞争环境越好，指标越小代表竞争环境越激烈。第二种方法，在分析的关键词中，*Y* 代表包含品牌关键词的比例，以此作为品牌竞争度的判断标准，其含义如表 7-3 所示。

表 7-3　搜索竞争度取值范围的含义

取值范围	含义
$0<Y\leqslant 20\%$	该品类的消费者对品牌没有太高的认知度，对品牌不产生依赖
$20\%<Y\leqslant 50\%$	该品类的消费者对品牌有初步的认知度
$50\%<Y\leqslant 80\%$	该品类的消费者对品牌具有认知度
$80\%<Y\leqslant 100\%$	该品类的消费者对品牌具有很高的认知度，对品牌产生依赖

案例分析　**运动裤相关搜索词的搜索竞争度和品牌竞争环境分析**

在生意参谋“相关词分析”中采集“运动裤”搜索词的点击人气、在线商品数数据，计算运动裤相关搜索词的搜索竞争度和品牌竞争环境。

1．计算搜索竞争度

选择 F2 单元格，输入“=D2/E2”，按 Enter 键，并向下快速填充公式，将单元格格式设置为“百分比”，计算出搜索竞争度，结果如图 7-12 所示。

2．计算品牌竞争环境

根据搜索词判别搜索词中是否包含品牌词，不包含为“否”，包含为“是”；在 H2 单元格中输入“=COUNTIF($G$2:$G$11,"否")/COUNTA($G$2:$G$11)”，在 H3 单元格中输入“=COUNTIF($G$2:$G$11,"是")/COUNTA($G$2:$G$11)”，分别计算出“否”和“是”所占的比例，结果如图 7-13 所示。

序号	搜索词	搜索人气	点击人气	在线商品数/件	搜索竞争度	是否包含品牌词	品牌竞争度
1	运动裤女	17784	14096	10069453	0.14%		
2	运动裤	14006	10106	6336441	0.16%		
3	运动裤男	10359	7928	1745097	0.45%		
4	ANTA运动裤女 秋冬	9887	7081	49020	14.45%		
5	运动裤女 加绒	9250	7498	419657	1.79%		
6	运动裤男秋冬款	4800	3848	363017	1.06%		
7	NIKE运动裤 束脚	3563	2583	30691	8.42%		
8	运动裤 加绒	3407	2903	480536	0.60%		
9	运动裤女童	3198	2568	10069453	0.03%		
10	运动裤男童	3364	1986	68728	2.89%		

图 7-12　计算搜索竞争度

序号	搜索词	搜索人气	点击人气	在线商品数/件	搜索竞争度	是否包含品牌词	品牌竞争度	
1	运动裤女	17784	14096	10069453	0.14%	否	0.8	否
2	运动裤	14006	10106	6336441	0.16%	否	0.2	是
3	运动裤男	10359	7928	1745097	0.45%	否		
4	ANTA运动裤女 秋冬	9887	7081	49020	14.45%	是		
5	运动裤女 加绒	9250	7498	419657	1.79%	否		
6	运动裤男秋冬款	4800	3848	363017	1.06%	否		
7	NIKE运动裤 束脚	3563	2583	30691	8.42%	是		
8	运动裤 加绒	3407	2903	480536	0.60%	否		
9	运动裤女童	3198	2568	10069453	0.03%	否		
10	运动裤男童	3364	1986	68728	2.89%	否		

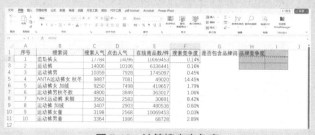

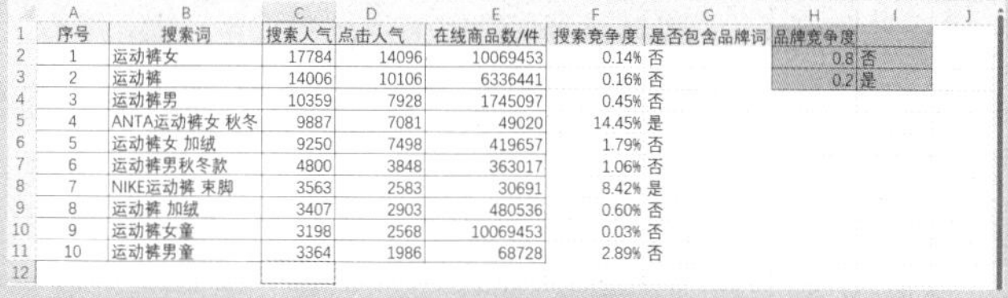

图 7-13　计算品牌竞争环境

经以上处理分析，得出"ANTA 运动裤女 秋冬"的搜索竞争度最大，代表竞争环境较好，表现为商家少，消费者多。搜索词是否包含品牌关键词的比例，"否"为80%，"是"为20%，说明该品类的消费者对品牌没有太高的认知度，不产生依赖。

7.3.2 市场售价分析

市场售价分析的对象是产品的销售价格，产品销售价格和销售额及利润息息相关。高售价无法吸引消费者，销量及销售额难以提高，总的利润也不会太乐观，而低售价无法盈利。产品如何定价是有策略可循的，基于这些策略可以制定合理的产品销售价格。

常用的产品定价策略有基于成本的定价、基于竞争对手的定价和基于产品价值的定价。基于成本的定价策略是最基本的定价策略，商家只需要知道产品的成本，留足利润空间，就可以让商家避免亏本。基于竞争对手的定价策略是商家只需要监控直接竞争对手特定产品的定价，并设置与其相应的价格即可。基于商品价值的定价是以消费者的感知价值为基础对产品进行定价。

另外，可采集大量有销量的产品数据作为分析的样本，根据价格段进行划分，然后汇总数据，观察不同价格段的市场规模。

📋 **案例分析** 淘宝运动裤市场的价格段

使用 Web Scraper 工具，在淘宝上以"运动裤"为关键词，采集搜索按销量排在前20页的商品数据，分析运动裤市场的销量与价格段之间的关系。

1. 处理数据

以标题为准，删除重复值，保留价格和销量数据列，具体操作为：在 F2 单元格中输入"=COUNTIF($C$2:C2,C2)"，按 Enter 键，并快速填充公式，计算出标题的重复值。对"重复次数"列进行筛选，将非"1"数据筛选出来，并删除，得出不重复数据。将"价格/元"列数据存储为数字，将"销量/件"列以"+"进行数据分列，"万"用"0000"替换，修改单元格格式为"数字"，且为整数，结果如图 7-14 所示。

	A	B	C
1	标题	价格/元	销量/件
2	精梳棉裤子男春秋夏季美式复古宽松潮流大码工装裤运动裤休闲长裤	78	2000
3	正品××裤子男运动裤休闲宽松直筒裤针织长裤BV2714-063-010	127	700
4	假两件瑜伽裤女高腰提臀收腹跑步裤弹力紧身运动裤健身裤长裤春秋	89.9	3000
5	××集团GENIOLAMODE裤子潮牌男华太祖国潮醒狮春秋款运动休闲裤	79	1000
6	××原创潮牌黑色爵士舞运动长裤女街头嘻哈hiphop休闲潮跳舞裤子	58.41	1000
7	高中生校服裤子藏青色初中生深蓝色运动裤中小学生春秋纯棉校服裤	49	2000
8	××夏季潮牌百搭情侣休闲裤男直筒长裤仿瘦皮绒运动休闲裤	269	1000
9	美式灰色运动裤女春秋夏2023新款宽松阔腿裤束脚休闲卫裤大码裤子	69	4000
10	××卫裤男2023春秋款男士针织裤束脚裤男运动休闲裤子男生	159	900
11	××运动裤男士官方休闲男裤刺绣裤子男薄款印花收口棱织运动长裤	138	1000
12	黑色裤子男士春秋夏季薄款潮牌宽松束脚运动卫裤男生潮流休闲长裤	68	1000
13	××美式复古设计感小众运动裤男ins潮牌条纹休闲情侣裤子潮	137	1000
14	布衣传说××天丝棉 夏季薄款九分裤子男长款运动束脚修形休闲卫裤	149	2000
15	灰色束脚运动裤女2023春秋显瘦高腰宽松休闲裤小个子爱心薄款卫裤	79	1000
16	××400q高密斜纹休闲裤宽松直筒长裤子男女运动束脚九分裤春秋季阔腿	128	1000
17	夏季薄款冰丝运动裤男宽松加肥加大码春季速干运动裤束脚九分裤子	135	800
18	××女装AIRism防紫外线侧口袋紧身裤(防晒瑜伽健身运动)455938	129	2000

图 7-14 数据处理结果

2. 选择价格列和销量列，插入数据透视表，划分价格段

删除 F 列数据，选中 D 列和 E 列数据，插入数据透视表；选择数据透视表，设置"行"为"价格/元"，"值"为"销量/件"。选中数据透视表中的某个数据，单击鼠标右键，选择【组合】选项；在弹出的"组合"操作框中设置"步长"为20，单击【确定】按钮，结果如图 7-15 所示。

通过上述操作可以清晰地观察出，在采集的样本数据中，大多数销量高的运动裤价格集中在25~205元，其中价格在45~85元的运动裤销量最高。

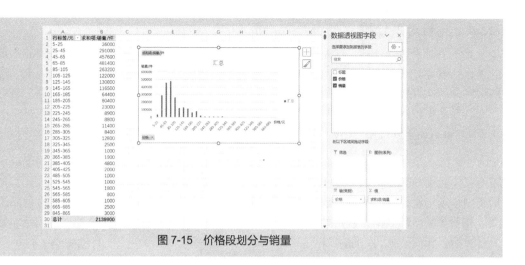

图 7-15 价格段划分与销量

7.3.3 竞争对手选择

竞争对手的选择是非常重要的,无论从事哪个行业,都不可避免地存在竞争对手。竞争对手分类矩阵可以帮助企业在各个阶段精准选择竞争对手,在选择竞争对手前需要先将竞争对手分类,基于分类再挑选合适的竞争对手,在不同的阶段需要向不同的竞争对手学习。竞争对手的分类维度可基于实际情况设定,参考分类的维度有价格定位(高端、中端、低端)、销量层级(头部、腰部、普通)和产品结构(单一、多样、全面)。

竞争对手的选择必须遵循以下三条原则:比自己优秀;可在中短期内超越对方;与自己定位相近的同行。依据以上三条原则,如果现在企业的营业额规模是 1000 万元,那么应该对标营业额在 3000 万~5000 万元的竞争对手。

案例分析 某品牌销量排名前 15 店铺交易指数的矩阵分析

从生意参谋中的【竞争】–【竞店分析】板块中采集某品牌销量排名前 15 店铺的数据,包括店铺名称和交易指数,运用矩阵分析法对这 15 个店铺进行矩阵分析。

1. 计算累计百分比

选择 D2 单元格,输入 "=SUM($C$2:C2)/SUM($C$2:$C$16)",按 Enter 键,并向下填充公式,设置"累计百分比"列单元格格式为"百分比"。

2. 对销量层级和产品架构进行识别

通过对交易额累计百分比的计算,把占总销售额累计百分比前35%的品牌定为头部,占36%~80%的品牌定为腰部,占81%~100%的品牌定为普通。对销量排名前 15 的店铺进行分类,店铺的产品结构不同,定位的人群、年龄也不完全相同。先对这 15 个店铺打标,分别标注销量层级和产品结构(见图 7-16)。

通过以上建立的矩阵,可以明显发现产品架构比较全面的品牌官方旗舰店处于销量层级的腰部,大部分店铺都是多样产品架构,销量集中在少数店铺。想要经营该品牌,需要具体分析自己的资源渠道,确认在这个市场是否有优势。

排名	店铺名称	交易额(指数还原)/元	累计百分比	销量层级	产品架构
1	××官方旗舰店	363203053	20.26%	头部	多样
2	×▾▾▾安发专卖店	2473930.57	34.06%	头部	多样
3	×××安鸿专卖店	2470871.79	47.85%	腰部	多样
4	×××专卖店	1282200.7	55.00%	腰部	多样
5	××瑞华泽专卖店	1182683.91	61.60%	腰部	多样
6	×××安发专卖店	1108779.72	67.78%	腰部	全面
7	×××北京专卖店	1035618.64	73.56%	腰部	多样
8	×××安鸿博专卖店	729526.31	77.63%	普通	多样
9	×××宏然专卖店	713609.85	81.61%	普通	多样
10	××康誉专卖店	686951.05	85.44%	普通	多样
11	××安建立专卖店	667946.59	89.17%	普通	多样
12	××女子运动旗舰店	618561.42	92.62%	普通	多样
13	××维动专卖店	530346.19	95.58%	普通	多样
14	××体育	430918.92	97.98%	普通	多样
15	××体育篮球旗舰店	361384.33	100.00%	普通	多样

图 7-16 价格段划分与销量

7.3.4 竞争对手分析

对竞争对手进行分析，首先要跟踪竞争对手的数据。竞争对手数据跟踪是一件非常重要且繁琐的工作，需要记录对方的数据，甚至连竞争对手的页面、海报、样品也需要保留下来，这样便于后期将对方的运营决策进行很好的还原。现在部分平台提供了竞品数据记录跟踪服务，也有许多第三方工具提供了相似的服务。

1. 竞争对手数据跟踪原则

在跟踪竞争对手数据时需要遵循以下基本原则。一是保证每天更新，如果是手工记录数据，则需要在凌晨更新数据，如果是使用工具自动采集，则需要第二天将数据下载到本地。二是收集的数据类型必须丰富，除了文本、数字类型的数据之外，还需要商品页面以及部分核心商品的样品、推文、视频等类型的数据，否则难以利用文本类型数据还原对方的运营决策过程。三是部分数据无须每日更新，如商品页面、商品的样品。

2. 竞争对手数据收集

竞争对手的数据收集一般需要借助工具实现，例如，生意参谋可以提供相对详细的数据，包括流量情况、销售情况、商品情况，但生意参谋提供的分析方法是固定的，而且在观察连续的数据变化时，并不能很好地满足需求。因此，通过工具记录竞争对手数据后，一般还会进行二次采集，就是将工具记录的数据下载到本地，通过 Excel 或 Power BI 等工具再进行分析。

3. 竞争对手分析

竞争对手分析可以是片面的，也可以是全面的。片面的分析是针对某个维度，调查清楚竞争对手在这个维度中的归属问题，如它的人群、渠道。全面的分析是还原竞争对手的运营决策，如优化图片、商品打造等过程。竞争对手分析最重要的方法是对比法，通过和自己对比找到差异点。

（1）竞争对手的人群分析

竞争对手的人群数据的获取是最难的，对于普通的店铺来说，它们只能通过对方的商品及产品定价推断出主要的人群。在平台数据方面，生意参谋提供了品牌的客群数据，如果竞争对手的粒度是品牌，则也可以把搜索关键词的人群数据作为分析的数据源。

（2）竞争对手的产品分析

对竞争对手的产品数据进行跟踪之后，将获取到的数据进行分析，分析的维度主要有产品的销售额、访客数、关键词、渠道，通过和自己店铺的数据对比找到差异。

（3）竞争对手的趋势分析

掌握竞争对手的趋势能让运营人员及时调整战略和战术，通过和竞争对手的趋势对比可以分析运营策略的实施效果，如果达到此消彼长的效果，则说明运营策略的效果很理想，否则需要调整当前的运营策略。

🔊 **素养课堂**   **电子商务责任压实 反不正当竞争再出新规**

我国当前从事电子商务工作的群体非常庞大，但以这个群体为核心的电子商务市场却参差不齐，市场亟待法律体系进行规范。在 2021 年 8 月，市场监管总局发布《禁止网络不正当竞争行为规定（公开征求意见稿）》（以下简称《规定》），对于经营者误导消费者、以技术手段恶意竞争等行为进行详细规制。在业内人士看来，《规定》不仅为司法判断提供了操作性指引，细化具体场景，还保持了监管的开放性。

　　首先,《规定》是在《中华人民共和国反不正当竞争法》(以下简称《反不正当竞争法》)的基础上进行了一定细化。例如,针对《反不正当竞争法》第八条中,经营者不得对消费者进行误导、欺骗,《规定》明确指出了具体的违法行为,包括虚构交易额等数据信息、用户评价等流量数据,以返现、红包、卡券等方式诱导用户做指定评价等互动行为等。而《反不正当竞争法》第十一条关于"经营者不得编造、传播虚假信息或者误导性信息,损害竞争对手的商业信誉、商品声誉",《规定》列出四种情形,如以消费者名义恶意评价、指使他人通过网络恶意散布虚假或者误导性信息等。

　　其次,《规定》对规制利用技术手段实施不正当竞争行为做了非常全面、具体的规定,比如提到了流量劫持、恶意不兼容、强制跳转、恶意屏蔽、恶意利用平台规则、强制"二选一"、非法数据抓取、大数据歧视等。可以说这些规定非常全面地总结了近年来我国反不正当竞争的司法判例,无论是对经营者合规、监管执法,还是相关民事纠纷审理,都提供了操作性极强的指引。

　　另外,《规定》提及,平台经营者应当对平台内经营者的竞争行为提供指导、规范,发现平台内经营者有违反《规定》的,应当依法采取必要处置措施,保存有关处置信息不少于三年并依法接受监督检查。这也意味着电子商务企业对平台内的经营秩序管理承担更详细的责任。

　　最后,针对直播带货"翻车""二选一"、大数据"杀熟"、低价倾销……近年来政府相关部门密集出台各类规章政策,以规范网络经营引发的众多顽疾。2020 年 11 月相继出台的《关于加强网络直播营销活动监管的指导意见》《关于加强网络秀场直播和电商直播管理的通知》《互联网直播营销信息内容服务管理规定(征求意见稿)》,便是规制直播带货各种违法行为。

　　此次《规定》中再次明确不得利用技术手段进行"二选一"。而在 3 月 15 日《网络交易监督管理办法》出台后,电子商务平台已有所改观。例如,此前如果平台内商家不进行"二选一"抉择,平台会对其进行限流、降权甚至下架等打击行为。但现在如果商家愿意独家入驻某平台,则可以获得相应的优惠和扶持,商家要是想在其他平台入驻,该平台也不会恶意打击。

　　从 2018 年 1 月 1 日开始,我国反不正当竞争法就明确规定,如果商家采用刷单或者炒信等方式进行不正当竞争的话,可以处两百万元的罚款,甚至吊销营业执照。而且有一些商家也会存在傍名牌的做法,使这家的产品和一些比较知名的品牌相混淆从而误导消费者,国家对这种行为也会做出一定的处罚。

资料来源:根据网络资料整理。

拓展思考:

1．举例说明生活中有哪些情形属于不正当竞争行为,并进行分析。

2．作为数据从业者,应当如何避免不正经竞争行为?

本章知识结构图

扫一扫

本章测验

1．判断题

(1)市场容量也称为市场规模,是指某个市场在统计期间的需求总价值。(　　)

(2)目标用户是指需要电子商务企业的产品或服务,并且有购买能力的用户。(　　)

(3)搜索竞争度不可以使用搜索点击人数除以搜索商品规模得出的数据来表示。(　　)

（4）对竞争对手数据进行跟踪时不需要保证每天更新，按照周更新即可。（　　）

（5）选择的竞争对手要能够确保在中短期内可以超越对方。（　　）

2. 单选题

（1）在进行关键词分析时，如果包含品牌关键词数量的比例为57%，则表示（　　）。

A. 说明该品类的消费者对品牌没有太高的认知度，不产生依赖

B. 说明该品类的消费者对品牌有初步的认知度

C. 说明该品类的消费者对品牌具有认知度

D. 说明该品类只有品牌才可以生存

（2）关于波特五力分析模型，如果供方的议价能力很强，则下列说法错误的是（　　）。

A. 供方有比较稳固的市场地位 　　　　B. 产品的买主很多

C. 供方的产品具有特色 　　　　　　　D. 市场竞争产品较多

（3）当品牌集中度为35%时，表示（　　）。

A. 表示市场品牌高度集中 　　　　　　B. 表示市场品牌轻度集中

C. 表示市场品牌没有集中 　　　　　　D. 表示消费者对品牌并不敏感

（4）分析市场趋势就是要辨别市场，辨别的标准为，如果连续两年增幅超过（　　），则可判定为增量市场，反之则为存量市场。

A. 10% 　　　　　B. 15% 　　　　　C. 20% 　　　　　D. 25%

（5）经过分析，某产品的市场趋势处于导入期，则下列说法正确的是（　　）。

A. 企业要布局好产品将其投入市场

B. 企业要投入足够的市场预算抢占市场

C. 企业要尽量促进销售

D. 企业要将库存清理到安全库存的范围

3. 多选题

（1）PEST分析是指宏观环境的分析，需要重点监视的关键经济变量包括（　　）。

A. 价格波动 　　　　B. 购买习惯 　　　　C. 消费模式 　　　　D. 税收政策

（2）行业数据采集的渠道有（　　）。

A. 政府部门 　　　　B. 报纸杂志 　　　　C. 金融机构 　　　　D. 社会组织

（3）市场需求分析包括（　　）。

A. 市场需求量变化趋势 　　　　　　　B. 品牌偏好分析

C. 用户价格偏好分析 　　　　　　　　D. 用户属性偏好分析

（4）目标用户分析包括（　　）。

A. 市场需求量分析 　　　　　　　　　B. 年龄分析

C. 职业分析 　　　　　　　　　　　　D. 地域分布分析

（5）搜索环境分析包括（　　）。

A. 搜索人数规模 　　　　　　　　　　B. 搜索商品规模

C. 搜索关键词规模 　　　　　　　　　D. 搜索竞争度

4. 简答题

（1）简述行业数据分析的作用。

（2）简述品牌集中度的计算方法步骤。

任务实训

实训内容：选择一家店铺，使用Web Scraper爬取店铺商品的名称、价格、销量、收藏量等数据，通过分析，使用关键词搜索方式选择同品类、同价位销量靠前的店铺作为竞店，对其进行数据分析。

实训目标：通过该任务实训，读者能够更加熟练地使用Web Scraper和处理数据，选择合适的竞店对其进行数据分析。

第 8 章　电子商务运营数据分析

章节目标

1. 了解用户特征和用户细分分析的方法；
2. 掌握用户忠诚度的分类和测量标准；
3. 掌握基于 RFM 模型的用户细分方法；
4. 掌握基于层次分析法的用户忠诚度分析；
5. 掌握店铺流量结构、关键词推广效果的内容；
6. 掌握活动推广效果和内容推广效果分析的内容；
7. 掌握销售数据分析与预测和服务数据分析的内容；
8. 掌握物流运费、订单时效和异常物流数据分析的方法。

学习难点

1. RFM 模型的用户细分的应用；
2. 层次分析法的用户忠诚度分析的应用；
3. 销售数据分析与预测的应用。

案例导入　　　　　　　　　　元气森林崛起背后的数字化运营之道

元气森林是一家成立于 2016 年的互联网+饮料公司。2022 年上半年元气森林含汽饮品、即饮茶和功能饮料在全国线下零售市场中的销售额同比增长 25%。凭借着"0 糖 0 脂 0 卡"这句广告语，元气森林几乎是一锤砸中了年轻消费者的内心，让"好喝不胖"深入人心，成为国内饮品消费的新风向标。元气森林的成功体现在内容营销、数字化转型、渠道与供应链的布局上。其背后隐藏着在未来很长一段时间里真正行之有效的、数字化时代的新营销玩法。

在产品研发方面，元气森林通过数字化的渠道升级、营销升级、供应链升级等方式，进行口味测试、电商测试及消费者意见收集（体验官活动），大大缩短从研发到抵达消费者的反馈周期与产品迭代周期，更利于找到热销产品，实现规模突破和市场份额占领。

在渠道布局方面，布局传统零售渠道、线上渠道，在全国铺设数万个零售终端，招募大量的销售工作人员，积极开拓和维护经销商。加速布局智能冰柜，通过布局智能冰柜，实时监控各零售终端的产品销售数据，反哺元气森林的产品生产和策略制定。

在推广营销方面，通过精准分析品牌定位及用户画像，进行全方位宣传推广，开展年轻化的线上娱乐营销：综艺投放；小红书、抖音等多平台内容种草；赞助多种小型线下娱乐活动、电影等，不断扩大品牌人气，帮助品牌传播。

在用户管理方面，在营销数字化的赋能作用下，元气森林在私域运营上裂变拉新，源源不断地获得新流量。通过社群、会员体系和积分体系等完成用户的精细化运营，精准把握用户需求，实现持续品牌变现。

在整合协同方面，元气森林将碎片化的用户数据有效整合起来，以消费者为中心进行人、货、场三端的匹配。数字化转型的核心也由原来的产品为王转变为以消费者为中心，建立起以消费者为核心的运营及售卖体系。

在数据收集方式上，元气森林一方面通过与数据服务商合作，为业务提供调研、敏捷性支撑；另一方面开发数字化巡店系统，实时监测产品销售情况并采集用户画像，同时形成巡店标准化，解决巡店漏项、效率低、售卖情况反馈不及时等问题。

我国的消费市场正在发生剧烈的改变，经历剧构和重塑。以元气森林为代表的新消费品以数字化作为加速器，重构产品研发、供应链和用户运营，成为消费品市场上充满活力的"新生军团"，不仅满足了消费者个性化、多样化的需求，更是推动了消费品市场的革新发展。

资料来源：根据网络材料整理。

拓展思考：

1. 元气森林线下智能冰柜的产品销售数据有什么价值？

2. 元气森林数字化运营的策略是什么？

8.1　用户数据分析

电子商务用户数据分析是商家成功实施用户关系管理的关键。商家所有的经营管理活动都是围绕用户进行的，对用户进行有效的分析，不仅能提高用户的满意度和忠诚度，而且最终能提高企业的利润，增强企业的核心竞争力。在实际的经营过程中，电子商务用户数据分析可以帮助商家做出正确的判断，并制定出合理的经营策略。

8.1.1　用户特征分析

用户特征分析是了解用户诉求点的关键，对企业制定营销方案和资源配置计划具有重要意义。下面从年龄、职业和地域方面对用户特征进行分析。

（1）年龄分析

不同年龄的群体有各自的消费特点。少年用户好奇心较强，喜欢和成年人相比，购买行为逐渐趋向稳定，有一定的购买倾向性。青年用户购买欲望强烈，有一定的经济基础和购买经验，购买商品的范围也比较广泛。中老年用户比较理智和忠诚，注重服务质量。因此，商家要关注用户的年龄，熟悉和理解他们的消费特点，这样才能更好地满足他们的需求。

（2）职业分析

不同职业的消费者对商品的需求差异很大。工薪阶层比较喜欢经济实惠的商品；教职工比较喜欢造型雅致、美观大方的商品；公司职员比较喜欢有时尚感的商品；个体经营者比较喜欢便利的商品；医护人员比较喜欢安全性高的商品；学生在购买商品时心理感情色彩较强。商家要了解用户的职业状况，熟悉他们的消费习惯，制定合理的选品和营销策略。

（3）地域分布

地域分布是指从空间维度上分析用户。商家要弄清楚用户从哪里来，属于哪个省、哪个市等。这样商家就可以对重点区域展开精准营销，以提升营销效果。

📋　**案例分析**　　　　　　　　　**电子商务企业的用户特征分析**

某电子商务企业的用户编号、年龄、访客来源、性别、常住地区、用户职业、购买产品名称、产品价格、订单数量等数据如图 8-1 所示，试对该企业的用户特征进行分析。

用户编号	年龄/岁	访客来源	性别	常住地区	用户职业	产品名称	产品价格/元	订单数量/个	年龄分组	价格分组
NO1002119	33	移动端	女	河南	医务人员	产品A	299	1	30-35岁	200-300元
NO1002015	40	PC端	女	河南	工人	产品C	89	1	40-45岁	0-100元
NO1002100	29	移动端	男	天津	公务员	产品C	89	1	25-30岁	0-100元
NO1002023	48	移动端	女	浙江	工人	产品A	299	1	45-50岁	200-300元
NO1002028	24	移动端	女	天津	医务人员	产品A	299	1	18-25岁	200-300元
NO1002024	40	移动端	女	四川	工人	产品A	299	1	40-45岁	200-300元
NO1002071	27	PC端	女	天津	医务人员	产品C	89	1	25-30岁	0-100元
NO1002109	30	移动端	不详	河南	公司职员	产品C	89	1	30-35岁	0-100元
NO1002077	30	PC端	女	天津	学生	产品A	299	1	30-35岁	200-300元
NO1002014	42	移动端	不详	浙江	医务人员	产品B	189	1	40-45岁	100-200元
NO1002034	20	移动端	女	广东	学生	产品B	189	1	18-25岁	100-200元
NO1002087	29	移动端	男	天津	学生	产品B	189	1	25-30岁	100-200元
NO1002027	19	PC端	女	广东	医务人员	产品A	299	1	18-25岁	200-300元
NO1002010	14	移动端	不详	浙江	医务人员	产品C	89	1	1-18岁	0-100元
NO1002084	28	PC端	女	浙江	个体经营	产品C	89	1	25-30岁	0-100元
NO1002130	31	移动端	女	广东	学生	产品A	299	1	30-35岁	200-300元
NO1002044	25	移动端	女	广东	学生	产品E	99	1	25-30岁	0-100元
NO1002108	28	移动端	男	浙江	学生	产品A	299	1	25-30岁	200-300元
NO1002033	21	移动端	女	天津	学生	产品A	299	1	18-25岁	200-300元
NO1002049	18	PC端	男	天津	学生	产品A	299	1	18-25岁	200-300元
NO1002009	17	移动端	女	天津	公务员	产品D	569	1	1-18岁	300+
NO1002051	20	移动端	女	天津	教职工	产品A	299	1	18-25岁	200-300元
NO1002060	24	移动端	男	天津	个体经营	产品A	299	1	18-25岁	200-300元

图 8-1　用户订单数据

1. 用户年龄分析

选中数据源 A1:I61 单元格区域数据，在新工作表插入数据透视图和数据透视表。选择数据透视表，在"数据透视表字段"操作框中设置"行"为"年龄/岁"，"值"为"用户编号"，默认为"求和项"，修改"值字段格式"为"计数项"。选中数据透视表行标签中的某个数据，单击鼠标右键，选择"组合"命令，设置"步长"为"5"，单击【确定】按钮。饼图数据标签为"百分比"和"类别名称"，结果如图 8-2 所示。

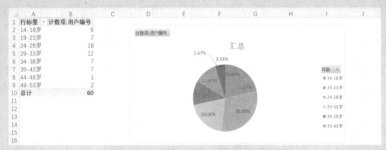

图 8-2　电子商务企业用户年龄分析

2. 用户职业分析

选中数据透视表，进入字段设置界面，取消选中"常住地区"；将"行"设置为"用户职业"，"值"设置为"用户职业"且为计数项。设置数据标签为"百分比"和"类别名称"，结果如图 8-3 所示。

图 8-3　电子商务企业用户职业分析

3. 用户地域分析

选中数据透视表，打开"数据透视表字段"操作框，取消选择"性别"；将"行"设置为"常住地区"，"值"设置为"常住地区"且为计数项；选中数据透视图，单击鼠标右键，在弹出的操作框中更改图表类型为"饼图"；设置饼图数据标签为"百分比"和"类别名称"，结果如图 8-4 所示。

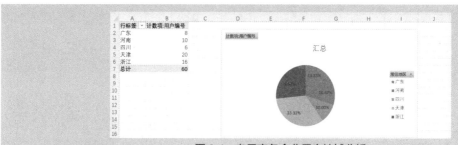

图 8-4　电子商务企业用户地域分析

通过以上数据分析可以看出，该店铺的用户群主要为来自天津和浙江，年龄在 24～33 岁的女性，职业为医务人员、学生较多，对产品 A 比较喜欢。

8.1.2　用户细分分析

用户细分主要是指企业在明确的战略、业务模式和特定的市场中，根据用户的属性、行为、需求、偏好及价值等因素对用户进行分类，并提供有针对性的产品、服务和营销模式的过程。

1. 用户细分的方法

企业根据自身的需要进行用户细分，目的不同，用于用户细分的方法也不同，用户细分的方法主要有统计学特征的用户细分、用户行为的用户细分、用户生命周期的用户细分和用户价值相关指标的用户细分。

（1）统计学特征的用户细分

统计学特征的用户细分主要是指根据用户属性，如地址、年龄、性别、收入、职业、教育程度等，进行多维的组合型特征分析，将用户分为不同组，同时挖掘用户的个性需求，从而快速、准确地找出用户最需要的商品。

（2）用户行为的用户细分

用户行为的用户细分是根据用户购买数量、购买频次等的不同，将用户分为新用户、活跃用户、流失用户、回流用户等。

（3）用户生命周期的用户细分

用户生命周期的用户细分是将用户生命周期分为获客、成长、稳定、休眠和衰退五个阶段，用户不一定会经历每个阶段，在任何一个阶段都有可能直接跳入衰退期，因此需要根据用户的消费总金额、访问店铺频次、收藏加购行为等情况，建立分析模型，细分用户的生命周期价值，针对不同阶段的用户实施不同的营销策略，提高用户的生命周期价值。

（4）用户价值相关指标的用户细分

用户价值相关指标的用户细分是定义若干有代表性的价值指标，如交易次数、交易额/利润、平均单笔交易额、最大单笔交易额、退货金额、退货次数、已交易时间、平均交易周期、销售预期金额等，通过设定多个参数来计算用户价值分数，并作为用户分类的依据。

2. 基于 RFM 模型的用户细分

RFM 模型是根据用户最近一次购买时间间隔（Recency，R）、购买频率（Frequency，F）、购买金额（Monetary，M）三个维度计算得出 RFM 得分，以此评估用户的订单活跃价值。该模型常用于电子商务企业的会员分析。

在 RFM 模型中，M 是用户一段时间内的消费金额，M 值越大，用户价值越高；R 是用户最近一次消费距离现在的时间，R 值越小，用户价值越高；F 是用户一段时间内消费了多少次，F 值越大，用户价值越高，用户忠诚度越高。

将 RFM 三项指标的价值按照高低进行组合，即可完成用户分类。通过 RFM 模型来分析用户，对用户进行精细化运营，不断将用户转化为重要价值用户（见表 8-1）。

表 8-1　通过 RFM 模型实现精细化运营策略

用户分类	R 值	F 值	M 值	精细化运营策略
重要价值用户	高	高	高	密集推送品牌活动、形象产品和传递会员权益信息
重要发展用户	高	低	高	可推送促销信息或品牌活动、形象产品信息
重要保持用户	低	高	高	传递会员权益信息，传递形象产品和品牌活动
重要挽留用户	低	低	高	传递促销信息，传递形象产品和品牌活动
一般价值用户	高	高	低	大型活动推动促销信息
一般发展用户	高	低	低	传递促销信息
一般保持用户	低	高	低	密集推送促销信息，传递会员权益信息
一般挽留用户	低	低	低	传递会员信息和促销信息

案例分析　　**店铺的用户细分**

某店铺 2022 年 4 月至 6 月订单原始数据如图 8-5 所示，利用 RFM 模型对用户进行细分。

	A	B	C	D
1	订单编号	买家会员名	买家实际支付金额 / 元	订单付款时间
2	699995659092646	白×××里	2194	2022年4月1日
3	565253599466933	尘×××9	175	2022年4月1日
4	699940253226259	李×××小	305	2022年4月5日
5	699655009060395	白×××里	166	2022年4月9日
6	699323695465523	w ××× l	175	2022年4月10日
7	699244303950952	ch××× 1	126	2022年4月10日
8	530396950320955	h ××× i	245	2022年4月20日
9	530526925566363	李×××小	275	2022年4月30日
10	693026955532993	双×××1	176	2022年5月5日
11	696336999939955	傅×××娜	175	2022年5月5日
12	696359656925959	追××× 8	275	2022年5月11日
13	695992066906263	翠××× 6	116	2022年5月11日
14	695965539594535	ch××× 1	126	2022年5月14日

图 8-5　店铺订单原始数据

1．汇总计算 RFM 原始值

计算 R、F、M 值。R 值用用户最后成交时间数据和采集点时间差作为标准（采集点时间为 2022 年 7 月 1 日）。F 值根据用户 3 个月消费频次计算。M 值根据用户实际支付金额进行计算。通过透视表完成对应数值计算，其中实际支付金额为平均值，即客单价。

选中图 8-5 的表中的四列数据源，插入数据透视表，在“数据透视表字段”操作框中选中数据透视表并将“行”设置为“买家会员名”，“值”为“最大值项：订单付款时间”“计数项：买家会员名”和“平均值项：买家实际支付金额/元”，如图 8-6 所示。

	A	B	C	D
1	行标签	最大值项:订单付款时间	计数项:买家会员名	平均值项:买家实际支付金额 / 元
2	ch×××1	44722	4	138.25
3	C×××0	44720	1	176
4	h ××× i	44671	1	245
5	s ××× 0	44703	1	63
6	t ××× 1	44733	2	218
7	w××× 7	44701	1	175
8	w××× 9	44705	1	325
9	w×××l	44661	1	175
10	爱××× 一	44714	1	324
11	白×××里	44740	4	673.5
12	尘×××9	44652	1	175
13	翠×××6	44734	2	87
14	傅×××娜	44686	1	175
15	李×××小	44724	4	220.25
16	练×××清	44708	1	102
17	饶×××凤	44727	3	130
18	沈×××燕	44706	1	523
19	双×××1	44686	1	176
20	卫×××7	44696	1	175
21	心×××7	44723	1	116
22	追×××8	44734	2	183.5
23	总计	44740	35	240.5714286

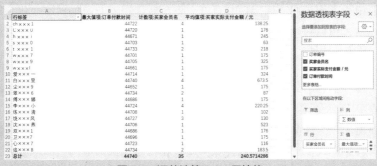

图 8-6　汇总计算 RFM 原始值

2．分配权重

将数据透视表数据粘贴至新工作表中，以采集时间点"2022 年 7 月 1 日"为基准，重新计算 R 值。在完成 RFM 数值计算后，要对 RFM 数据进行指标分段，将 RFM 分为三段，分别对应得分为 1 分、3 分、5 分，其中客单价以平均价格为准，依据 1/2、1 倍为分段标准；在单元格 E2 中输入"=VLOOKUP(B2,$J$2:$L$5,3,1)"，并进行快速填充；在单元格 F2 中输入"=VLOOKUP(C2,$J$6:$L$9,3,1)"，并进行快速填充；在单元格 G2 中输入"=VLOOKUP(D2,$J$10:$L$13,3,1)"，并进行快速填充。

3．识别用户类型

根据用户 R、F 和 M 三个维度的权重值将用户细分为 8 个分类，在 H2 单元格中输入"=IF(G2>4,"重要","一般")&IF(AND(E2>4,F2>4),"价值用户",IF(AND(E2>4,F2<4),"发展用户",IF(AND(E2<4,F2>4),"保持用户","挽留用户")))"，并进行快速填充，结果如图 8-7 所示。

图 8-7　识别用户类型

8.1.3　用户忠诚度分析

用户忠诚度是指由于质量、价格、服务等因素的影响，用户对某一商家的产品或服务产生感情，形成偏爱并长期重复购买该商家产品或服务的程度。用户忠诚度分析的目的是检验企业用户忠诚度管理的成果，并及时优化用户忠诚度管理办法。同时及时识别出忠诚用户，对这些用户进行有针对性的营销和维护，让更多的用户成为企业忠诚用户，拉动企业销量，提升企业品牌知名度和美誉度。

1．影响用户忠诚度的因素

用户忠诚可以分为情感忠诚和行为忠诚，其中，情感忠诚表现为用户对商家的理念、行为和视觉形象的高度认同和满意；行为忠诚表现为用户对商家的产品或服务的重复购买行为。用户忠诚营销理论着重于对用户行为趋向的评价，通过这种评价活动的开展，反映出商家在未来经营活动中的竞争优势。影响用户忠诚度的主要因素如下。

（1）情感因素

情感因素主要由三方面构成，即用户满意度、竞争对手诱惑及市场环境变化。用户满意度是用户忠诚的决定性因素，可以对用户忠诚产生积极的影响。竞争对手诱惑是用户在市场中选择竞争对手产品的可能性，例如，用户感知现有商家的竞争对手能够提供让他们更满意的产品或服务，那么用户有可能决定离开现有商家而接受竞争对手的服务或产品。市场环境变化也会影响用户的选择，它可能会使用户选择竞争对手的产品，因此市场环境变化也是决定用户忠诚度的因素之一。

（2）行为因素

行为因素主要由用户与商家的关系持久性、用户购买频率、用户购买量及交叉销售四方面构成。用户与商家发生交易关系持续的时间越久，表明用户越愿意接受商家的产品或服务，离开商家的可能性越小，忠诚度也越高。购买频率高与购买数量大表明用户接受商家产品或服务的程度高，比较忠诚于商家。交叉销售是用户在购买了商家的某种产品或服务的基础上再购买商家的其他产品或服务，因此交叉销售程度高也表明用户对商家的认同感高。

（3）转移成本

转移成本是影响用户忠诚度的重要因素，其不仅包括经济上的损失，还包括精力、时间和情感上的损失。转移成本高有助于用户忠诚度的提高，当用户受到竞争对手的吸引时，会离开现在的商家，但是如果这种转移成本对用户来讲过高，且足以抵消其通过转换商家获得的收益，用户就会继续留在原商家。

2. 用户忠诚度的测量

用户忠诚度主要通过重复购买次数、购买挑选时间、对价格的敏感程度、对竞争产品的态度和对产品质量的承受能力来衡量（见表8-2）。

表8-2　用户忠诚度的测量标准

测量内容	含义
重复购买次数	用户对某一品牌的产品或服务重复购买的次数越多，其对这一品牌的忠诚度越高，反之越低
购买挑选时间	购买不同品牌商品的挑选时间越短，其对这一品牌的忠诚度越高，反之越低。应用时必须剔除产品性能、质量等方面的差异产生的影响
对价格的敏感程度	对于喜爱和信赖的商品，用户对价格变动的敏感程度低，反之敏感程度高。避免受到产品的必需程度、产品供求状况及市场竞争程度等因素的影响
对竞争产品的态度	用户对竞争产品兴趣浓、好感强，其对某一品牌的忠诚度低，反之忠诚度高。根据用户对竞争产品的态度，可以判断其对其他品牌忠诚度的高低
对产品质量的承受能力	用户对某一品牌的忠诚度高，其对该品牌偶尔出现的产品质量问题会以宽容的态度对待，并相信品牌会很快加以妥善处理；若用户对某一品牌的忠诚度低，那么其对产品出现的质量问题的承受能力弱，甚至做出负面评价

在实际操作中，可以根据行业的不同对以上五大指标设定不同的加权，从而设计出一个标准的指数体系，然后比较测试结果，得出哪些用户的品牌忠诚度高，并分析哪些因素可以提高品牌忠诚度。对于不同品牌之间的忠诚度比较，可以集合一组品牌分别比较上面的指标，然后根据权重得出各品牌忠诚度排序。

3. 基于层次分析法的用户忠诚度分析

层次分析法是定性与定量分析相结合的一种评价决策法。该方法从系统观点出发，把复杂的问题分解为若干层次和若干要素，并将这些因素按一定的关系分组，以形成有序的递阶层次结构，通过两两比较判断的方式，确定每一层次中因素的相对重要性，然后在递阶层次结构内进行合成，以得到决策因素相对于目标的重要性排序。层次分析法的计算步骤如下。

（1）明确问题，建立层次结构

对于要解决的问题，首先进行系统分析，明确问题的范围、所包含的因素，以及因素之间的定性关系等，然后根据这些初步分析，将各因素分层分组，建立层次结构。第一层为总目标，即目标层；中间层可根据问题的性质分成准则层、部门层、约束层等；最低层一般为方案层或措施层。

（2）构建判断矩阵

根据所建立的层次结构，构造一系列的判断矩阵。判断矩阵表示针对上一层某元素，本层次与之有关的因素之间相对重要性的比较。构造成对比较矩阵，从层次结构模型的第二层开始，对于从属于上一层每个因素的同一层诸因素，用成对比较法和比较尺度构造成对比较矩阵，直到最下层。可采用相关调查方法进行比较全面的综合调查，对调查结果汇总分析后构造判断矩阵。用 b_{ij} 表示与

上层元素 A_k 相关的两个下层元素 B_i 与 B_j 之间的重要性标度赋值，b_{ij} 的取值一般为 1～9 及其倒数的比例，即 B_i 与 B_j 比较为 b_{ij}，B_j 与 B_i 比较为 $\dfrac{1}{b_{ij}}$，其含义如表 8-3 所示。

表 8-3　判断矩阵数值含义

标度 b_{ij}	含义
1	两个元素具有同样重要性
3	一个元素比另一个元素稍微重要
5	一个元素比另一个元素明显重要
7	一个比另一个元素强烈重要
9	一个元素比另一个元素极端重要

（3）层次单排序

对各判断矩阵进行求解，计算出反映上层某元素和下层与之有联系的元素重要性次序的权重，即求同一层次上的元素权系数，与此同时还要对各判断矩阵进行一致性检验。计算权向量的方法很多，主要有和积法、幂法和根法等，这里主要介绍和积法。

设判断矩阵元素为 b_{ij}。将判断矩阵每一列归一化：$b_{ij} = \dfrac{b_{ij}}{\sum\limits_{i=1}^{n} b_{ij}} \ (j = 1, 2, \ldots, n)$。对按列归一化的

判断矩阵再按行求和：$W_i = \sum\limits_{j=1}^{n} b_{ij} \ (i = 1, 2, \ldots, n)$。将向量 $W = [W_1, W_2, \ldots, W_n]$ 归一化：

$\overline{W}_i = \dfrac{W}{\sum\limits_{i=1}^{n} W_i} \ (i = 1, 2, \ldots, n)$。计算最大特征根：$\lambda_{\max} = \sum\limits_{i=1}^{n} \dfrac{(AW)_i}{nW_i}$。

（4）层次单排序的一致性检验步骤

计算一致性指标（Consistency Index，CI），$CI = \dfrac{\lambda_{\max} - n}{n - 1}$，判断矩阵具有完全一致性时，$\lambda_{\max} = n$，

则 $CI=0$。CI 越大，矩阵的一致性就越差。

为了检验判断矩阵是否具有满意一致性，需要将 CI 与平均随机一致性指标（Random Index，RI）进行比较。矩阵阶数 n 与相应的平均随机一致性指标 RI 如表 8-4 所示。

表 8-4　矩阵阶数 n 与平均随机一致性指标 RI

n	1	2	3	4	5	6	7	8	9
RI	0	0	0.52	0.89	1.12	1.26	1.36	1.41	1.46

利用一致性指标 CI 和平均随机一致性指标 RI 计算一致性比例，$CR = \dfrac{CI}{RI}$。

当 $CR \leqslant 0.1$ 时，认为判断矩阵的一致性是可以接受的，通过检验，归一化权向量后，即得单排序的标准权向量；当 $CR > 0.1$ 时，需重新构造判断矩阵。

（5）层次总排序——自上而下的综合权重

从最上一级开始，自上而下求出各级中各要素关于决策问题的总体权重。

把下层每个元素对上层每个元素的权向量按列排成表格形式。假定上层 A 有 m 个元素 A_1，$A_1, \ldots, A_m$，且其层次总排序权向量为 a_1，$a_2, \ldots, a_m$，下层 B 有 n 个元素 B_1，$B_1, \ldots, B_n$，则 B_i 对 A_j 各元素的单排序权向量 b_{ij} 如表 8-5 所示。下层元素 B_i 与上层元素 A_j 无关系时，取 $b_{ij}=0$。

表 8-5　自上而下的综合权重

层次	A_1 a_1	A_2 a_2	...	A_m a_m	B 层总排序权重
B_1	b_{11}	b_{12}	...	b_{1m}	$W_i = \sum_{j=i}^{m} a_j b_{ij}$
B_2	b_{21}	b_{22}	...	b_{2m}	$W_i = \sum_{j=i}^{m} a_j b_{2j}$
...	...	...	...	...	...
B_n	b_{n1}	b_{n2}	...	b_{nm}	$W_i = \sum_{j=i}^{m} a_j b_{nj}$

（6）层次总排序的一致性检验

对层次总排序也要进行一致性检验，即计算组合一致性。从高层到低层逐层进行，如果 B 层中某些元素对其上层 A 层中某元素 A_j 的单排序一致性指标为 CI_j，相应的平均随机一致性指标为 RI_j，则 B 层次总排序一致性比率为：

$$CR_B = \frac{CI_B}{RI_B} = \frac{\sum_{j=1}^{m} a_j CI_j}{\sum_{j=1}^{m} a_j RI_j}$$

当 $CR_B \leqslant 0.1$ 时，B 层在总排序中满足一致性要求，否则应重新调整判断矩阵的元素取值。

（7）结果分析

在基本满足判断矩阵一致性检验的前提下，可以根据层次单排序和层次总排序结果对决策问题进行定量分析。

📋 **案例分析**　　利用层次分析法计算忠诚用户的 5 项主要测量指标的权重

假设在某个电子商务平台上有三个商家销售同一类目的商品，现邀请一批消费者对这三个店铺的 5 个指标分别进行打分，打分范围在 0～5 分，综合得分越高，表示该消费者对该店铺的忠诚度越高。5 项指标具体为购买次数、挑选时间、价格敏感程度、对竞争产品的态度和对产品质量承受度，各店铺的得分如表 8-6 所示。

表 8-6　各店铺的得分情况

类别	重复购买次数	购买挑选时间	价格敏感度	对竞品的态度	质量承受能力
品牌 1	4.2	4.2	4.5	3.2	4.5
品牌 2	3.1	4.3	3.9	4.1	3.9
品牌 3	3.9	4.1	4.3	4.6	4.2

1．建立判断矩阵

建立用户重复购买次（b_1）、用户购买挑选时间（b_2）、用户对价格的敏感程度（b_3）、用户对竞争产品的态度（b_4）、用户对产品质量的承受能力（b_5）5 项指标的判断矩阵（见表 8-7）。

表 8-7 判断矩阵

	b_1	b_2	b_3	b_4	b_5
b_1	1	2	4	5	8
b_2	1/2	1	5	6	8
b_3	1/4	1/5	1	3	5
b_4	1/5	1/6	1/3	1	3
b_5	1/8	1/8	1/5	1/3	1

2．使用和积法计算权向量

$$A=\begin{bmatrix} 1 & 2 & 4 & 5 & 8 \\ 1/2 & 1 & 5 & 6 & 8 \\ 1/4 & 1/5 & 1 & 3 & 5 \\ 1/5 & 1/6 & 1/3 & 1 & 3 \\ 1/8 & 1/8 & 1/5 & 1/3 & 1 \end{bmatrix} \xrightarrow{\text{列归一化}} \begin{bmatrix} 0.482 & 0.573 & 0.380 & 0.326 & 0.320 \\ 0.241 & 0.286 & 0.391 & 0.391 & 0.320 \\ 0.120 & 0057 & 0.196 & 0.196 & 0.200 \\ 0.096 & 0.048 & 0.065 & 0.065 & 0.120 \\ 0.060 & 0.036 & 0.022 & 0.022 & 0.040 \end{bmatrix}$$

$$\xrightarrow{\text{行求和}} \begin{bmatrix} 2.081 \\ 1.713 \\ 0.668 \\ 0.361 \\ 0.177 \end{bmatrix} \xrightarrow{\text{归一化求得}\omega} \begin{bmatrix} 0.416 \\ 0.343 \\ 0.134 \\ 0.072 \\ 0.035 \end{bmatrix}, \ A\omega=\begin{bmatrix} 2.280 \\ 1.935 \\ 0.700 \\ 0.363 \\ 0.181 \end{bmatrix}$$

$$\text{故}\lambda=\frac{1}{5}\times\left(\frac{2.280}{0.416}+\frac{1.935}{0.343}+\frac{0.700}{0.134}+\frac{0.363}{0.072}+\frac{0.181}{0.035}\right)=5.302$$

3．一致性检验

$CI=\dfrac{\lambda_{\max}-5}{n-1}=\dfrac{5.302-5}{5-1}=0.076$。从随机一致性指标 RI 的取值中得知，当 $n=5$ 时，$RI=1.12$，则 $CR=CI/RI=0.076/1.12=0.068<0.1$，故认为判断矩阵的一致性是可以接受的，所得权重值（0.416，0.343，0.134，0.072，0.035）^{T} 正确。从该权重值可知五个指标的重要性排序为用户重复购买次数（b_1）、用户购买挑选时间（b_2）、用户对价格的敏感程度（b_3）、用户对竞争产品的态度（b_4）、用户对产品质量的承受能力（b_5）。

4．计算综合得分

利用综合评价方法计算每个品牌的综合得分，综合得分=指标权重×指标得分。指标权重使用上一过程得出的权重结果，与表 8-6 中的数据对应相乘，则三个品牌的最终得分为 4.229、3.719、4.083。表明消费者对品牌 1 具有最高的忠诚度，其次是品牌 3 和品牌 2。各店铺加权后的得分情况如表 8-8 所示。

表 8-8 各店铺加权后的得分情况

类别	重复购买次数	购买挑选时间	价格敏感度	对竞品的态度	质量承受能力	综合得分
品牌 1	1.747	1.441	0.603	0.281	0.158	4.229
品牌 2	1.290	1.475	0.523	0.295	0.137	3.719
品牌 3	1.622	1.406	0.576	0.331	0.147	4.083

　　　　　　　　　　用户重复购买

用户重复购买可以分为重复购买率和购买频次，重复购买率（复购率）是考察用户忠诚度的核心指标，是用户对企业产品或服务购买的比率，重复购买率越高，用户对企业的忠诚度越高，反之则越低。重复购买率的计算方式有两种。

第一种是以每个购买过企业产品或服务的用户为单位，计算重复购买产品或服务的比率。比如有 16 个用户购买了企业产品，其中 8 个人有重复购买行为，则重复购买率为 8/16=50%。

第二种是以交易次数计算，计算单位时间内重复购买次数与总交易次数的比率。比如，2019年 10 月某企业产生了 200 次交易，其中 50 个用户至少有两次购买行为，则重复购买率为50/200=25%。按交易次数计算复购率还有另一种算法，如果前面所述 50 人中的 30 人有第三次购买行为，则重复购买率为(50+30)/200=40%(多次购买不去重)。

除了通过计算重复购买率分析用户忠诚度外，还可以通过购买频次分析用户忠诚度。在单位时间内，用户的购买次数越多，忠诚度越高；用户的购买次数越少，忠诚度越低。

资料来源：根据网络材料整理。

8.2　推广数据分析

8.2.1　店铺流量结构分析

免费流量竞争者比较多，对于中小卖家，尤其是小卖家来说，获取到免费流量太难了，这个时候付费流量就显得重要多了，付费流量的特点是流量大，效果好，相较于免费流量，更容易获取大批的流量，缺点是投入成本较高。

店铺的流量结构受到行业、运营模式的影响。如果店铺的付费流量占比超过 70%，付费流量渠道的投入成本过高，就会降低店铺的利润甚至亏本。如果店铺完全没有付费流量，则说明该店铺的流量结构是不合理的，需要加入付费推广渠道进行引流。

我们在进行流量结构分析时，对于免费渠道，要对各自的引流情况进行分析，对于付费渠道，核心是分析各付费渠道的流量占比和投资回报率。

📋 **案例分析**　　　　　　　　店铺付费流量渠道的结构分析

某店铺 2022 年 8 月的付费流量渠道超级推荐、钻石展位、聚划算、直通车和淘宝客的数据表现如图 8-8 所示，对该付费流量渠道的结构进行分析，提出优化策略。

1．计算成交占比和投入产出比

在单元格 E3 中输入"=D2/SUM($D$2:$D$6)"，计算各渠道成交额在总成交额的占比，并进行快速填充计算其他渠道的数值。在单元格 F2 中输入"=D2/C2"，即成交额/投入成本，计算投入产出比，并进行快速填充计算其他渠道的数值。

2．插入组合图

选择"流量来源""成交占比"和"投入产出比"三列数据，依次选择【插入】-【图表】-【所有图表】-【组合图】选项，设置"成交占比"为"簇状柱形图"，"投入产出比"为"带数据标记的折线图"，并选择"次坐标轴"，单击【确定】按钮，结果如图 8-8 所示。

通过以上操作与分析，可得出付费流量来源中，钻石展位最占优势，其成交比和投入产出比分别是 28%和 1.22。除了钻石展位外，淘宝客的成交占比高达 29%，直通车的投入产出比高达1.25，这三种付费推广渠道都可以作为企业付费推广时的首选渠道。

时间	流量来源	投入成本／元	成交额／元	成交占比	投入产出比
2022年8月1日-2022年8月31日	超级推荐	852432	564824	8%	0.66
2022年8月1日-2022年8月31日	钻石展位	1524230	1865247	28%	1.22
2022年8月1日-2022年8月31日	聚划算	951246	862457	13%	0.91
2022年8月1日-2022年8月31日	直通车	1215143	1524310	23%	1.25
2022年8月1日-2022年8月31日	淘宝客	1658423	1954218	29%	1.18

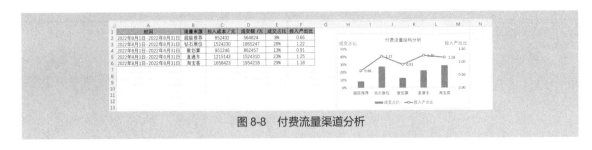

图 8-8　付费流量渠道分析

8.2.2　关键词推广效果分析

在电子商务平台上，用户通过关键词查询所需的商品而产生的流量往往在店铺整体流量中占据很大的比重，因为搜索即入口，通过优化标题关键词、投放关键词广告，就能提升产品的曝光机会。在推广某个单品时，通过精准的搜索匹配，给店铺带来了优质的买家，当买家进入店铺时，会产生多次的流量跳转，促成了其他商品的成交。这种以点带面的精准推广，可以最大程度降低店铺的推广成本，提升店铺整体营销效果。

1．标题关键词优化

商品标题中有多个关键词，每个关键词都是独立的竞争点，通过匹配组合，又是新的竞争点，本身不同的关键词带有的权重就不同，在同一个商品下更是如此，选择合适的关键词，并进行组合，可以提升商品的权重和搜索排名。

案例分析　　淘宝店铺的搜索关键词分析

某店铺从生意参谋中下载某产品的关键词的相关分析、搜索词排行等数据（见图 8-9），分析该产品的搜索关键词，为优化标题提供决策依据。

分析思路：除以上的商品关键词数据外，还需要词根、相关搜索词和竞品关键词这三份数据集，数据必须是在同一时间宽度进行对比分析。

1．Power Query 数据加载

在 Excel 中选择“词根”工作表，依次选择【数据】-【来自表格/区域】选项，在“创建表”操作框中勾选“表包含标题”，单击【确定】按钮；在 Power Query 中单击【关闭并上载】按钮；使用同样的方法将“相关词”“竞品关键词”和“商品关键词”数据加载至 Power Query，并将上载的四个工作表分别命名为“词根表”“相关词表”“竞品关键词表”和“商品关键词表”（见图 8-9）。

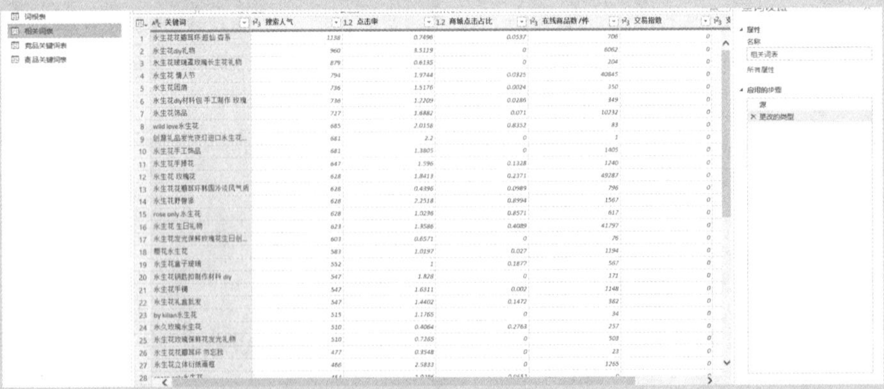

图 8-9　PowerQuery 数据加载

2．Power Query 数据处理

选中“相关词表”查询，选择【添加列】-【自定义列】选项，在“自定义列”操作框中设置“新列名”为“词根”，“自定义公式”为“=词根”，单击【确定】按钮；单击“词根”列右侧的展开按钮，取消选中“使用原始列名作为前缀”复选框，单击【确定】按钮。

在当前工作表页面再次添加自定义列，“新列名”为“关键词是否包含词根”，“自定义列公式”为“=Text.Contains([关键词],[词根.1])”，单击【确定】按钮；单击“关键词是否包含词根”的右侧下拉功能按钮，将【FALSE】选项取消，单击【确定】按钮。

使用同样的方法，将“竞品关键词”和“商品关键词”两个查询都添加自定义列“词根”和“关键词是否包含词根”；单击【主页】中的【关闭并上载】按钮；保存 Excel 工作表，并关闭，结果如图 8-10 所示。

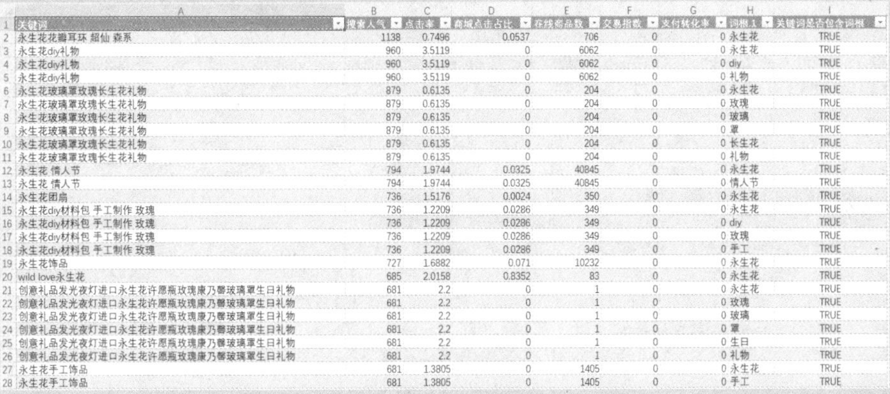

	A	B	C	D	E	F	G	H	I
1	关键词	搜索人气	点击率	商城点击占比	在线商品数	交易指数	支付转化率	词根.1	关键词是否包含词根
2	永生花花瓣耳环 超仙 森系	1138	0.7496	0.0537	706	0	0	永生花	TRUE
3	永生花diy礼物	960	3.5119	0	6062	0	0	永生花	TRUE
4	永生花diy礼物	960	3.5119	0	6062	0	0	diy	TRUE
5	永生花diy礼物	960	3.5119	0	6062	0	0	礼物	TRUE
6	永生花玻璃罩玫瑰长生花礼物	879	0.6135	0	204	0	0	永生花	TRUE
7	永生花玻璃罩玫瑰长生花礼物	879	0.6135	0	204	0	0	玫瑰	TRUE
8	永生花玻璃罩玫瑰长生花礼物	879	0.6135	0	204	0	0	玻璃	TRUE
9	永生花玻璃罩玫瑰长生花礼物	879	0.6135	0	204	0	0	罩	TRUE
10	永生花玻璃罩玫瑰长生花礼物	879	0.6135	0	204	0	0	长生花	TRUE
11	永生花玻璃罩玫瑰长生花礼物	879	0.6135	0	204	0	0	礼物	TRUE
12	永生花 情人节	794	1.9744	0.0325	40845	0	0	永生花	TRUE
13	永生花 情人节	794	1.9744	0.0325	40845	0	0	情人节	TRUE
14	永生花团扇	736	1.5176	0.0024	350	0	0	永生花	TRUE
15	永生花diy材料包 手工制作 玫瑰	736	1.2209	0.0286	349	0	0	永生花	TRUE
16	永生花diy材料包 手工制作 玫瑰	736	1.2209	0.0286	349	0	0	diy	TRUE
17	永生花diy材料包 手工制作 玫瑰	736	1.2209	0.0286	349	0	0	玫瑰	TRUE
18	永生花diy材料包 手工制作 玫瑰	736	1.2209	0.0286	349	0	0	手工	TRUE
19	永生花饰品	727	1.6882	0.071	10232	0	0	永生花	TRUE
20	wild love永生花	685	2.0158	0.8352	83	0	0	永生花	TRUE
21	创意礼品发光夜灯进口永生花许愿瓶玫瑰康乃馨玻璃罩生日礼物	681	2.2	0	1	0	0	永生花	TRUE
22	创意礼品发光夜灯进口永生花许愿瓶玫瑰康乃馨玻璃罩生日礼物	681	2.2	0	1	0	0	玫瑰	TRUE
23	创意礼品发光夜灯进口永生花许愿瓶玫瑰康乃馨玻璃罩生日礼物	681	2.2	0	1	0	0	玻璃	TRUE
24	创意礼品发光夜灯进口永生花许愿瓶玫瑰康乃馨玻璃罩生日礼物	681	2.2	0	1	0	0	罩	TRUE
25	创意礼品发光夜灯进口永生花许愿瓶玫瑰康乃馨玻璃罩生日礼物	681	2.2	0	1	0	0	生日	TRUE
26	创意礼品发光夜灯进口永生花许愿瓶玫瑰康乃馨玻璃罩生日礼物	681	2.2	0	1	0	0	礼物	TRUE
27	永生花手工饰品	681	1.3805	0	1405	0	0	永生花	TRUE
28	永生花手工饰品	681	1.3805	0	1405	0	0	手工	TRUE

图 8-10 上载数据

3．Power PiVot 建模

新建 Excel 工作表，命名为“关键词分析建模”；单击“Power PiVot”并单击【管理】按钮；选择【主页】-【从其他源】选项，在“表导入向导”“连接到数据源”中选择“Excel 文件”，勾选“使用第一行作为里标题”复选框，单击【下一步】按钮；在“表导入向导”“连接到 Microsoft Excel 文件”中浏览选择 Excel 工作表“关键词推广效果分析——关键词分析”，单击【下一步】按钮；在“表导入向导”“选择表和视图”中，选择“商品关键词表$”“相关词表$”“竞品关键词表$”和“词根表$”，单击【完成】按钮；导入完成，单击【关闭】按钮，结果如图 8-11 所示。

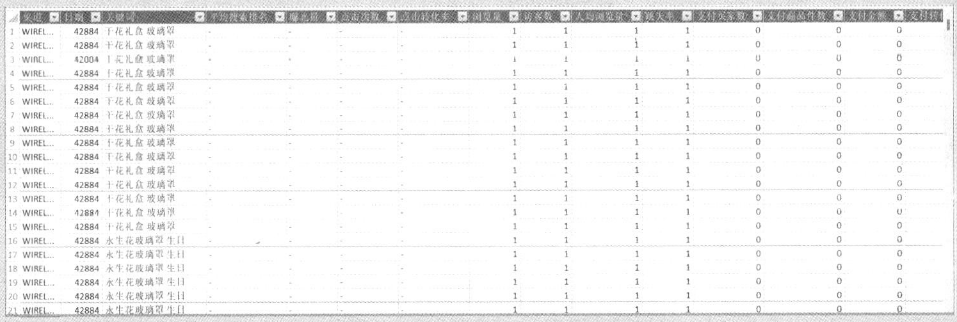

	来源	日期	关键词	平均搜索排名	曝光量	点击次数	点击转化率	浏览量	访客数	人均浏览量	跳失率	支付买家数	支付商品件数	支付金额	支付转
1	WIREL...	42884	干花礼盒 玻璃罩	-	-	-	-	1	1	1	1	0	0	0	
2	WIREL...	42884	干花礼盒 玻璃罩	-	-	-	-	1	1	1	1	0	0	0	
3	WIREL...	42884	干花礼盒 玻璃罩	-	-	-	-	1	1	1	1	0	0	0	
4	WIREL...	42884	干花礼盒 玻璃罩	-	-	-	-	1	1	1	1	0	0	0	
5	WIREL...	42884	干花礼盒 玻璃罩	-	-	-	-	1	1	1	1	0	0	0	
6	WIREL...	42884	干花礼盒 玻璃罩	-	-	-	-	1	1	1	1	0	0	0	
7	WIREL...	42884	干花礼盒 玻璃罩	-	-	-	-	1	1	1	1	0	0	0	
8	WIREL...	42884	干花礼盒 玻璃罩	-	-	-	-	1	1	1	1	0	0	0	
9	WIREL...	42884	干花礼盒 玻璃罩	-	-	-	-	1	1	1	1	0	0	0	
10	WIREL...	42884	干花礼盒 玻璃罩	-	-	-	-	1	1	1	1	0	0	0	
11	WIREL...	42884	干花礼盒 玻璃罩	-	-	-	-	1	1	1	1	0	0	0	
12	WIREL...	42884	干花礼盒 玻璃罩	-	-	-	-	1	1	1	1	0	0	0	
13	WIREL...	42884	干花礼盒 玻璃罩	-	-	-	-	1	1	1	1	0	0	0	
14	WIREL...	42884	干花礼盒 玻璃罩	-	-	-	-	1	1	1	1	0	0	0	
15	WIREL...	42884	干花礼盒 玻璃罩	-	-	-	-	1	1	1	1	0	0	0	
16	WIREL...	42884	永生花玻璃罩 生日	-	-	-	-	1	1	1	1	0	0	0	
17	WIREL...	42884	永生花玻璃罩 生日	-	-	-	-	1	1	1	1	0	0	0	
18	WIREL...	42884	永生花玻璃罩 生日	-	-	-	-	1	1	1	1	0	0	0	
19	WIREL...	42884	永生花玻璃罩 生日	-	-	-	-	1	1	1	1	0	0	0	
20	WIREL...	42884	永生花玻璃罩 生日	-	-	-	-	1	1	1	1	0	0	0	
21	WIREL...	42884	永生花玻璃罩 生日	-	-	-	-	1	1	1	1	0	0	0	

图 8-11 “Power PiVot”导入数据

选择【主页】-【关系图视图】选项，以“词根表”为主表，与其他表创建以“词根”为主键的映射关系，结果如图 8-12 所示。

4. 数据透视表和数据透视图分析

单击【数据透视表】按钮，在"创建数据透视表"操作框中选择"现有工作表"，单击【确定】按钮；在"数据透视表分析"功能选项卡下，选择【数据透视图】选项，选择柱状图并将其插入到数据透视图中；选择数据透视表，设置"行"为"词根表"下的"词根"，"值"为"商品关键词表"中的"点击转化率""支付金额"等字段；在"数据透视表分析"功能选项卡下选择【插入切片器】选项，选择

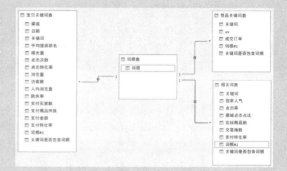

图 8-12 "Power PiVot"建模

"词根表"中的"词根"，单击【确定】按钮，结果如图 8-13 所示。

通过以上分析，"情人节""手工"和"友情"三个商品关键词的效果最差。利用数据透视表还可以对竞品关键词和相关词进行分析，选择数据各方面表现良好的关键词进行标题优化，对效果差或数据表现为下降趋势的关键词果断放弃，寻找新的关键词。

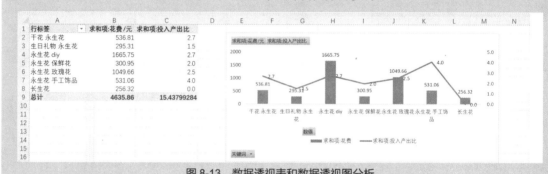

图 8-13 数据透视表和数据透视图分析

2. 关键词推广分析

在企业电子商务经营活动中，最常见的关键词推广方式是淘宝/天猫的直通车。直通车推广的原理是通过用户搜索将推广的商品展示在搜索页面的某个位置，具体的流程为，首先，卖家设置想要推广商品的关键词及推广标题，其次，当用户输入关键词或商品类目进行搜索时，在直通车展示位置上会展示卖家推广的商品，最后，用户通过直通车推广位点击卖家的商品，系统会根据卖家设定的关键词出价进行扣费。关键词推广效果分析评价指标如表 8-9 所示。

表 8-9 关键词推广效果分析评价指标

名称	含义	影响因素
展示量	广告被展示的次数	关键词排名、关键词数量、关键词市场情况、关键词推广创意匹配模式等
点击量	广告被点击的次数	创意图片、关键词精度、产品推广位、产品定价等
点击率	点击量/展示量	创意图片、关键词精度、产品推广位、产品定价等
消耗	直通车点击产生费用	关键词出价、质量得分、关键词市场情况
点击花费	消耗/点击量	关键词出价、质量得分、关键词市场情况
点击转化率	每笔成交的点击次数	流量精准度和产品承接转换能力
投入产出比	总成交金额/广告话费	转化率、客单价、平均点击花费

通常情况下，直通车推广展示量、点击率、转化率越高，能够为企业带来的订单也就越多。企业可以通过以下几种方法提升关键词推广效果。

（1）展示量优化

展示量是商品被展示的次数。商品能否获得展示，与关键词的选择和优化关系密切，如关键词的排名、关键词的搜索量等都是影响商品展示量的重要因素。如果商品的平均展示排名太低，关键词就没有展示机会，商品就无法被买家看到。缺乏展示量，就必须提高关键词的排名，如提高关键词出价。如果关键词平均排名很高，却依然没有展示量，这时卖家就需要考虑关键词的搜索量问题。如果关键词没人搜索，或者搜索热度低，商品自然就无法获得展示。这类关键词的意义和效果都不大，可以删除。

优化商品展示量的方法有哪些？第一，尽可能地扩充关键词的覆盖范围，即提升关键词数量。关键词包括核心关键词和长尾关键词，每个关键词的背后代表了不同的用户群体，关键词数量越多，商品获得展示的机会就越大。第二，关键词展示量较少时，需分析是由于该关键词搜索量本身较少，还是由于关键词的质量分和出价较低。如果是前者，则需要更换关键词；如果是后者，则需要对标题、创意主图、出价等内容进行调整，获取更多的展示量。

（2）点击率优化

点击率是很多卖家优化直通车的主要目的，有点击才会有流量和后续的转化成交。影响点击率的主要因素有关键词排名和商品图片。

关键词排名主要受质量分和出价两方面的综合影响，出价越高，排名可能会越靠前，相应的推广费用越高。实际上，很多热词、大词虽然流量很大，但是精准度不高，中小卖家更适合去竞争那些展示指数合理、精准度更高的关键词。这种关键词带来的转化率更高，同时价格更低。

如果商品的展示量很高，但是点击率低，这可能是由于商品排名靠前但是关键词精准度不够；也可能是关键词精准，但是图片优化不好。好的图片不仅影响点击量，而且直接影响最终转化率。图片优化需要依次测试每一张图片来选择效果好的多张图片。在一定的数据基础上，展示量高、点击量高、点击率高的图片就是适合作为推广的图片。

（3）转化率优化

各种推广方式主要为商品或店铺带来流量，获取流量的最终目的是获得转化。造成没有转化或转化率较低的因素有很多，可能是流量少，也可能是关键词不精准，还可能是受商品详情页、商品质量、商品评价、商品销量等因素的影响。所以说，要想获得转化率，就必须做好店铺优化。

商品主图、详情页通常需要全面展示商品的特性及用户关注的信息，需与创意主图所表现的商品特性一致。商品评价信息是用户购买商品时的重要参考依据。如果商品评价信息中存在用户对于商品的负面评价，将严重影响转化率。运营人员需要根据实际情况，对相应问题进行正面积极的回复，打消其他用户的疑虑。

案例分析　　　　　　　　　　**淘宝平台店铺关键词推广效果分析**

某店铺直通车推广关键词效果报表如图8-14所示，以该组数据为例对该店铺关键词推广效果进行分析。

分析思路：在进行关键词推广效果分析过程中，通常是对展示量、点击量（率）、订单、花费、投入产出比这些指标进行计算分析，找出数据表现优秀的关键词，继续加大力度推广，对数据表现不好的关键词，则放弃或优化。

1. 计算指标数据

在 Excel 表格中分别计算点击率、总成交金额、总成交笔数、投入产出比和点击转化率，结果如图 8-14 所示，其计算公式依次为：点击率=C2/B2；总成交额=F2+H2；总成交笔数=G2+I2；投入产出比=K2/E2；点击转化率=L2/C2。

关键词	展示量	点击量	点击率	花费/元	直接成交金额/元	直接成交笔数/笔	间接成交金额/元	间接成交笔数/笔	投入产出比	总成交金额/元	总成交笔数/笔	点击转化率
永生花 玫瑰花	26541	530	2.00%	1049.66	2401	22	236	3	2.51	2637	25	4.72%
干花 永生花	18390	319	1.73%	536.81	1434.4	12	0	0	2.67	1434.4	12	3.76%
永生花 diy	16998	867	5.10%	1665.75	4043	38	517.63	5	2.74	4560.63	43	4.96%
永生花 手工饰品	12937	226	1.75%	531.06	2148.4	19	0	0	4.05	2148.4	19	8.41%
永生花 保鲜花	9099	109	1.20%	300.95	597	3	0	0	1.98	597	3	2.75%
生日礼物 永生花	8791	112	1.27%	295.31	439	3	0	0	1.49	439	3	2.68%
长生花	3821	2	0.05%	256.32	0	0	0	0	0.00	0	0	0.00%

图 8-14 店铺关键词相关指标数据

2．数据透视图和数据透视表指标分析

将计算完成的数据源全部选中，在新工作表中插入数据透视图和数据透视表；进行展示量分析时，选中数据透视表，设置"行"为"关键词"，"值"为"求和项：展示量"，将数据透视图修改为饼图，设置数据标签为"百分比"和"类别名称"；进行展示量和点击率分析时，为"行"添加"求和项：点击率"，透视图修改为组合图，点击率为折线图，坐标为"次坐标轴"，结果如图 8-15 所示。

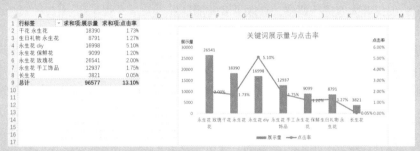

图 8-15 关键词展示量及点击率

关键词"长生花"的展示量及点击率均处于最低，而该关键词从搜索量角度分析，"长生花"属于类目词，其搜索量显然要高于其他几个关键词，造成该关键词展示量较低的原因，一方面是该关键词的质量度较低，可以从创意及商品页面等方面进行优化；另一方面是关键词的出价过低，由于关键词出价较低，造成商品本身展示机会较少，在这种情况下可以通过提升关键词出价进行优化。

3．总成交笔数分析

选中数据透视表，取消选择"展示量""点击率"，设置"值"为"直接成交笔数/笔"，数据透视表中的数据"降序"排列，数据透视图为饼图，数据标签为"百分比"和"类别名称"；取消选择"直接成交笔数/笔"，设置"值"为"总成交笔数/笔"，数据透视表中的数据"降序"排列，数据透视图为饼图，数据标签为"百分比"和"类别名称"，结果如图 8-16 所示。

"永生花 diy""永生花 玫瑰花""永生花 手工饰品"三个关键词的订单占全部订单数的 85%以上，该店铺用户间接成交订单量在整体订单中占比非常小。

图 8-16 各关键词成交比例

4．关键词花费及投入产出比分析

该店铺直通车关键词花费主要集中在"永生花 diy""永生花 玫瑰花"这两个关键词，而"永生花 手工饰品"关键词投入产出比最高（见图8-17）。

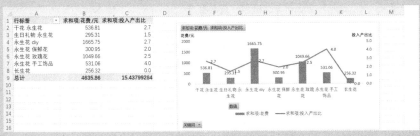

图 8-17　关键词花费及投入产出比

通过以上数据处理与操作分析，可得出"永生花 diy""永生花 玫瑰花"这两个关键词继续保持现状，"永生花 手工饰品""干花 永生花"关键词可以加大推广费用，"长生花"果断放弃，"生日礼物 永生花""永生花 保鲜花"放弃或进行关键词优化。

知识拓展　　　　　　　　　　　　　　**关键词质量分**

质量分是用于衡量关键词、商品推广信息和淘宝用户搜索意向三者相关性的一项数据。相关性好的商品，其推广信息往往能够吸引更多的点击，获得更好的排名。当关键词质量分高时，卖家就可以使用更少的推广费用将商品信息展现在更合适的位置。影响质量分的主要因素包括以下三个。

一是相关性。相关性即关键词与商品类目、商品属性和商品本身信息的相关程度。相关程度越高，相关性就越高。商品类目的相关性是指商品类目和关键词的优先类要保持一致，如大码女装的商品关键词中使用了男装的优先关键词，该关键词的相关性就比较低。商品属性和商品本身信息的相关性同理，商品属性的关键词需与对应商品一致，商品标题信息能够对应直通车推广内容信息。

二是创意得分。创意得分高低主要取决于近期用户的点击反馈。通俗地说，就是点击率。如果关键词所在的商品创意效果好，则可以很大程度上提高点击率。

三是买家体验。买家体验是指买家在店铺的购买体验反馈。买家体验受很多因素影响，如店铺基础分、直通车转化率、购物车、收藏、好评、差评、关联营销、详情页加载速度、旺旺响应速度等。

所以，如果要对质量分进行优化，相关性、点击率、点击转化率都是重要优化对象。此外，竞争情况也会对质量分产生客观影响，竞争环境越激烈，质量分提升难度越大。

资料来源：根据网络材料整理。

8.2.3　活动推广效果分析

如今，卖家不定期地开展促销活动已经成为一种常态。丰富的促销活动的确能非常有效地吸引买家的目光，但是促销活动绝不是随便打个折、送个赠品就能成功的。要想成功开展一次促销活动，卖家必须制订周详的计划，分阶段开展活动，把握活动成功的要点，避开活动误区，才能做到万无一失。

1．活动推广阶段划分、重点工作任务及核心监控指标

根据活动实施周期，可以将活动划分为筹备期、蓄水期、预热期、活动引爆期、总结复盘期，各阶段的主要工作任务及核心监控指标如表8-10所示。

表 8-10 活动推广各阶段任务及核心监控指标

活动阶段	阶段目标	重点工作任务		核心监控指标
筹备期	潜客拉新，粉丝蓄水	活动计划制定、活动产品规划、费用预算、活动报名、活动商品报名、新品打造		展示量、加粉数、加会员数、引流成本
蓄水期	蓄水种草	内容种草、标签加深、活动商品培育、会场素材（活动）、商品备货		搜索展示量、点击率、点击花费、投入产出比、成交转化率、收藏数、加购数、内容互动量
预热期	粉丝激活，收藏加购	预售单品推广（多渠道）、引导加购、领券、老用户召回、促销利益点告知		预售数据：销售额、订单数、客单价、加购数、领券数等；直播数据：人均观看时长、观看停留时间、加购金额
活动引爆期	全场景活动	数据跟踪、催付/转化、老用户召回、团队激励		实时流量、UV 转化率、销售额、加购数、收藏数、关注粉丝数
总结复盘期	人群沉淀	物流发货	审单、仓库发货、商品盘点、货品调拨、补货计划、清仓计划	物流时效类数据
		服务关怀	发货提醒、售后处理、引导加入会员、买家秀征集	用户响应时长、咨询转化率等
		产品复盘	产品复盘	核心产品售罄率、客件数/客单价、连带率、净收入、毛利、营销成本、退货率
		流量复盘	目标完成度	各流量组成和目标差异
			推广效率	各流量统计，同比、计划比、ROI、UV 价值等
			站外推广	展示量、点击率、转化率等
		人群复盘	新用户增量	新增用户数、用户属性等
			会员成交	新增会员数、会员成交比等
		内容复盘	粉丝增量	净增粉丝数
			直播效果	关注、人均观看次数、引导成交量
			图文效果	阅读数、进店数、加购数等
		转化复盘	图片点击	点击率
			视频效果	完播率、引导加购、转化率等
			静默转化	成交占比、转化率等
			客服转化	询盘转化、订单支付率等

2. 活动推广效果分析的维度

活动推广效果分析的目的是通过对活动数据进行分析，发现活动中存在的问题和可参考的经验，总结活动流程、推广渠道和用户兴趣等内容，方便后续活动推广策略的优化。常见的活动推广分析维度有以下几个方面。

（1）活动推广流量分析

该分析是判断推广效果的核心要素，是对推广活动为企业带来的流量情况进行分析，主要的分析指标有访客数、成交订单数、投入成本、成交额和投入产出比等。

（2）活动推广转化分析

该分析是对获取到的流量转化为收藏、加购、订单等状态的数据进行分析，主要的分析指标有访客数、收藏数、加购数、成交订单数、收藏转化率、加购转化率、支付转化率等。

（3）活动推广拉新分析

该分析是对因活动带来的新用户数据进行分析，其分析的前提是先完成企业活动推广流量和转化分析，在此基础上将活动中的新用户单独列出并对其相关数据进行分析。活动推广拉新分析的主要分析指标有访客数、新访客数、新访客占比等。

（4）活动推广留存分析

该分析是在活动结束一段时间后，对因活动成为企业粉丝用户的相关数据进行分析。这部分粉丝用户的共同表现是：在活动结束后仍在企业发生重复购买等活跃行为。活动推广留存分析的主要指标有访客数、留存访客数和留存访客占比等。

📋 **案例分析**　　　　　　　　　淘宝店铺的店庆活动推广效果分析

以某淘宝店铺在国庆节期间店庆活动后的流量、转化、拉新等相关数据为例，对该店铺的店庆活动推广进行分析。

1. 活动推广流量分析

选中"流量来源""访客数/人""成交订单数/笔""成交占比"和"投入产出比"数据，插入组合图表，"访客数/人""成交订单数/笔"图表类型为"簇状柱形图"，"成交占比"和"投入产出比"图表类型为"折线图"，并使用次坐标轴，结果如图 8-18 所示。

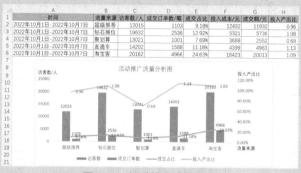

图 8-18　活动推广流量分析

获取流量表现优秀的渠道有钻石展位、直通车和淘宝客，三种渠道无论是获取访客数、获取订单数和投资回报率，均排名在前，店铺在后续推广活动中可优先选择这些渠道。

2. 活动推广转化分析

选中"流量来源""访客数/人""收藏数/次""加购数/次"和"成交订单数/笔"数据，插入柱状图，选择 3D 样式，单击【确定】按钮；选中"流量来源""收藏转化率""加购转化率"和"支付转化率"数据，插入折线图，单击【确定】按钮，结果如图 8-19 所示。

图 8-19　活动推广转化分析

转化效果最好的是淘宝客，其各项转化均排名第一，排名二、三的依次是钻石展位和直通车，店铺在今后活动时，可以优先考虑淘宝客、钻石展位和直通车这三种推广渠道。

3．活动推广拉新与留存分析

选中"流量来源"、"新访客占比""新收藏占比""新加购占比"和"新成交额占比"数据，插入折线图，单击【确定】按钮，结果如图 8-20 所示。

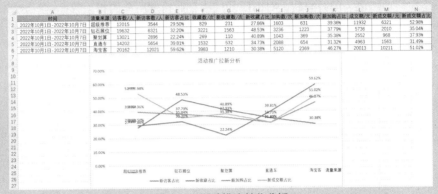

图 8-20 活动推广转化分析

综合来看，店铺推广活动中，拉新效果整体较好，其中新成交额表现最好，其最低占比为 31.49%，最高占比为 52.98%，拉新综合效果最好的渠道是淘宝客。店铺可以结合该分析结果了解其活动拉新情况并为后续推广渠道优化提供参考。

8.2.4　内容推广效果分析

内容推广效果分析是对电子商务平台内容及平台外其他渠道的内容发布情况进行统计并分析。借助内容分析，可以对内容形式及推广方式等进行有效评估和优化。其作用如下。

（1）比较多渠道投放、多种内容的推送效果。将相同的内容投放到不同渠道，可以通过数据分析出各平台的推荐量和阅读量，以此判断目标群体集中地。将不同的内容投放到相同的渠道，可以了解目标用户的内容偏好，以便更集中地输出和优化内容，提高用户黏性。

（2）找到问题所在，及时调整优化内容。通过数据对比可以发现内容的问题所在。比如标题没取好、封面没有吸引力、内容不够优质、目标用户不在此平台活跃等。根据数据反馈的问题，及时做出调整，以避免粉丝流失。

（3）能够反馈内容运营效果，提供决策参考。数据能够直观反映当前内容的运营效果和问题所在，从而为决策层提供可参考的决策、战略依据。

8.3　销售数据分析

在电子商务运营过程中企业需要根据前期的销售数据和市场变化情况及时调整营销策略，同时还要加强与用户间的沟通，提高用户满意度，增加销售量，降低用户流失率，最终实现销售目标。

8.3.1　交易数据分析

随着电子商务的蓬勃发展，网络购物市场的交易规模日益扩大，电子商务平台已积累了海量的销售数据。越来越多的用户基本资料与行为信息、商品信息、事务数据和日志数据均被记录在数据库中。与传统门店商品的销售数据相比，电子商务平台产生的销售数据更为多样。对于电子商务企业来说，对销售数据进行分析并找到产品之间的关联是具有一定复杂性和难度的。

在进行销售数据分析时，首先要明确此次数据分析的目标，然后围绕该目标收集、整理与分析相应的数据，最后找到销售数据变动的原因，并改善销售情况。其分析过程如下。

（1）分析目标定位。需要明确数据分析的任务定位，以此制定分析目标，同时收集与任务相关的数据，包括月活跃用户人数、登录界面人数、将商品加入购物车人数、生成订单人数、支付人数和完成交易人数等。

（2）确定目标数据。在确定目标定位之后，还需要确定目标数据。通过计算整体转化率和环节转化率两个数据，反映目标环节用户的损失率。

（3）整理并分析目标数据。为了直观地展示目标数据，将数据生成漏斗图。

（4）分析销售数据变动的原因。统计整理用户的反馈信息，分析各个环节出现的问题。例如，发现"支付界面经常卡顿"是造成支付环节用户流失的主要原因，可通过优化该电子商务平台支付系统的性能，以减少支付环节用户的流失，进而提高该平台的销售量。

案例分析　　　　　　电子商务平台的销售数据分析与预测

根据某电子商务平台 2022 年 12 个月的销售额数据，第一，根据这组数据对销售数据进行动态分析，第二，使用移动平均法对 2023 年 1 月的销售额进行预测。

1．对销售数据进行动态分析

根据以下公式进行数据动态分析：累计增长量=C2-\$B\$2（当期数据－首期数据）；逐期增长量=C2-B2（当期数据－上一期数据）；定基发展速度=C2/\$B\$2（当期数据/首期数据）；环比发展速度=C2/B2（当期数据/上一期数据）；定基增长速度=(C2-\$B\$2)/\$B\$2（当期数据－首期数据）/首期数据；环比增长速度=(C2-B2)/B2（当期数据－上一期数据）/上一期数据。结果如图 8-21 所示。

	月份/月	1	2	3	4	5	6	7	8	9	10	11	12
2	销售额/元	1238.28	1345.98	1456.93	1567.64	1630.38	1789.76	1935.47	2100.31	2245.57	2367.38	2512.39	2709.43
3	累计增长量	/	107.70	218.65	329.36	392.10	551.48	697.19	862.03	1007.29	1129.10	1274.11	1471.15
4	逐期增长量	/	107.70	110.95	110.71	62.74	159.38	145.71	164.84	145.26	121.81	145.01	197.04
5	定基发展速度	/	1.09	1.18	1.27	1.32	1.45	1.56	1.70	1.81	1.91	2.03	2.19
6	环比发展速度	/	1.09	1.08	1.08	1.04	1.10	1.08	1.09	1.07	1.05	1.06	1.08
7	定基增长速度	/	8.70%	17.66%	26.60%	31.66%	44.54%	56.30%	69.62%	81.35%	91.18%	102.89%	118.81%
8	环比增长速度	/	8.70%	8.24%	7.60%	4.00%	9.78%	8.14%	8.52%	6.92%	5.42%	6.13%	7.84%

图 8-21　销售数据动态分析

2．使用移动平均法对销售额进行预测

首先对销售额进行趋势分析，选中 A2:M2 单元格区域，插入折线图观察数据趋势，结果如图 8-22 所示。

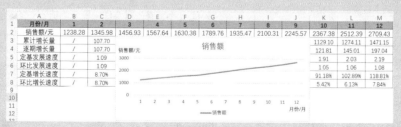

图 8-22　销售数据趋势分析

当时间序列具有线性增长的发展趋势时，用一次移动平均法预测会出现滞后偏差，表现为对线性增长的时间序列的预测值偏低，这时可通过二次移动平均法来计算。二次移动平均法是将一次移动平均再进行一次移动平均，然后建立线性趋势模型。将移动项数 N 设置为 3，分别进行一次移动平均和二次移动平均，结果如图 8-23 所示。

	A	B	C	D	E	F	G	H	I	J	K	L	M
1	月份/月												
2	销售额/元	1238.28	1345.98	1456.93	1567.64	1630.38	1789.76	1935.47	2100.31	2245.57	2367.38	2512.39	2709.43
3	一次移动平均			1347.06	1456.85	1551.65	1662.59	1785.2	1941.85	2093.78	2237.75	2375.11	2529.73
4	二次移动平均					1451.85	1557.03	1666.48	1796.55	1940.28	2091.13	2235.55	2380.87

图 8-23　销售数据移动平均结果

$$Y = y_{t+\tau} = \hat{a}_t + \hat{b}_t * \tau$$

$$\hat{a}_t = 2M_t^{(1)} - M_T^{(2)} = 2 * 2529.733 - 2380.867 = 2678.6$$

$$\hat{b}_t = \frac{2}{N-1}\left(M_t^{(1)} - M_t^{(2)}\right) = \frac{2}{3-1} * (2529.733 - 2380.867) = 148.867$$

$$Y = 2678.6 + 148.867x = 2678.6 + 148.867 * 1 = 2827.47$$

根据以上数据和模型进行数据预测，可得出 2023 年 1 月的预测销售额为 2827.47 元。

8.3.2　服务数据分析

1. 服务评价数据分析

买家在完成购买后，一般情况下会给予评价。买家对于服务的评价会直接影响店铺的服务评分。卖家服务评级主要指的是店铺动态评分系统，三个评分维度分别是商品描述相符度、卖家服务态度和物流服务，满分为 5 分，平台会给出店铺各项得分及其与同行业平均分数的对比。

店铺评分=连续 6 个月内买家给予该项评分的总和÷连续 6 个月内买家给予该项评分的次数。每个自然月，相同买家与卖家之间的交易，卖家店铺评分仅计取前三次（以交易成功时间为准）。店铺评分一旦评出无法修改。

例如，有 30 个买家参与店铺评分，每个买家参与一次，其中有 24 人给 5 分，其他 6 人给 4 分，那么店铺的动态平均分=[(24×5)+(6×4)]÷30=4.8 分。店铺评分会直接影响店铺参加平台活动的资格和流量。DSR 低分的原因和改善方法如表 8-11 所示。

表 8-11　DSR 低分的原因和改善方法

问题类型	DSR 低分原因	改善方法
客服问题	不及时回复用户、与用户产生矛盾、未能解答用户问题、态度差等	设置快捷短语应答，提升客服人员的应答速度；改善服务态度，安抚用户情绪，让客服人员用专业的态度去工作；加强客服人员产品知识和店铺活动内容培训；用制度对客服人员进行考核，对态度恶劣造成严重后果的客服人员予以辞退
物流问题	货品少件缺件、发货时间晚、货物破损、送货不及时等	选择优质的物流公司合作，提升物流服务质量
产品问题	产品质量差、产品与描述不符、产品低于用户预期等	修改产品的描述，不夸大产品功能性的描述；对用户差评进行有针对性的解释，真诚的解释会让用户平息怒火

2. 用户服务数据分析

用户服务数据分析是指通过对用户与客服之间的沟通记录进行收集、分类、分析和解释，从而获取客服工作的洞察和用户对电子商务企业的评价。客服数据分析可以帮助电子商务企业进行用户关系管理，提高用户满意度，增加销售量，降低用户流失率等。客服数据分析的过程可以分为以下几个步骤。

（1）收集数据

要收集用户与客服之间的沟通记录，如电话记录、在线聊天记录、电子邮件和社交媒体信息等，通过这些信息可以了解用户的需求、疑虑、投诉和建议等。

（2）分类数据

将所有数据按照一定的分类方式进行归纳整理，以方便进一步分析。可以按照用户的需要，产品、服务和问题类型进行分类，也可以按照时间、地点和销售渠道等方式进行分类。

（3）分析数据

在分类完成后需要对数据进行分析。通过对数据进行统计和挖掘，提取出有用的信息。例如，可以通过关键字的出现频率，了解用户关注的重点问题和需求类型。

（4）报告数据

报告分析结果，以便各个部门更好地了解用户的需求和问题。此时，可以将结果进行可视化展示，例如，制作柱状图、饼图、折线图等。通过可视化展示，客服团队可以更直观地理解用户需求状况，并有针对性地解决问题。

8.4　物流数据分析

8.4.1　物流运费分析

物流运费分析的核心问题是产品是否包邮。这就需要在包邮带来的产品竞争力与不包邮带来的产品利润之间找到一个平衡点。通常来说，对于店铺内某款产品是否采取包邮需要考虑多方面的因素。

（1）产品定位因素

产品定位不同，运费策略也不同。例如，引流款单价不高，利润不高，甚至没有利润或者完全亏本，但作为流量入口是可以考虑包邮的，因为相对于直通车或者点击付费的推广方式来说，投入还是比较低的。利润款、常规款等其他产品可视毛利情况而定。

（2）产品利润因素

计算产品的毛利润，预留一定的利润空间，然后确定包邮、不包邮或者设置包邮条件，如满两件包邮、满 200 元包邮等。

（3）运费结构因素

根据产品类型确定运费计价方式，如按件数、按重量或按体积，目前快递公司多按重量计算，以首重+续重的方式计价。针对产品利润有限，但重量大的产品，购买多件时可以考虑免首重费用等策略。

（4）地域因素

偏远地区距离远、订单少，运费相对较高，经济发达地区距离近、订单多，运费较低。考虑地域因素可以设置包邮梯度，完全包邮地区，如江、浙、沪、皖，满减包邮策略适用于中部次发达地区，完全不包邮地区，如新疆、西藏、青海、东北三省、海南等。

8.4.2　订单时效分析

订单时效是指用户从完成订单支付开始，到完成商品签收的时间跨度，即从支付到签收的时长。订单时效分析的主要目的是通过数据分析找出影响订单时效的因素及不同物流公司之间的差距，从而有针对性地进行流程优化，以达到更优的效率。通常情况下，订单时效分析的指标主要包括以下四个。

（1）平均发货-揽收时长，即从商品发货到物流揽收的平均时间。

（2）平均揽收-签收时长，即从物流揽收到用户签收的平均时间。

（3）揽收包裹数，即物流公司回传了揽收信息的物流包裹数。

（4）签收成功率，即签收成功的包裹数占总派送包裹数的比例，签收成功率=签收成功包裹数/（签收成功包裹数+拒签包裹数）。

企业将实际订单中不同物流公司的相关指标进行对比，以找出最优方案。

📋 **案例分析**　　　　　　　　　　淘宝店铺物流时效分析

以某店铺的物流数据为例，对该物流进行时效分析，找出每个地区最优物流选择。

1. 提取"揽收包裹数"和"平均支付-签收时长"中的数字类型数据

对"揽收包裹数（占比）"列进行筛选，将数据值小于 5 的数据删除；增加两列辅助列，"揽收包裹数/个"和"平均支付-签收时长/小时"，在 G2 单元格中输入"=LEFT(C2,SEARCH("(",C2)-1)"，在 H2 单元格中输入"= NUMBERVALUE(LEFT(D2,SEARCH("小",D2)-1))"，在 I2 单元格中输入"=ROUND(H2/24,2)"，并进行快速填充，结果如图 8-24 所示。

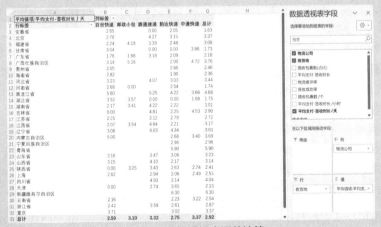

图 8-24　提取数字类型数据

2. 数据透视表汇总计算

在现有工作表中创建数据透视表，在"数据透视表字段"操作框中设置"行"为"收货地"，"列"为"物流公司"，"值"为"平均值项：平均支付-签收时长/天"并保留两位小数，结果如图 8-25 所示。

图 8-25　数据透视表汇总计算

通过以上数据处理操作和分析，可得出在五个物流公司中，百世快递时效最快，平均用时为 2.59 天，中通快递时效相对慢一些；在广西壮族自治区的四家物流公司中，邮政小包时效超过 5 天，可以考虑更换物流公司。

8.4.3　异常物流分析

异常物流包括发货异常、揽收异常、派送异常和签收异常，各平台划分维度及标准略有不同，节假日及特殊地区也会区别对待，具体如表 8-12 所示。

表 8-12 异常物流分类

异常物流分类	具体表现	主要原因
发货异常	用户下单完成支付后 24 小时仍未发货的包裹	缺货、出货量大、不能及时发货、订单被遗漏等
揽收异常	商品发货后超过 24 小时仍未揽收的包裹	物流公司原因导致物流信息未及时上传
派送异常	物流揽收后停滞超 24 小时仍未派送的包裹	物流运输原因导致物流信息未及时上传
签收异常	当日派件，但在次日还没有签收的包裹	快递原因导致未妥投，如货物破损等；用户原因导致未妥投，如用户拒签、改签等；节假日、恶劣天气等原因导致未妥投

案例分析

电子商务企业异常物流数据分析

根据某电子商务企业 2022 年 11 月 3 日的异常物流统计数据，对异常物流数据进行分析。

1．异常物流分类

在单元格 H2 单元格中输入 "=IFERROR(IF(FIND("物流停滞",G2),"派送异常",""),IFERROR(IF(FIND("揽收",G2),"揽收异常",""),IFERROR(IF(FIND("签收",G2),"签收异常",""),"发货异常")))"，根据物流异常的原因进行物流分类，快速填充数据完成所有异常物流的分类。

2．异常物流分类统计

插入数据透视图和数据透视表，在弹出的【创建数据透视表】操作框中选择现有工作表中的某个单元格位置即可，单击【确定】按钮；选中数据透视表，设置"行"为"异常物流分类"，"值"为"计数项：异常物流分类"，数据透视表数据降序排列；更改数据透视图类型为饼图，增加数据标签"百分比"和"类别名称"。

由图 8-26 可知，物流异常主要是发货异常、派送异常、揽收异常和签收异常。发货异常属于企业内部原因，可以先确认是因为活动量大造成的发货延缓，还是因为库存不足造成的暂时无法发货，及早与用户联系沟通，说明原因并找出解决方案。派送异常和揽收异常为物流公司的原因，需要及时与物流公司沟通，了解异常原因，与用户联系沟通，告知耐心等待。签收异常为用户原因，联系用户了解签收情况，及时做好售后服务。

图 8-26 异常物流分类统计

素养课堂

防范数据造假 直播电商行业标准来了

2021 年 8 月 18 日，商务部就《直播电子商务平台管理与服务规范》(征求意见稿)(以下简称《规范》)行业标准公开征求意见。《规范》不仅规定了商家和直播主体入驻及退出、产品和服务信息审核等要求，还强调了数据信息的安全性和真实性。

首先，《规范》厘清了责任主体。《规范》将"直播电子商务平台"定义为通过直播方式销售产品或提供服务的，并实现产品或服务交易的信息网络系统。这意味着整个链路的参与方，如直播营销人员、主播、直播营销机构和商家等，均被列入监管范围。《规范》明确直播平台应建立直播主体的黑名单制度和退出机制，并要求平台对打赏主播的行为进行规范，对主播账号进行分级分类管理，建立对主播等的信用评价体系。

其次，《规范》数次强调信息安全和真实的重要性，打击虚假繁荣。内容提及，应采取适宜的技术保障交易各方信息安全，对直播营销相关的信息链接或二维码等跳转服务应具备相应的风险防范和安全处理能力。《规范》还提出，应建立健全信用评价制度，应采取适宜的技术和管理方法保障合理时间段内直播营销数据的真实性等。同时，还应建立消费者个人信息及隐私保护相关机制。今后，直播数据注水现象都将受到严厉惩处。

最后，行业回归理性。当前，商家对于知名主播所称的带货上亿元的宣传词已经不太感冒，上亿元的销售成绩很大程度上有注水的嫌疑，而且并未提及退货率，因此现在商家更愿意寻找垂直领域的小主播进行合作。

近几年由于直播带货的商业模式发展迅速，涉及的企业主体越来越多，短视频和社交等平台也开始做直播，触发的法律纠纷也与日俱增，这也加强了监管的必要性。《规范》的制定意味着相关主管部门对直播电商领域进行更细化的规范，具有较强的针对性。

资料来源：根据网络资料整理。

拓展思考：

1. 电商直播数据造假行为会产生什么负面影响？

2.《规范》的出台对数据从业者有什么约束和行为规范？

本章知识结构图

扫一扫

本章测验

1. 判断题

（1）电子商务用户数据分析是商家成功实施用户关系管理的关键。（　　）

（2）在 RFM 模型中，M 值越大，用户价值越低。（　　）

（3）与传统门店商品的销售数据相比，电子商务平台产生的销售数据更为多样。（　　）

（4）用户忠诚度分析的目的是检验企业用户忠诚度管理的成果。（　　）

（5）异常物流包括发货异常、揽收异常、派送异常和签收异常等数据。（　　）

2. 单选题

（1）RFM 模型的三个指标是指购买频率、购买金额和（　　）。

A. 延迟购买　　　　　　　　　　　　B. 重复购买

C. 最近一次购买的时间间隔　　　　　D. 用户响应

（2）常见的活动推广分析维度不包括（　　）。

A. 活动推广流量分析　　　　　　　　B. 活动推广拉新分析

C. 活动推广产品分析　　　　　　　　D. 活动推广留存分析

（3）以下（　　）不能反映用户的忠诚度高。

A. 挑选时间短　　　　　　　　　　　B. 对质量要求苛刻

C. 对竞争产品的态度漠视　　　　　　D. 重复购买次数多

（4）DSR 三个评分维度分别是（　　）。

A. 商品描述相符度　　　　　　　　　B. 卖家服务态度

C. 商品质量　　　　　　　　　　　　D. 物流服务

（5）某款产品是否采取包邮需要考虑的因素不包括（　　）。

A. 产品定位因素　　　　　　　　　　B. 产品利润因素

C. 地域因素　　　　　　　　　　　　D. 人为因素

3. 多选题

（1）电子商务运营数据分析的内容包括（　　）。

A. 用户数据分析　　　　　　　　　　B. 推广数据分析

C. 销售数据分析　　　　　　　　　　D. 物流数据分析

（2）下列数据属于电子商务用户基本数据的是（　　）。

A. 用户的喜好　　B. 消费方式　　　C. 用户的姓名　　　D. 用户的地址

（3）了解用户的得失率和用户的动态信息，可以从（　　）进行分析。

A. 用户活跃率　　B. 活跃用户数　　C. 用户留存率　　　D. 用户复购率

（4）提升关键词推广效果的方法有（　　）。

A. 展示量优化　　B. 点击率优化　　C. 转化率优化　　　D. 产品优化

（5）订单时效分析的主要指标有（　　）。

A. 平均发货-揽收时长　　　　　　　B. 平均揽收-签收时长

C. 揽收包裹数　　　　　　　　　　　D. 签收成功率

4. 简答题

（1）简述用户细分的理论依据及用户分类的方法。

（2）简述 DSR 低分的原因和改善方法。

任务实训

实训内容：在天池数据集平台搜索电子商务某一品类的数据集，根据其内容对用户、推广、销售和物流等数据进行分析，形成数据分析报告。

实训目标：扩展读者获取数据集的渠道，提升读者综合处理数据、分析数据的能力。

第 **9** 章　电子商务产品数据分析

章节目标

1．了解行业数据分析的内容；
2．掌握产品采购及定价数据分析的内容；
3．掌握产品运营数据分析的内容；
4．掌握产品用户特征及体验数据分析的内容；
5．掌握商品库存数据分析的内容。

学习难点

1．产品采购及定价数据分析的内容；
2．产品运营数据分析的内容。

📋 **案例导入**　　　　　　　　　　　　　　花西子的大单品策略

　　大单品策略让花西子的品类统治力有多"恐怖"？维恩咨询提供了一份较为详尽的数据：2021年，花西子夺得了彩妆套装、BB 霜、眉笔/眉粉三大彩妆细分类别第一名的位置，并在口红、胭脂腮红等类别中也取得前 10 的名次。从彩妆的细分类别可以看出，花西子已经成长为极具市场竞争力和代表性的中国彩妆品牌。

　　花西子大单品策略的起点便是攀登高峰，从单价 200 元左右的空气蜜粉开始。花西子空气蜜粉于 2017 年诞生，并根据消费者不同妆效、肤质需求在五年时间里延伸出多款版本，在这一单品上"卷"到了极致。如今花西子空气蜜粉在妆效上覆盖了透明、自然、肉粉、珠光、哑光等多种组合，在肤质方面覆盖了普通及油性皮肤。该款空气蜜粉在京东上收获超 50 万条评论，好评率仍高达 97%；生意参谋数据显示，2020 年 10 月至 2021 年 10 月，花西子空气蜜粉在淘系平台上力压国际品牌稳居销售榜单第一，市场占有率高达 21%，成为妥妥的"蜜粉王者"。

　　2020 年，唇釉品类大火，业内一些品牌 75%的 GMV 都来自唇釉。花西子也洞察到唇釉市场的旺盛需求，并针对"唇釉会沾在口罩上"这一用户痛点开发产品，但直至 2021 年"双 11"，花西子的唇釉产品才上市销售，错过了 2020 年这一唇釉黄金年。原因正是花西子对料体反复调整、盲测，要求达到最佳效果再上市售卖。目前，该款唇釉产品——花西子持色唇纱在其天猫店铺月销已突破 2 万件，成为又一款爆品。

　　在产品上市前，花西子每次都邀请产品体验官参与共创，都会根据体验官提供的肤质信息、妆容诉求，将产品试样、对比试样免费寄送给用户体验，并回收用户的真实反馈。产品上市后，产品经理依然会在诸多用户评价与反馈中，剖析该款产品的迭代方向。

　　在上述模式下，慢慢地，花西子产品跑出了"慢开发，快迭代"的模式。五年时间里，根据用户反馈，花西子眉笔更新至第八代，蜜粉更新了四代。此前提到的持色唇纱，亦是因为解决了

"唇妆沾在口罩"上的用户痛点，快速成为热销产品。

　　有别于其他标准产品或服务，在美妆行业，用户的肤质特性、使用感受千差万别。彩妆只能努力去达到消费者满意度的最大公约数，而这就要耗时耗力尽可能打磨出能够满足消费者需求，足够经典的产品和独特的品牌调性。以产品力塑造品牌价值，这是一条难但坚实的路。

　　资料来源：根据网络资料整理。

　　拓展思考：

　　1．花西子大单品营销的策略是什么？

　　2．花西子空气蜜粉的目标用户有什么特征？

9.1　产品行业数据分析

9.1.1　产品搜索指数分析

1．产品搜索指数分析的维度

　　产品搜索指数是用户搜索相关产品关键词热度的数据化体现，从侧面反映了用户对产品的关注度和兴趣度。它是根据搜索频次等因素综合计算得出的数值，数值越大，反映搜索热度越高，不等同于实际的搜索次数，因此仅用于定性分析。通常来说，产品搜索指数分析的维度包括以下几个方面。

　　（1）搜索词。搜索词是用户搜索产品时使用的词汇。搜索词直接代表用户的搜索意图，用于标题制作，分析用户行为动机，确定推广关键词，设定着陆页内容等。

　　（2）长尾词。长尾词是与搜索词相关的组合型关键词。长尾词搜索量不稳定，但匹配度高，需求明确，带来的转化率也高，适用于精准优化。

　　（3）品牌词。品牌词是分词后获得的品牌名称。品牌词点击率高、转化率高、转化成本低，适用于品牌知名度较高的产品且能拓展出其他有价值的品牌相关词。

　　（4）核心词。核心词是分词后获得的产品名称。核心词搜索量大、曝光力度强且流量高，但精准度不够，转化率较低。

　　（5）修饰词。修饰词是取分词中用于描述修饰核心词的词组，以名词居多，适用于制作标题时修饰核心词。

2．产品搜索指数分析的内容

　　在产品运营过程中，通常会用到搜索指数来进行热点追踪、用户画像分析、趋势研究、竞品分析等，以帮助卖家及时调整店铺经营的产品类目，标题优化，调整运营策略，以及进行产品的精准推广投放等。

　　在进行产品搜索指数分析时，可以通过百度指数、360趋势或各种数据产品（如生意参谋、京东商智）等获取相关搜索指数。搜索指数的数据来源主要依托于各家平台（网站）的用户搜索行为，同一关键词在不同平台（网站）得到的结果不同，在具体操作中需要结合目标定位、广告投放位置等因素进行分析。

9.1.2　产品交易指数分析

1．产品交易指数分析的维度

　　产品交易指数是产品的总体支付金额指数化后的结果，产品交易指数越高，代表支付金额越高。指数之间的差值不代表实际支付金额的差值，仅代表高低。产品交易指数是产品在平台交易热度的体现，其分析维度主要包括店铺、产品和品牌三大类，可用于竞店、竞品和品牌分析。

2. 产品交易指数分析的内容

（1）市场排行分析

以日、周或月为时间单位，对店铺、产品或品牌进行指定终端下的交易指数对比分析，这对制定店铺运营策略和打造热销单品有较好的参考价值。

（2）交易趋势分析

查看店铺、产品或品牌在过去一段时间内的交易变化，分析成交量是下滑、上升还是稳定不变。

9.2 产品采购及定价数据分析

9.2.1 产品采购数据分析

1. 采购数据分析的作用

采购是指一整套购买产品和服务的商业流程，是供应链管理必不可少的环节。采购要求在恰当的时间，以合理的价格、恰当的数量和良好的质量，从适合的供应商处采购物料、服务和设备。采购数据分析是优化供应链和采购决策的核心，具有极其重要的战略意义。通过采购数据分析，可以解决以下问题。

（1）供应商选择是否存在变动，这涉及供应商的稳定和竞争力。

（2）采购价格是否合理，是否有异常变动，这涉及产品的采购成本。

（3）退货比例是否合适，这涉及产品的质量和结构。

（4）采购时间是否合适，这涉及资金的使用效益。

2. 采购数据分析的内容

采购数据分析主要包括采购需求计划分析、采购成本数据分析和采购策略分析。

（1）采购需求计划分析

在供应链领域，可以将需求定义为"销售需求"，需求计划也可以称为"销售预测"。采购需求计划分析是基于实际销售数据，对未来的销售预测进行评估，通常有如下步骤。

①对过去的销量进行数据统计，得出以 SKU 为颗粒度的销量统计表。

②分别对日常销量和活动销量进行预判，得出需求预测。

③基于时间维度进行需求预测汇总。

④结合市场和销售策略，定期对所有需求进行符合事实的更新。

产品采购通常受到一些不可预测因素的影响，不同时期需求发生不断的变化。这些变化包括季节性因素（如空调、羽绒服等季节性产品）和非季节性因素（如促销活动和产品普及率）引起的变化，它们都可能导致原先的采购需求计划出现变化，产生可以预测的增加或减少。如果需求波动可以预测，则应及时修改采购需求计划，避免产品需求的变化给供应链带来一系列的连锁问题，如需求旺季大量缺货供不应求，需求淡季库存过多造成产品积压及库存成本上升。

（2）采购成本数据分析

作为电子商务经营者，想要获得更多的利润，就必须考虑前期的资金投入。其中，占比较大的是产品采购成本，通过对其进行相应的分析，可以得出科学的依据，以制定或采取措施对采购成本进行有效控制。

①采购成本走势分析。在进行商品采购时，商品的价格会受到各种因素的影响，如交通、气候等，可以选择在商品价格走低时进行大量采购，以节省成本，赚取更大差价，从而获得更多利润。分析价格走势一般都是根据已有数据构成的走势折线（见图 9-1）来进行。

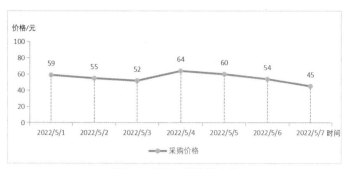

图 9-1　最近一周价格走势

②不同渠道采购成本分析。店铺产品的供货商不一定完全来自同一家，有时甚至来自多家，这不仅是为了降低主要供货源的中断风险，同时也建立起竞争优势，达到降低采购成本的目的。如果多家供应商都可以提供商品，就可以根据已采购商品的价格数据来判定哪家供应商的进货成本更加低廉，从而进行相关取舍。对于这样的采购成本比较，无须对数据进行一对一的比价或计算，用对比折线图就可以轻松展示出来（见图 9-2）。

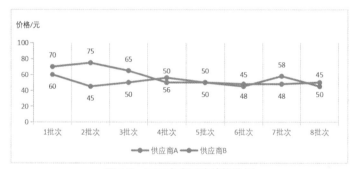

图 9-2　不同商家采购价格分析

③商品采购价格分析。商品采购价格变动是常有的事情，怎样在变动的采购单价中获取最佳采购时机，较大程度降低投入成本，是很多卖家都希望掌握的方法和技能，这样可以让自己处于更有利的地位，无论是搞促销还是让利活动，都有发挥的空间，同时还能有不错的利润。将波动价格与平均价格进行划分和对比，即可分析指导采购时机（见图 9-3）。

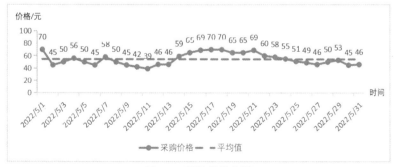

图 9-3　采购价格分析

（3）采购策略分析

采购策略分析的目的是了解当前采购策略所处的状态，并根据状态调整优化，以更好地适应公司业务的需求，最终达到最佳供应链总利润的规模。采购策略分析的内容如下。

①是自制还是外包。企业最重要的采购决策是在企业内部完成任务，还是外包给第三方执行供应链功能。在运输中，管理者必须决定是全部外包、只外包需要快速反应的部分，还是只外包需要高效率的部分。这项决策部分受其对供应链总利润影响的驱动。如果供应链总利润大幅增长且没有额外风险，则最好选择外包。

②供应商的选择。在选择供应商之前，企业必须选择是采用单一供货源还是多方供货源。确定好供应商的数量后，再确定评价供应商和选择供应商的标准。供应商的选择机制有很多种，包括线下竞标、反向拍卖和直接谈判，无论采用哪种方法，都要以选择供应商的总成本而不是单一价格作为评判标准。

③供货。供货是供应链获得产品和服务的过程。管理者必须根据不断增加供应链盈余的目标设计供货。例如，企业应该建立直接材料供货机制，确保供应商与买主之间良好协调。

④采购相关的指标。采购决策直接影响产品销售成本和应付账款。采购绩效也影响着质量、库存及内向运输成本。管理者应该审核以下影响供应链绩效与采购的相关指标，如应付账款周转天数、平均购买价格、平均购买数量、供应质量和准时交货比例等。

9.2.2　产品定价数据分析

1. 传统定价法

传统定价方法主要是习惯定价法和成本加成定价法。在产品成本大致相似的情况下，传统定价法的定价差异不甚明显，使同行之间的价格竞争也降到了最低。而且传统定价方法简单易懂，绝大多数卖家都会采用传统定价法来定价。

（1）习惯定价法

习惯定价法是一种完全依赖于市场和买家的定价方法。市场和买家掌握了产品定价的主动权，而卖家处于被动地位，如果卖家长期采用这种定价方法，则必定不利于店铺的发展。例如，某品牌的同款洗发露定价为 88 元时，该定价接近习惯性价格，符合买家长期形成的价格习惯，买家接受度高，洗发露的销量也比较高；洗发露的定价一旦低于或高于习惯性价格，洗发露的销量就受到严重影响；如果定价太低，买家就会怀疑产品的质量，不利于销售；若洗发露定价偏高，和买家长期形成的习惯性价格产生冲突，则也会影响商品的销售。

（2）成本加成定价法

成本加成定价法是按产品的单位成本加上一定比例的利润制定产品定价的方法，即产品定价=产品成本+产品成本×成本利润率。例如，假设甲、乙、丙 3 个卖家店铺的同一款男士冲锋衣的进价为 150 元，卖家甲以 80%的成本利润率进行定价，最终定价是 270 元；卖家乙以 60%的成本利润率进行定价，最终定价为 240 元；卖家丙则以 30%的成本利润率定价，最终定价为 195 元；市场上同款男士冲锋衣的均价为 230 元；甲店铺的男士冲锋衣的月销量为 56 件，乙店铺的月销量为 70 件，丙店铺的月销量为 120 件。三家店铺最终的利润如表 9-1 所示。

表 9-1　店铺男士冲锋衣利润表

卖家	进价/元	利润率	定价/元	月销量/件	利润/元
卖家甲	150	80%	270	56	6720
卖家乙	150	60%	240	98	8820
卖家丙	150	30%	195	150	6750

成本加成定价法在一定程度上受定价者主观因素的影响，产品定价和市场行情容易产生冲突，最终可能会影响商品的销售和店铺的利润。产品定价的基本前提是保证店铺利润，商品利润=产品定

价×商品销量 – 成本，由此可见，产品定价是影响店铺利润
的三大因素之一。所以卖家对于产品定价必须有全方位的
规划。

图 9-4 所示为某品牌男士衬衫的买家消费层级分布图，
消费层级分为 3 个，即低消费层级、中等消费层级、高消
费层级。其中低消费层级的人群比例为 17%，中等消费层级
的人群比例为 57%，高消费层级的人群比例为 26%。由此可
见，该品牌衬衫的主力消费层级为中等消费层级。卖家可以
根据消费层级的人群比例规划店铺产品定价。中等消费层级

图 9-4 店铺消费层级构成

的人群比例最大，中等价位产品数目应占据所有产品数目的 3/5，供中等消费层级买家选择的范围广，可
增加店铺的盈利；高消费层级的人群比例其次，高价位产品的数目大概应占据所有产品数目的 1/4，为店
铺树立品牌效应；最后，低消费层级的消费群体更看重产品的价格，针对这一部分消费群体，卖家有意
将店铺的低价位产品的价格优势突显出来，吸引其注意力，从而为店铺吸引流量。

当产品的价格确定了，店铺的主力消费群体和营销战略也就相应确定了。不同价位的作用明确，
低价位引流量，中等价位盈利，高价位定位品牌。所以，定价也是一种营销战略。当店铺的定价确
定之后，不要随意改动。

2. 保留安全定价底线

一般情况下，产品的定价过高，会影响产品的销量，而产品的定价过低，可能会出现亏损。最
安全可靠的方法是将产品的定价设置得比较适中，此时市场竞争压力相对较小，买家有较强的购买
意愿，卖家也可以在短时期内回收投资，而且有一定的利润。因此，这种定价方法被称为安全定价
法，它是介于高价位与低价位之间的中等价位的定价策略。因为安全定价法的市场风险较小，所以
很适合新手卖家。

安全定价法也称满意价格策略。安全定价法把产品本身的价格和确保买家正常使用的费用总计
综合考虑，能降低买家的消费风险，提升买家的购物满意度与安全感。其公式为：安全定价=产品成
本+正常利润+快递费用，其中正常利润一般为产品成本的 30%~60%。例如，一套西服的成本是 200
元，正常利润为 140 元，快递费用为 10 元，因此，这套西服的安全定价应为 350 元。

安全定价法并不是代表产品的定价完全没有任何风险。在安全定价法中，店铺的正常利润为产
品成本的 30%~60%，而产品成本为变量，当产品成本发生变化时，会直接影响产品的定价。

假设一双男士皮鞋的成本价为 120 元，按照成本价的 30%计算店铺的正常利润，快递费用假设为 8
元，皮鞋的月销量为 1200 双，店铺的利润为 33600 元。在其他外部环境保持不变的情况下，当男士皮鞋
的正常利润分别按照成本价的 45%和 60%来计算时，皮鞋的月销量和店铺的利润如表 9-2 所示。

表 9-2 某店铺男士皮鞋利润表

产品成本/元	利润率	正常利润/元	快递费用/元	安全定价/元	月销量/双	店铺利润/元
120	30%	36	8	164	1200	33600
120	45%	54	8	182	650	29900
120	60%	72	8	200	360	23040

从男士皮鞋的月销量和店铺利润来分析，当正常利润为 30%时，皮鞋的定价为 164 元，属于中
等消费层级的定价，接近市场的平均消费价格，买家对皮鞋价格的接受程度比较高，皮鞋的成交率
比较高，店铺的利润也最高。当正常利润为 45%时，定价为 182 元，只有消费水平中等偏高的买家

能接受这个定价，故皮鞋的成交率明显大幅下降。当正常利润为 60% 时，定价为 200 元，该皮鞋的定价只针对小部分高消费层级的买家，所以皮鞋的成交率较低。

买家在购买产品时，不仅会考虑价格因素，还很看重产品的质量。如因为质量问题出现退换货，卖家是否能在第一时间解决，退换货中途产生的快递费用由谁承担都是买家关心的问题。因此，卖家可以把退换货的快递费用、售后服务费用等所需费用全部计入产品的价格，在确保产品质量的同时，也为买家提供完善的售后服务。这样能消除买家的购买疑虑，进而提高店铺的信誉和销售额。

3. 组合定价法

组合定价法是指卖家为了迎合买家的消费心理，在制定一部分互补产品、关联产品价格时，通常会有意识地把有的产品定价定得高一些，有的产品定价相对低一些，以获得整体经济利益的一种定价方法。多种产品组合定价销售，有赔有赚，但是总体上能保证店铺是盈利的，且不会有产品价格的横向对比，不会影响以原价购买单件产品的买家的消费积极性。

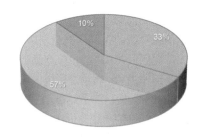

■ 单件商品 ■ 组合商品 ■ 其他

图 9-5　买家购买产品比例

图 9-5 所示为买家购买产品的比例，其中 57% 的买家会选择组合产品，从买家的消费心理分析，买家在购物时，能促使买家下单的因素往往不是低价，而是"占便宜"的心理。通过把组合产品的定价和多件单件产品定价总和相比较，组合产品的定价能够让买家感觉自己"占便宜"，因此购买欲望被激发。

组合定价法又分为系列产品中的单品定价法和单品相加打折法，下面讲解如何使用这两种定价方法。

（1）系列产品中的单品定价法

系列产品中的单品定价法是为新手卖家量身打造的一种定价方法，是指对于同款产品的定价，卖家直接参考别的店铺制定的价格，再分别排列出高、中、低 3 个价位，最后利用平均值算出自己店铺产品的价格。

表 9-3 统计了 7 家不同店铺的同款产品的定价，从高到低进行排序显示，A 店铺定价为 159 元，为最高价，中间价位为 D 店铺定价 145 元，最低价为 G 店铺定价 116 元，再根据 3 个不同价位计算出平均价为 139 元，即该款产品的定价为 139 元。

表 9-3　不同店铺的同款产品定价表

店铺	A	B	C	D	E	F	G
定价/元	159	156	150	145	139	129	116

使用系列产品中的单品定价法确定的价格是根据某款产品的平均价格综合制定的，位于系列产品的中间价位，更能吸引买家的注意力，同时买家对价格的接受度也比较高。对于新手卖家而言，这种定价方法是很保险的，在清楚掌握竞争对手情况的基础之上，既能提高产品的竞争力，又能确保店铺的利润。

（2）单品相加打折法

单品相加打折法是指卖家把某个固定组合中的所有单品价格相加，再按照一定的折扣对所有的单品之和进行打折，最后以折后价作为组合产品定价的方法。该方法在保证整体盈利的基础上进行打折优惠，既确保了店铺的利润，又提高了店铺的销量。例如，某店铺组合产品定价如表 9-4 所示，先分别罗列出草莓熊衬衣、针织毛衣、风衣外套和加绒牛仔裤的单价，再计算出所有单品的总价。

在单品总价的基础上打 8 折，求出折后价，即组合产品的定价。

表 9-4　产品组合定价表

产品名称	草莓熊衬衣	针织毛衣	风衣外套	加绒牛仔裤	总价/元	折后价/元
定价/元	69	75	168	99	411	328.8

　　一般来说，买家对经常购买的产品价格较敏感，对不经常购买的产品价格敏感性较弱；对价值高的产品价格较敏感，对价值低的产品价格敏感性较弱。卖家可充分利用买家对价格的敏感度，把经常购买的产品的价格制定得偏低，同时把不经常购买的产品价格制定得偏高。

9.3　产品运营数据分析

9.3.1　产品结构分析

1. 产品结构划分

　　根据产品定位，可以将产品结构划分为形象产品、利润产品、常规产品、人气产品和体验产品。不同定位的产品在产品结构中的作用和特点如表 9-5 所示。

表 9-5　不同定位的产品在产品结构中的作用和特点

产品定位	作用	特点
形象产品	展示企业实力，树立品牌形象，提升消费者信心	价位通常处于店内最高层次水平；辨识度高，精心策划，包装独特卖点；综合展现店内最高水平
利润产品	丰富销售搭配，提升利润	利润空间大，主要以提升销售利润为主，或以人气和常规产品为准进行搭配销售
常规产品	用于日常销售，提供丰富选择	店内主要陈列产品，稳定投入一定的资源，与人气产品组合推广
人气产品	获取更多自然流量，也称热销产品、引流产品	聚焦资源投入，提升单品的人气，以在搜索中获得更多的展现机会，从而获取更多的自然流量；通常价低质高，目标定位精准，曝光率、点击率和销售量都极高
体验产品	用于特定活动，吸引潜在新用户，也称活动产品	拉低新用户的初次购买门槛；为特定活动准备的限时、限量、限价的产品

　　产品结构比例侧面反映了产品的销售比例，通常情况下，形象产品占 10%左右，利润产品占 20%左右，常规产品占 50%左右，人气产品占 15%左右，体验产品占 5%左右（见图 9-6）。产品结构及其比例也不是固定不变的，需要在运营过程中根据市场变化、季节变化，或是在引进新产品、现阶段的运营目标难以实现时，不断调整定位。

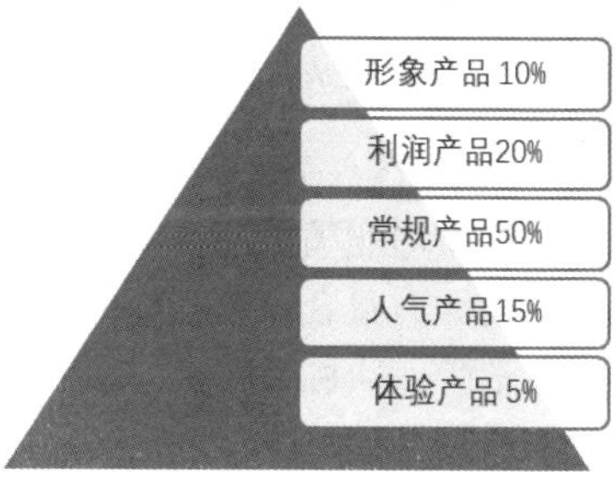

形象产品 10%
利润产品20%
常规产品50%
人气产品15%
体验产品 5%

图 9-6　产品结构比例

2. 产品结构分析方法

　　对产品结构进行分析通常从两个角度切入：一是将所有目标产品按常规产品上线销售，一段时间后采集其运营数据，然后通过分析进行结构划分；二是产品结构已预先定位完成并已投入运营，一段时间后采集其运营数据，然后通过分析发现异常，调整优化。

不论选择哪种分析方法，产品结构分析都应基于真实的运营数据，然后根据不同定位产品的特点，确定合适的分析指标。

📋 **案例分析**　　　　　　　　　　　　**某店铺小家电产品结构分析**

某店铺小家电以月为统计周期，店内商品浏览量、人均停留时长、详情页跳出率、支付转化率和商品收藏人数数据如图 9-7 所示。现对相关指标进行分析，最终根据分析结果挑选一款最有潜质的产品，作为人气产品进行主推，其对产品的要求为：人均停留时长≥60s，详情页跳出率≤50%，支付转化率≥1.5%，商品收藏人数>平均水平。

	商品名称	商品浏览量/次	人均停留时长/s	详情页跳出率	支付转化率	商品收藏人数/人
1						
2	婴儿料理机多功能家用搅拌小型迷你绞肉榨汁研磨器	12188	226.19	20.40%	3.11%	587
3	迷你小风扇静音办公室宿舍床上便携式USB充电电扇	11467	114.79	30.46%	2.70%	1083
4	家用玻璃电热水壶烧水壶自动断电大容量	11299	132.33	29.35%	2.51%	591
5	除螨虫神器家用床上吸尘紫外线杀菌机	2592	94.79	43.46%	1.21%	244
6	家用迷你蒸蛋器小型早餐鸡蛋羹自动断电	17747	273.3	23.51%	1.49%	1164
7	迷你静音加湿器卧室办公室小容量	8879	146.62	25.33%	2.45%	475
8	小型迷你宝宝婴儿辅食机升级双头两档可调	11206	247.8	58.20%	1.44%	1067
9	烫衣服神器两档可调小型便携式手持电熨	6143	54.97	47.37%	3.79%	165
10	小型迷你电饼铛家用双面加热煎饼烙饼锅	4797	70.93	58.29%	2.29%	442
11	多色不锈钢蒸煮电饭盒便携热饭神器	3713	214.6	30.20%	3.24%	272
12	电风扇循环扇家用涡轮空气对流扇立体摇头	2693	47.94	27.39%	2.65%	138
13	手持挂烫机家用小型电复斗便携式	2092	163.29	28.46%	1.55%	186
14	三层可插电蒸煮保温加热饭盒不锈钢电饭盒	1751	237.48	42.23%	1.12%	149
15	养生壶全自动加厚玻璃多功能保温电热烧水壶	1280	47.34	63.27%	1.80%	59
16	可爱迷你加湿器车载创意大雾量水头便携喷雾器	10805	248.29	39.47%	1.61%	332
17	电炖锅宝宝煮粥熬粥迷你婴儿辅食机	2617	184.71	47.62%	3.35%	213

图 9-7　小家电产品月度统计数据

选中标题所在的 A1 单元格，依次选择【开始】-【编辑】-【排序和筛选】-【筛选】选项，对各列按照人均停留时长≥60s，详情页跳出率≤50%，支付转化率≥1.5%，依次进行筛选设置；单击"商品收藏人数/人"，依次选择【数字筛选】-【高于平均值】选项，结果如图 9-8 所示。

	商品名称	商品浏览量/次	人均停留时长/s	详情页跳出率	支付转化率	商品收藏人数/人
1						
6	婴儿料理机多功能家用搅拌小型迷你绞肉榨汁研磨器	12188	226.19	20.40%	3.11%	587
11	迷你静音加湿器卧室办公室小容量	8879	146.62	25.33%	2.45%	475
13	家用玻璃电热水壶烧水壶自动断电大容量	11299	132.33	29.35%	2.51%	591
14	迷你小风扇静音办公室宿舍床上便携式USB充电电扇	11467	114.79	30.46%	2.70%	1083

图 9-8　产品结构分析

婴儿料理机多功能家用搅拌小型迷你绞肉榨汁研磨器、迷你小风扇静音办公室宿舍床上便携式 USB 充电电扇、家用玻璃电热水壶烧水壶自动断电大容量三款产品在商品浏览量、人均停留时长、详情页跳出率、支付转化率和商品收藏人数这五个维度上都表现得比较好，适合打造人气产品，但由于迷你小风扇静音办公室宿舍床上便携式 USB 充电电扇有很强的季节性，因此需要再考虑选择的时机。至此，仍有两款产品备选，商家可根据自身实际情况，继续选取其他指标进一步筛选，如产品的生命周期、毛利率等。

9.3.2　产品组合分析

产品组合一般由若干产品系列组成，而产品系列是密切相关的一组产品。有的产品系列是其中的产品均能满足消费者的某种同类需求而组成的。有的产品是其中的产品必须配套在一起使用或售给同类消费者，如互补性产品。还有的产品可能同属一定的价格范围，如特价产品。产品系列又由若干产品项目组成，产品项目是产品销售目录上的具体品名和型号。

产品组合的内容包括产品组合的广度、产品组合的深度和产品组合的关联性。

产品组合的广度是指一个企业经营产品大类的多少。企业经营的产品大类多，称为产品组合比较宽，企业经营的产品大类少，称为产品组合比较窄。选择比较宽的产品组合，可以充分发挥资源潜力，扩大市场面，增加销售额和利润额，同时分散和降低企业的经营风险，增强企业的应变能力。选择比较窄的产品组合，可以使企业集中力量经营，有利于降低流通费用，形成企业经营特色。

产品组合的深度是指企业内每个产品系列中产品项目的多少。产品系列中的产品项目多，表示产品组合比较深；反之，表示产品组合比较浅。选择比较深的产品组合，产品的品种多，可以适应更多消费者的不同爱好和特殊需求，有利于提高服务质量和应变能力，但是成本可能有所提高。选择比较浅的产品组合，产品品种少，却可以适应少数消费者大批量订货的需要，有利于降低成本和发挥企业专长，但是企业的应变能力要相对降低。

产品组合的关联性是指一个企业的各产品大类在最终使用、销售渠道、销售方式等方面的密切相关程度。不同的企业，由于其具体情况不同，因此在产品组合的关联性上也有不同的选择。一般情况下，中小企业加强产品组合的关联性是比较有利的，有利于增强企业的市场地位，提高企业的专业化水平和声望，也有利于提高企业的经营管理水平。

1．产品组合的方法

（1）按消费季节组合

例如，在夏季可组合"灭蚊蝇"的产品群，并开辟出一个专区销售；在冬季可组合滋补品产品群、火锅料产品群；在旅游季可推出旅游食品和用品的产品群等。

（2）按节庆日组合

例如，在中秋节组合各式月饼系列的产品群；在重阳节推出老年人补品和用品的产品群；也可以根据每个节庆日的特点组合适宜的礼品产品群等。

（3）按消费便利性组合

根据城市居民生活节奏加快、追求便利性的特点，可推出微波炉食品系列、组合菜系列、熟肉制品系列等产品群，并设立专区销售。

（4）按产品用途组合

在家庭生活中，许多用品可能分属不同的部门和类别，但在使用中往往没有这种区分，如厨房系列用品、卫生间系列用品等，都可以用新的组合方法推出新的产品群。

2．产品组合的原则

产品组合应遵循 6 个主要原则：正确的产品、正确的数量、正确的时间、正确的质量、正确的状态及正确的价格。

（1）正确的产品

正确的产品首先是指在整个计划中，产品组合是否合理、产品的广度和深度的结合是否可以完全满足消费者的需求；其次是选择的产品是否在国家法律法规允许销售的范围内；最后是这些产品是否符合本企业的价值观、企业形象及企业政策，这点对企业品牌会有很大的影响，所以一些知名企业会把不符合企业政策的产品拒之门外，即便是畅销产品。

（2）正确的数量

正确的数量是指提供的产品数量是否合理，产品的广度和深度的结合是否平衡。在满足消费者选择性需求的同时，不会造成品种过多和重复。首先，对于消费者来说，品种过多或重复会使消费者无法有效地进行购买决策，或者花费太多时间做决策而没有足够的时间购买其他产品，两者都会给企业带来销售损失。其次，销售空间和人力资源是有限的，过多或重复 SKU 会造成资源浪费和运营费用增加。最后，SKU 过多或重复的结果是某些产品滞销，造成库存过多。所以产品的数量一定要根据消费者的实际需要及库存水平综合决定，并分解到具体的小分类中，以保证整体的数量，以及各小分类的数量分配都是优化和平衡的。

（3）正确的时间

正确的时间是指产品组合要掌握时间性，其应符合以下 3 个方面的要求。

①季节性。整个产品组合必须有明确的季节性，产品本身应向消费者传递强烈的季节性信息。例如，夏天来临，是否有充足的沙滩用品和消暑产品，这种季节性的气氛能有效激起消费者购买的冲动。

②对市场趋势和市场变化的捕捉。产品组合是否符合市场的潮流趋势、消费者的喜好变化等，并且对一些突发事件是否有及时和积极的应对。例如，在新冠疫情时期，是否第一时间增加口罩、酒精等相关产品的供应。另外，是否对一些特别的事件有充分的准备，如在奥运会前，配合奥运主题的产品是否准备好。

③在合适的产品生命周期引进新产品。不是任何新产品都适合马上引进，而是要视企业目标消费者对新产品的认知及接受程度来决定，否则会由于没有有效的需求造成新产品滞销和售存积压。例如，对于一些技术含量较高的电器产品，在刚投入市场时，大型超市就不适合马上引进。由于此时只有少量非常关注新技术、追求新体验的消费者会购买这类新产品，而通常大型超市的目标消费者并不是这类消费群体，而且大型超市在人员及环境方面可能都不具备介绍和推广这类新产品的条件，所以大型超市应在产品达到成长期阶段再引进。此时产品已被普遍认知，目标消费者开始产生大量需求且不需要太多的介绍即可进行选择和购买。

（4）正确的质量

质量包括产品的安全性、可靠性及质量等级。企业销售的任何产品都必须保证对消费者的生命和财产不存在安全隐患，所以在选择产品时必须对产品的安全性进行全面评估，要求供应商提供相关的证明文件或安全认证等。有时企业还可以对产品安全提出更高的要求，以保障消费者及企业的利益。产品的使用功能及可靠性也需要进行评估，如果产品本身存在缺陷，无法提供其宣称的功能，那么负责任的零售商不应该让这类产品流入自己的店铺，以免损害消费者的利益和企业形象。对于产品质量等级的选择，应考虑产品的性价比及目标消费群体的需求。

（5）正确的状态

正确的状态是指产品的自然状态或物理状态。很多产品由于其本身的特点，对贮存和售卖环境及销售人员有特殊的要求，因此应考虑店铺的环境、设备、人员、安全、陈列、空间等各方面是否有能力销售该产品。例如，是否有足够的冷藏柜存放冷冻食品；产品的包装是否适合物流运输的要求，是否会影响店铺的营运效率及增加管理费用等。另外，产品的包装及标签等都应符合相关法规，以保证产品质量在正常情况下保持稳定。

（6）正确的价格

整个产品组合的价格应从消费者、竞争对手、供应商的价格政策和自身的定价策略等方面综合考虑。但要注意以下两点，一是定价要考虑消费者对该产品的价格敏感度及该产品的需求价格弹性；二是不但要考虑单个产品，还要考虑整个类别产品的整体价格形象和综合利润率，对不同产品应有不同的定价机制，在保证良好价格形象的同时，保持合理的利润水平。

上述 6 个原则是相互结合、缺一不可的，店铺在做产品组合计划及日常管理的过程中都应遵循这些基本原则，而了解消费者需求、保持消费者导向是这些原则产生的基础。

3. 基于关联规则的产品组合方法

（1）关联规则算法的相关概念

①项目和项集。数据库中不可分割的最小单位信息称为项目，用符号 i 表示。项的集合称为项集。设集合 $I=\{i_1,i_2,...,i_k\}$ 是项集，I 中项目的个数为 k，则集合 I 称为 k 项集。例如，{咖啡,果酱,面包,干果,香肠}是一个 5 项集。

②候选项集。项集 $I=\{i_1,i_2,...,i_k\}$ 是由数据库中所有项目构成的集合，一次处理所含项目的集合用 T 表示，$T=\{t_1,t_2,...,t_k\}$，每个 t_i 包含的项集都是 I 的子集。那么项集 t_1 有 k 个候选项集，2 项

集 I_2 有 C_k^2 个候选项集，3 项集 I_3 有 C_k^3 个候选项集，以此类推，k 项集 I_k 有 1 个候选项集。

③关联规则。若 X，Y 为项集，$X \in I$，$Y \in I$，并且 $X \cap Y = \Phi$，则一个关联规则是形如 $X => Y$ 的蕴涵式，其中 X 称为规则的前提，Y 称为规则的结果。

④支持度（Support）。支持度是指交集中同时包含 X 和 Y 的记录数与记录总数的百分比。规则 $X => Y$，支持度 $S(X => Y) = (X、Y$ 同时出现的记录数)/(记录总数)。

⑤可信度（Confidence）。规则 $X => Y$，可信度 $C(X => Y) = S(X => Y)/S(X) = (XY$ 同时出现的记录数)/(X 出现的记录数)。

⑥最小支持度和最小置信度。指定的规则必须满足一定的支持度和置信度阈值，当 $S(X => Y)$ 和 $C(X => Y)$ 分别大于等于各自的阈值时，认为 $X => Y$ 的关联是合理的，这两个值称为最小支持度阈值（min_sup）和最小置信度（min_conf）。其中，min_sup 描述了关联规则的最高重要程度，min_conf 规定了关联规则必须满足的最低可靠性。

⑦频繁项集。如果某 k 项候选集的支持度大于或等于设定的最小支持度，则称该 k 项候选项集为 k 项频繁项集或 k 项强集，同时支持度小于最小支持度的 k 项候选项集称为 k 项非频繁项集。

⑧强关联规则。在最小可信度的条件下，若强项集的可信度满足最小可信度，则称此 k 项强项集为关联规则。例如，若 $\{X，Y\}$ 为 2 项强项集，同时 $C(X => Y)$ 大于或等于最小可信度，即 $S(X \cup Y) \geqslant$ min_sup 且 $C(X => Y) \geqslant$ min_conf，则称 $X => Y$ 为关联规则。

（2）关联规则算法的步骤

Apriori 算法是一种挖掘关联规则的频繁项集算法，其核心是基于两阶段的频繁项集思想的递推算法。该算法将关联规则挖掘分解为以下两个步骤：第一步，找出存在于事务数据库中的所有频繁项集，即那些支持度大于用户给定支持度阈值的项集；第二步，在找出的频繁项集的基础上产生强关联规则，即产生那些支持度和可信度分别大于或等于用户给定的支持度和可信度阈值的关联规则。

在上述两个步骤中，第二步相对容易些，因为它只需要在已经找出的频繁项集的基础上列出所有可能的关联规则即可。同时满足支持度和可信度阈值要求的规则被认为是有趣的关联规则。但由于所有的关联规则都是在频繁项集的基础上产生的，因此已经满足了支持度阈值的要求，所以只需要考虑可信度阈值的要求即可。只有那些大于用户给定的最小可信度的规则才能留下来。第一步是挖掘关联规则的关键步骤，挖掘关联规则的总体性能由第一步决定，因此所有挖掘关联规则的算法都是着重研究第一步的。

📋 **案例分析**　　　　　　　　　　**淘宝店铺关联产品销售情况分析**

某店铺的 5 条用户购物清单记录如表 9-6 所示。设最小支持度为 40%，最小可信度为 60%，计算基于 Apriori 算法的频繁项集和关联规则。

表 9-6　购物清单记录

记录号	购物清单
2234859401	方便面、卤蛋、面包、汽水
2234859402	卤蛋、面包、牛奶
2234859403	方便面、卤蛋、香肠
2234859404	卤蛋、面包、香肠
2234859405	方便面、汽水、口香糖

1．计算 1 项候选项集

扫描数据表，统计 1 项候选项集的出现次数及支持度（见表 9-7）。支持度=1 项候选项集的出现次数/数据记录总数，数据记录总数为 5。

表 9-7　1 项候选项集 C1

1 项候选项集 C1	COUNT	S
方便面	3	0.6
卤蛋	4	0.8
面包	3	0.6
汽水	2	0.4
香肠	2	0.4
牛奶	1	0.2
口香糖	1	0.2

2．计算 1 项频繁项集

消除不满足条件的候选项集，得出 1 项频繁项集 L1（见表 9-8）。

表 9-8　1 项频繁项集 L1

1 项频繁项集 L1	计数 COUNT	支持度 S
方便面	3	0.6
卤蛋	4	0.8
面包	3	0.6
汽水	2	0.4
香肠	2	0.4

3．计算 2 项候选项集

在 1 项频繁项集的基础之上生成 2 项候选项集并统计其出现次数及支持度，2 项候选项集 C2 如表 9-9 所示。

表 9-9　2 项候选项集 C2

2 项候选项集 C2	计数 COUNT	支持度 S
方便面、卤蛋	2	0.4
方便面、面包	1	0.2
方便面、汽水	2	0.4
方便面、香肠	1	0.2
卤蛋、面包	3	0.6
卤蛋、汽水	1	0.2
卤蛋、香肠	2	0.4
面包、汽水	1	0.2
面包、香肠	1	0.2
汽水、香肠	0	0

4．计算 2 项频繁项集

消除不满足条件的候选项集，得出 2 项频繁项集 L2（见表 9-10）。

表 9-10　2 项频繁项集 L2

2 项频繁项集 L2	计数 COUNT	支持度 S
方便面、卤蛋	2	0.4
方便面、汽水	2	0.4
卤蛋、面包	3	0.6
卤蛋、香肠	2	0.4

5．计算 3 项候选项集

在 2 项频繁项集的基础上生成 3 项候选项集 C3（见表 9-11）。

表 9-11　3 项候选项集 C3

3 项候选项集 C3	计数 COUNT	支持度 S
方便面、卤蛋、面包	1	0.2
方便面、卤蛋、香肠	1	0.2

因为最小支持度为 40%，所以所有 3 项候选项集不满足最小支持度，所以 3 项候选项集被剪掉，即最大频繁项集为 L2。

6．关联规则分析

由 L2 形成的可能关联规则如表 9-12 所示。可信度 C({方便面}=>{卤蛋})=S({方便面}=>{卤蛋})/S({方便面})=0.4/0.6≈0.67，以此类推，计算其他关联规则的可信度。

表 9-12　由 L2 形成的可能关联规则

序号	关联规则	支持度 S	可信度 C
1	方便面=>卤蛋	0.4	0.67
2	卤蛋=>方便面	0.4	0.5
3	方便面=>汽水	0.4	0.67
4	汽水=>方便面	0.4	1
5	卤蛋=>面包	0.6	0.75
6	面包=>卤蛋	0.6	1
7	卤蛋=>香肠	0.4	0.5
8	香肠=>卤蛋	0.4	1

因为最小可信度为 60%，所以可采用表 9-13 所示的关联规则进行有效的组合营销，提高销量。

表 9-13　关联规则的组合营销

序号	关联规则	支持度 S	可信度 C
1	方便面=>卤蛋	0.4	0.67
2	方便面=>汽水	0.4	0.67
3	汽水=>方便面	0.4	1
4	卤蛋=>面包	0.6	0.75
5	面包->卤蛋	0.6	1
6	香肠=>卤蛋	0.4	1

4．产品组合的营销策略

产品组合的营销策略是指企业针对目标市场对产品组合的广度、深度及相关性进行决策，以达到产品组合的最优化。下面介绍几种常见的产品组合营销策略。

（1）扩大产品组合

扩大产品组合的深度和广度，也就是增加产品经营的大类，增添产品经营的品种，扩展经营范围。具体来说，扩大产品组合有以下 3 种策略。

①垂直多样化，即向产品组合深度发展的策略。企业不对现有的产品组合增加产品大类，而是在原有的产品大类上不断增加新品种。

②相关横向多样化。根据企业的经营能力对产品组合加以拓宽，即根据关联性原则，增加一个

或几个产品大类。

③无相关横向多样化，即扩展产品组合宽度的策略。但这种策略强调的不是经营与原来产品大类相关的产品，而是发展与原来产品大类无关的产品。

（2）缩减产品组合

企业为了更好地节约资源，发挥核心优势，可能会取消一些产品大类或产品项目，从而集中力量销售潜力可观的产品。缩减产品组合的策略如下。一是有限的产品大类。企业根据自身的特点，将全部力量集中于有限的几类产品或一类产品上，实行专门经营，以提高企业的知名度和销售量。二是缩减产品项目。这种策略主张经营的产品项目少、服务质量高，通过削减一些不适销的产品项目，集中力量经营畅销产品来提高经营效益。

（3）高档产品组合策略和低档产品组合策略

高档产品组合策略是指增加高档产品，相对减少低档产品，使产品系列趋向高档化，这有利提高企业的声誉和盈利能力。低档产品组合策略是指增加低档产品，相对减少高档产品，使产品列趋向大众化，这有利于吸引众多的普通消费者，扩大市场占有率。

（4）调整产品组合策略和产品异样化策略

调整产品组合策略是指对企业经营的某些产品进行调整和改善，以提高质量、增加新功能，为消费者带来新效用，从而增强企业的竞争力。产品异样化策略也称为产品差别化策略，是指企业将同种性能的产品标以新奇的标志或采用新颖的宣传促销方法来表示与竞争对手产品的不同。

9.4　产品用户特征及体验数据分析

9.4.1　产品用户特征分析

用户特征分析的目的主要是解决目标用户是谁、市场预期容量有多大等问题。在设计用户特征分析内容的过程中，一切围绕用户，以用户为中心，了解用户的需求，采集用户的特征信息，并倾听用户的需求、想法、产品使用方式等相关内容。根据研究目的，确定用户特征分析的内容，做好关于用户年龄、地域、消费能力、消费偏好等数据的收集与整理工作，并赋予不同的人群标签。用户特征分析的内容与步骤如下。

（1）列出主要用户，分析用户的参与情况或活跃程度。用户不仅指个人消费者，还可以是部门单位或机构等。

（2）收集用户信息。对用户的真实情况进行深入研究，了解他们是什么样的用户，他们有什么目的和需求，以及如何为他们设计店铺和采购产品。对电子商务网站用户和电子商务 App 用户进行基础数据、行为数据、交易数据等全面的数据采集。把握转化率和流失率两个互补型指标，得出用户行为状态及各阶段用户转化率的情况。

（3）列出用户的关键特征。列出每组用户的相关特征，将用户的属性、偏好、生活习惯、行为等信息抽象化，生成标签化的用户模型并作为用户画像。

📄 **知识拓展**　　　　　　　　　**产品画像的定义与价值**

产品画像是对产品特征的分析，如同用户画像一样，可以简单理解成是产品海量数据的标签。根据产品的特征、设计、功能、口味、波次、价位段、流行度、销售状况、促销力度、销售渠道差异等，将它们区分为不同的类型，然后从每种类型中抽取出典型特征，赋予不同的分类、特点、场景、统计学要素等描述。表 9-14 所示为服装类目产品画像。

表 9-14　服装类目产品画像

属性	描述
产品外观属性	廓形、版型、面料（成分、薄厚、手感、护理等）、颜色、尺寸、细节特征（领型、袖型、腰线、口袋、腰带、袖长、衣长、纽扣、垫肩、折边）、穿脱时间
功能属性	保温、防水、防风、生热、散热、吸汗、防臭、透气
定位属性	品牌、风格形象、目标用户群体
品类属性	西装、大衣、连衣裙、休闲服、套装、鞋
可穿着场合属性	私人、社交和商务
销售属性	铺货渠道/门店数量、销售区域、销售周期、上市时间、参与活动
财务属性	吊牌价格、价位段、毛利目标
供应链属性	库存数量、翻单周期/频率、补货周期/频率、可调拨性、仓储要求、物流要求

　　生成产品画像的意义在于可以对产品进行精准地定位，让不同的产品迅速匹配到合适的消费者，进而更加优化用户的体验。同时产品画像给产品贴上的各种"标签"可以驱动后端供应链的各种行为，如预测、补货、促销、库存、采购、生产、物流等都是要和这些标签匹配的，标签不同、数据不同、算法不同、模型不同、流程不同，管理的模式也有所不同，形成了一套组合拳的模式，而且一切都是动态的。

　　产品画像是产品外延生命力的象征。好的产品必须是易于在人群中推广的，是一句话就能讲清楚的。如何让产品和消费者迅速匹配，同时通过产品画像来迅速启动需求链管理流程？通过对预测、促销、补货、采购、生产、物流、配送等流程的把控，让好卖的产品不断货，利润最大化，让不好卖的产品清仓腾位置，避免形成呆滞库存，这样整个链条从消费者到零售商再到供应商就彻底因产品而满意、高效、健康地串联起来。

　　资料来源：根据网络资料整理。

9.4.2　产品生命周期分析

　　产品生命周期（Product Life Cycle，PLC）是指产品的市场寿命。一种产品进入市场后，它的销量和利润会随时间的推移而改变，总体呈现一个由少到多，再由多到少的过程。

1. 产品生命周期的阶段

（1）投入期

　　新产品投入市场便进入投入期，此时消费者对产品还不了解，只有少数追求新奇的消费者可能会购买，因此销量低。为了拓展销路，需要大量的促销费用对产品进行宣传。在这一阶段，由于技术方面的原因，产品不能大批量生产，因此成本高，销售额增长缓慢，企业不但得不到利润，反而可能亏损，而产品也有待进一步完善。

（2）成长期

　　在产品成长期，消费者对产品已经足够熟悉，大量的消费者开始购买，市场逐步扩大，产品大批量生产，生产成本相对降低，企业的销售额迅速上升，利润也迅速增长。竞争者看到有利可图，纷纷进入市场参与竞争，使同类产品供给量增加，价格随之下降，企业利润增长速度逐步减慢，最后达到整个周期的利润最高点。

（3）饱和期

　　饱和期的市场需求趋向饱和，潜在的消费者已经很少，销售额增长缓慢直至下降，产品进入了成熟期。在这一阶段，竞争逐渐加剧，产品售价降低，促销费用增加，企业利润下降。

（4）衰退期

新产品或替代品的出现将使消费者的消费习惯发生改变，从而转向其他产品，使原来的产品的销售额和利润迅速下降，导致该产品进入衰退期。

2. 产品生命周期各阶段的市场营销策略

（1）投入期的市场营销策略

投入期的特征是产品销量低，促销费用高，制造成本高，销售利润很低甚至为负值。根据这一阶段的特点，企业应努力做到：投入市场的产品要有针对性；进入市场的时机要合适；设法把销售力量直接投向最有可能的购买者，使市场尽快接受该产品，以便更快地进入成长期。若将价格高低与促销费用高低结合起来考虑，则投入期的营销策略有以下4种。

①快速撇脂策略。即以高价格、高促销费用推出新产品。实行高价策略可在每单位销售额中获取最大利润，以尽快收回投资；高促销费用能够快速建立知名度，从而占领市场。实施这一策略须具备以下条件：产品有较大的需求潜力；目标消费者求新心理强，急于购买新产品；企业面临潜在竞争者的威胁，需要及早树立品牌形象。一般而言，在产品投入阶段，只要新产品比替代产品有明显优势，市场对其价格就不会那么计较。

②缓慢撇脂策略。即以高价格、低促销费用推出新产品。这样做的目的是以尽可能低的费用开支求得更多的利润。实施这一策略的条件是市场规模较小，产品已有一定的知名度，目标消费者愿意支付高价，潜在竞争的威胁不大。

③快速渗透策略。即以低价格、高促销费用推出新产品。这样做的目的在于先发制人，以最快的速度打入市场，以取得尽可能大的市场占有率，然后随着销量的提高和产量的扩大，单位制造成本降低，最后取得规模效益。实施这一策略的条件是该产品市场容量相当大，潜在消费者对产品不了解，且对价格十分敏感，潜在竞争较为激烈，产品的单位制造成本可随生产规模和销量的扩大而迅速降低。

④缓慢渗透策略。即以低价格、低促销费用推出新产品。低价格可扩大销售，低促销费用可降低营销成本，增加利润。实施这一策略的条件是市场容量很大，市场上该产品的知名度较高，市场对价格十分敏感，存在某些潜在的竞争者，但威胁不大。

（2）成长期的市场营销策略

新产品经过市场投入期后，消费者对该产品已经熟悉，消费习惯也已经形成，销量迅速提高，这时新产品进入成长期。针对成长期的特点，企业为维持其市场增长率，延长获取最大利润的时间，可以采取以下几种策略。

①改善产品品质。例如，增加新的功能、改变产品款式、发展新的型号、开发新的用途等。对产品进行改善可以提高产品的竞争能力，满足消费者更广泛的需求，吸引更多的消费者。

②寻找新的细分市场。通过市场细分，找到新的尚未满足的细分市场，再根据其需要组织生产，然后迅速进入这一新的市场。

③改变广告宣传的重点。把广告宣传的重心从介绍产品转移到建立产品形象上来，树立产品名牌。

④适时降价。在适当的时机，可以采取降价策略，以激发那些对价格比较敏感的消费者产生购买动机和采取购买行动。

（3）饱和期的市场营销策略

新产品进入饱和期后，市场竞争非常激烈，各种品牌、各种款式的同类产品不断出现。对于饱和期的产品，宜采取主动出击的策略，使饱和期延长或使产品生命周期出现再循环。因此，可以采取以下3种策略。

①市场调整。这种策略不是要调整产品本身，而是要发现产品的新用途、寻求新的用户或改变推销方式等，以使产品销量得以提高。

②产品调整。这种策略通过产品自身的调整来满足消费者的不同需要，吸引有不同需求的消费者。在整体产品系列中，任何一个层次的调整都可视为产品再推出，也称为产品改良。

③市场营销组合调整。这种策略是通过对产品、定价、渠道、促销 4 个市场营销组合因素加以综合调整，以刺激销量回升。常用的方法包括降价、提高促销水平、扩展分销渠道和提高服务质量等。

（4）衰退期的市场营销策略

面对处于衰退期的产品，企业需要进行认真的研究分析，决定采取什么策略或在什么时间退出市场。通常有以下 4 种策略可供选择。

①继续策略。继续沿用过去的策略，仍按照原来的细分市场，使用相同的分销渠道、定价及促销方式，直到这种产品完全退出市场为止。

②集中策略。把企业能力和资源集中在最有利的细分市场和分销渠道上，从中获取利润。这有利于缩短产品退出市场的时间，同时能为企业创造更多的利润。

③收缩策略。舍弃一部分消费者群体，大幅度降低促销水平，尽量减少促销费用，以增加利润。这样可能导致产品在市场上加速衰退，但也能从忠实于这种产品的消费者中得到利润。

④放弃策略。对于衰退比较迅速的产品，应当机立断放弃经营，可以采取完全放弃的形式，如把产品完全转移出去或立即停止生产。也可以采取逐步放弃的方式，使其占用的资源逐步转向其他产品。

9.4.3　产品用户体验分析

用户体验（User Experience，UE）是用户在使用产品的过程中建立起来的一种主观感受。 ISO 9241-210 标准将用户体验定义为"人们对使用或期望使用的产品、系统或服务的认知印象和回应，即用户在使用一个产品或系统之前、使用期间和使用之后的全部感受，包括情感、信仰、喜好、认知印象、生理和心理反应、行为和成就等各个方面"。

1. 用户体验的分析内容

用户体验中有可以量化的部分，也有不可以量化的部分。量化用户体验的实质是评价产品的可用性。根据 ISO 9241 的定义，产品的可用性是指产品在特定使用环境下为特定用户用于特定用途时所具有的有效性、易用性和用户主观满意度。

（1）有效性

有效性与产品策划相关，是指产品具有的功能是否能满足用户的需求。用户的需求包括显性需求和隐性需求，显性需求是指主需求和关联需求，而隐性需求是指潜在需求。那么，在提高产品的有效性方面，是不是满足的需求越多就越好呢？显然不是，需求要满足到什么程度，应结合产品的易用性进行权衡，即找到一个合适的点。满足的需求太多会导致产品变得"臃肿"，从而对其性能和用户的认知、操作带来负面影响。对一个产品的有效性进行评估是一件比较困难的事情，它要求企业对该产品或与它相似的产品有深入的研究。

（2）易用性

提高产品的易用性是交互设计师的工作。易用性包括易学性和效率性。易学性是指用户在接触一个新产品时，最好不用学习也能懂得怎么使用，也就是很多人所说的用起来很"自然"，其真正的内涵是产品的设计要符合用户的心智模型。效率性的内涵包括易于操控、步骤简便、清晰的导航与指引。

（3）用户主观满意度

用户最大的满意度源于产品为其提供的价值（有用性和易用性），但除此之外还包括产品在性能、视觉等方面的体验。性能是指产品对用户操作的响应速度、出错的频率及严重程度；视觉是指由眼球直接获取的愉悦，加之给予用户一些惊喜或意想不到的情感触动，形成多维度的情感化设计，让用户与产品发生情感关联。

2. 用户体验的分析方法

用户体验的分析方法主要包括定量分析和定性分析两种。定量分析是采取问卷调查的方法进行的，如用户的满意度调查、用户体验调查等。定性分析，可采取访谈法、观察法、启发式评估、用户体验地图等方法，其中启发式评估是若干用户体验设计方面的专家以角色扮演的方式模拟典型用户使用产品的场景，然后利用自身的专业知识进行分析和判断，从而发现潜在的问题；用户体验地图是在时间框架下填入用户的目标和行为，随后填入用户的感受和想法，当用户信息逐渐完善后，再通过视觉化的方式予以呈现。

9.5 产品仓储数据分析

9.5.1 仓储数据分析内容

库存管理是供应链管理的基础，也是电子商务公司的核心能力之一。库存冗余，占用现金流较多，销售不掉会造成亏损；库存匮乏，容易造成断货，用户就去其他平台购买，造成销售损失和用户流失。对库存的分析不能简单地看一下库存和排行，库存分析应该是一个从简单到复杂、从宏观到微观的过程。

1. 仓储数据分析的内容

（1）库存结构分析

库存结构分析主要是通过分析库存产品的占比情况，了解产品结构是否符合市场需求，从而及时调整销售策略。

（2）库存数量分析

在电子商务运营过程中，产品库存数量要保持适中，既要保证产品供应充足，满足日常销售所需，又不能有太多积压，产生较多仓储成本，因此需要对库存数量进行分析，为下次入库数量提供数据支持。

（3）库存健康度分析

库存健康度分析是针对库存的实际情况，以一定的指标进行测验，以判断库存是否处于健康水平，是否存在经济损失的风险。库存健康度分析主要通过库存天数、库存周转率等核心指标进行分析。

2. 仓储数据分析的核心指标

（1）安全库存数量

安全库存量是为了预防需求或供应方面不可预测的波动，在仓库中应保持最低库存量作为安全库存量。安全库存量的大小主要由消费者服务水平（或订货满足）决定。所谓消费者服务水平，是指对消费者需求情况的满足程度，公式表示如下：消费者服务水平=年缺货次数/年订货次数。消费者服务水平（或订货满足率）越高，说明缺货发生的情况越少，从而缺货成本较小，但因增加了安全库存量，导致库存的持有成本上升；而消费者服务水平较低，说明缺货发生的情况较多，缺货成本较高，安全库存量水平较低，库存持有成本较小。因而必须综合考虑消费者服务水平、缺货成本和库存持有成本三者之间的关系，最后确定一个合理的安全库存量。

在服装、电器等行业，习惯使用绝对数量或金额作为安全库存标准，其优点在于直观明了，可以直接与现有库存对比来发现差异，但由于没有和销售数据挂钩，在目前产品销售具有节奏性、季节性的前提下，显得不够精准和灵活。比如以1500套作为安全库存标准，在淡季该标准可能就显得过高，在旺季可能又显得过低。因此，目前许多店铺会按照季节性或行业淡季旺季的区别，更有弹性地设置安全库存数量。

（2）库存天数

库存天数是一种库存管理指标，显示企业将库存转化为销售所需的平均天数。库存天数并不是越高或越低越好，而是要维持在一个合理的范围内，库存天数太高，意味着仓库内的库存过多，占用资金越多；而库存天数过低，意味着库存满足不了销售需求，存在很大的断货风险，影响前端的销售。所以库存天数可以有效衡量库存滚动变化的情况，是衡量库存可持续销售期的追踪指标，判断是否有缺货风险。

$$库存天数 = \frac{期末库存金额}{某一销售周期的销售金额 / 销售期天数} = \frac{期末库存金额}{某一周期的日平均销售金额}$$

比如当前库存按成品销售价来计算就有 90 万元，而未来一个月的销售计划是 60 万元，那么每天要消耗（销售）的库存金额就是：一个月销售计划/30 天=60 万/30 天=2 万/天。库存天数=当前库存金额/未来每天要消耗的库存金额=90 万/2 万=45 天。即用现在 90 万元的库存可以满足将来 45 天的消耗需求。

（3）库存周转率

库存周转天数是指企业从取得存货/产品入库开始，直到消耗/销售为止所经历的天数，即企业将库存转化为销售所需的平均天数的另一种方式，周转天数越少，说明企业零库存或者存货变现的速度越高。通常，用 360 作为一年的计算周期。

$$库存周转天数 = \frac{360}{库存周转率}$$

库存周转率是指某一时间段内库存货物周转的次数，是反映一定期间（月、季度、半年或年）库存周转快慢程度的指标，周转率越大说明销售情况越好，可以从数量和金额两个角度进行计算。

$$库存周转率 = \frac{销售数量}{（期初库存数量 + 期末库存数量）/ 2} = \frac{销售数量}{平均库存量}$$

库存周转率显示公司接收和销售库存的速度，而库存周转天数计算公司出售其库存所需的平均天数，它们是相关的，但彼此相反。

库存天数主要反映当前库存可以满足供应的天数，是仓库备货能力的体现。库存天数越多，说明仓库备货能力越强。但过长的可用天数可能意味着产品滞销，过短则会导致缺货，所以需要保持在一定的范围内。此外，不同产品的库存天数需要根据库存周转天数来定义，即按时间划分。例如，产品库存周转天数是 30 天，则可以将库存天数划分为 7 天以内、8～14 天、15～30 天、30 天以上等。

（4）其他重要指标

$$售罄率 = \frac{某段时间内的销售数量}{期初库存数量 | 期间进货数量}$$

$$动销率 = \frac{某段周期内有销售的SKU数}{期初有库存的产品SKU数 + 期中新进产品SKU数}$$

$$缺货率 = \frac{某一周期内有缺货记录的产品数}{期初有库存的产品SKU数 + 期中新进产品SKU数}$$

9.5.2　仓储数据分析方法

1. 库存天数分析

用库存天数来判断库存安全性时，首先量化每个 SKU 的库存天数，即利用每个 SKU 的库存数据和销售数据计算 SKU 对应的库存天数，然后和标准库存天数进行对比（见图 9-9），低于标准的及时补货，高于标准的想办法退货或提高销量。

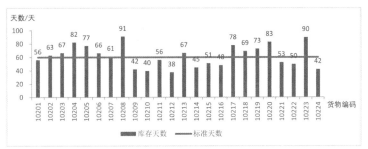

图 9-9　SKU 库存天数分析

2. SKU 三度分析

SKU 三度分析是指从广度、宽度和深度角度进行分析，若这 3 个指标合理，库存结构就比较合理。其中广度是指涉及的产品类目数据是否充足；宽度是指产品各类目下的种类，即采购的 SKU 丰富度如何；深度是指产品的 SKU 总数量，热销 SKU 深度是否充足，滞销款 SKU 是否较浅。将这 3 个维度的数据和计划值进行对比，找出差异就能确定库存结构哪里出现了问题，示例如表 9-15 所示。

表 9-15　SKU 三度分析表

三度分析	项目	T 恤	半身裙	连衣裙	裤子	裙裤	防晒衣
广度	计划	有	有	有	有	有	有
	实际	有	有	有	有	有	有
	差异	无	无	无	无	无	无
宽度	计划（种）	30	28	35	12	13	5
	实际（种）	25	28	40	4	20	5
	差异	−5	0	−5	8	−7	0
深度	计划个/SKU	120	112	108	48	39	15
	实际个/SKU	138	102	74	48	42	15
	差异	−18	10	34	0	−3	0

3. 四象限分析法

分析库存周转率时，首先利用公式计算各产品或 SKU 的库存周转率，然后建立四象限图进行分析。图 9-10 所示为库存周转率四象限图，其中横坐标轴代表库存天数，纵坐标轴代表库存周转率。假设标准库存为 60 天，标准季度周转次数为 6 次，那么图 9-10 中位于坐标轴交叉点附近的产品或 SKU 的库存都比较安全。位于左上角象限内的产品的库存天数低、周转率高，容易出现断货风险，应及时补货。位于右下角象限内的产品库存天数高、周转率低，容易出现死库存，应特别重视。

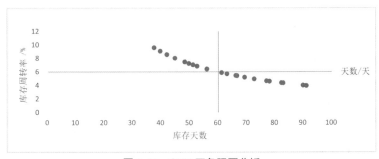

图 9-10　SKU 四象限图分析

案例分析　　　　　　　　　　　　　店铺库存预警情况分析

　　某以经营学生冬装外套为主的店铺，其中一款冬装外套 24 个 SKU，以其某个时间段的库存数据为例，试计算各个 SKU 的库存天数和库存周转率，并分析库存的预警情况。其中预警包括正常、有待补货、急待销售、急待补货、加速销售。

　　1．制定标准

　　库存天数与库存标准天数（60 天）进行比较，少于 15 天为急待补货，小于 7 天为有待补货，大于等于 7 天属于正常库存，大于 15 天需要加速销售，大于 15 天以上属于滞销，急待销售。

　　2．计算库存天数和库存周转率

　　库存天数=库存数量/（近 7 日支付件数/销售期）；库存周转率=360/库存天数。按照以上公式进行计算，可得出各个 SKU 的库存天数和库存周转率，结果如图 9-23 所示。

　　3．预警判断

　　在单元格 I2 中输入 "=IF(F2-E2≤-15,"急待补货",IF(G2-F2<-7,"有待补货",IF(G2-F2≤7,"正常",IF(G2-F2<15,"加速销售","急待销售"))))"，按 Enter 键，并向下填充公式计算其他预警数据，结果如图 9-11 所示。

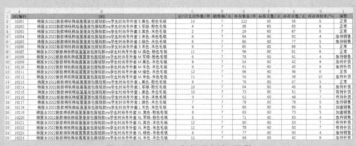

图 9-11　SKU 库存分析与预警

　　通过筛选操作，可以看出库存正常、有待补货、急待销售、急待补货、加速销售的 SKU 分别是哪些，从而对库存做出不同的应对策略。

素养课堂　　　　网购怕买到假货　网络购物商品质量三级管控是如何运行的？

　　在网络购物生态系统中，无论是买方还是卖方个体与第三方服务机构之间都不具有对等的议价能力，而网络购物平台与第三方服务机构是互利共生的关系，因此，网络购物平台集成物流、质量保证和检验、支付、保险等机构，共同向买卖双方提供交易服务，其中也包括共同实现缓解商品质量不确定性的功能。

　　第三方服务机构缓解商品质量不确定性的职能是通过网络购物平台的集成及其相关机制实现的，如网络购物平台通过选择信誉良好的质量检验机构合作来保证商品质量检验的可靠性，选择信誉良好的物流配送机构合作以保证商品安全、完整、可靠地送达消费者，选择信誉良好的第三方支付机构以增强买方远程支付的信心。因此，由于网络购物平台的集成服务功能，以网络购物平台、政府监管机构、卖方三方为主体探讨网络购物交易全过程的商品质量管控措施，实际上就是覆盖网络购物所有相关主体的，可称作是覆盖全主体的商品质量管控。

　　（1）商品与市场准备阶段。在这个阶段，网络购物平台设定卖方准入标准（如保证金缴纳标准、资质水平等）；引入第三方质量检验及认证机构或自行承担检验及认证职能对卖方及其商品展开认证和检验；创建在线信任机制（如在线信誉反馈系统、在线商盟）以利于远程交易。

　　（2）交易前展示与沟通阶段。在这个阶段，网络购物平台规定卖方及商品展示格式，提高图片展示技术，帮助卖方详细、生动、无遗漏地展示商品；卖方及商品搜索更加精准，能够帮助买方快速找到质量优良的卖方及其商品；所构建的在线信誉反馈系统收集、合计卖方及商品交易信誉情况供买方查询。

（3）交易中谈判与签约阶段。在这一阶段，网络购物平台制定各种商品质量保证承诺（如7天无理由退换货、先行赔付和假一赔三等），降低买方对商品质量的不确定性感知，促进交易达成；制定对卖方违规欺诈行为的处罚规定，并将其作为电子合同的条款之一；在交易过程中对卖方商品展开定期或不定期的抽检。

（4）交易后付款与送货阶段。在这一阶段，网络购物平台将第三方支付或货到付款作为一种商品质量保障形式，第三方支付可在一定程度上通过第三方的支付担保作为商品质量的担保，而货到付款的方式则更便于买方在支付之前确认商品质量；以引入信誉良好的物流配送机构或自建物流的方式，保证商品在物流配送过程中的安全性和完整性。

（5）售后服务阶段。在该阶段，网络购物平台根据电子合同及承诺进行商品质量问题的赔付或处理；对卖方商品质量违规欺诈行为进行处罚。政府监管机构则制定诸如退换货、网络购物违规欺诈行为处罚等方面的政策法规，并对网络购物平台和卖方的行为进行监管。卖方则根据合同规定以及承诺，对发生质量问题的商品进行赔付或处理。

网络购物商品质量三级管控体系是全主体、全过程、全面的商品质量管控体系，即生态系统中所有相关主体参与的、横跨网络购物交易前、交易中和交易后整个过程的，覆盖对象全面的商品质量管控体系。其中，网络购物平台发挥着核心管控主体的作用，它上承政府监管机构的政策法规和监管措施，将政策法规以及监管措施设计到质量管控机制中，下启卖方缓解商品质量不确定性和提升商品质量的活动，对这些活动进行管控和指导。

资料来源：根据网络资料整理。

拓展思考：

1. 电子商务平台上假货横行的原因有哪些？

2. 网购买到假货怎么维护自己的权益？

 ## 本章知识结构图

扫一扫

 ## 本章测验

1. 判断题

（1）产品搜索指数越大，反映搜索热度越高，等同于实际的搜索次数。（　　）

（2）产品交易指数越高，代表支付金额越高。（　　）

（3）产品结构划分为形象产品、利润产品、常规产品、人气产品和体验产品。（　　）

（4）SKU是库存进出计量的基本单元，可以件、盒等为单位。（　　）

（5）库存结构分析主要是分析库存产品的占比情况。（　　）

2. 单选题

（1）产品结构比例侧面反映了产品的销售比例，通常情况下，利润产品占比是（　　）。

A. 10%　　　　　B. 15%　　　　　C. 20%　　　　　D. 50%

（2）产品的可用性不包括（　　）。

A. 有效性　　　　　　　　B. 功能性　　　　　　　　C. 易用性　　　　　　　D. 用户主观满意度

（3）健康的周转水平一般在目标库存的（　　）以上和（　　）倍以下。

A. 60%，1.0　　　　　　　B. 60%，1.5　　　　　　　C. 80%，1.0　　　　　　D. 80%，1.5

（4）下列仓储数据分析核心指标计算公式中错误的是（　　）。

A. 库存天数=期末库存数量/（某销售期的销售数量/该销售期天数）

B. 库存周转天数=出库数量/［（期初库存+期末库存）/2］

C. 库存周转率 = 销售数量/［（期初库存数量+期末库存数量）/2］

D. 动销率=某段周期内有销售的 SKU 数/期初有库存的商品 SKU 数

（5）下列关于 SKU 三度分析说法错误的是（　　）。

A. 广度是指涉及的商品类目数据是否充足

B. 宽度是指商品各类目下的种类，即采购的 SKU 丰富度

C. 深度是指商品的 SKU 总数量，热销 SKU 深度是否充足，滞销款 SKU 是否较浅

D. SKU 三度指标如果合理，则库存结构会比较合理

3. 多选题

（1）传统定价方法主要包括（　　）。

A. 习惯定价法　　　　　B. 成本加成定价法　　　　C. 保留安全定价底线　　D. 组合定价法

（2）产品组合的内容包括（　　）。

A. 产品组合的价值　　　B. 产品组合的广度　　　　C. 产品组合的深度　　　D. 产品组合的关联性

（3）产品生命周期处于投入期，其特征是（　　）。

A. 产品销量低

C. 制造成本高

B. 促销费用高

D. 销售利润很低甚至为负值

（4）下列关于产品结构的说法中正确的是（　　）。

A. 形象产品展示企业实力，树立品牌形象，提升消费者信心

B. 利润产品丰富销售搭配，提升利润

C. 常规产品用于日常销售，提供丰富选择

D. 人气产品获取更多自然流量，也称热销产品、引流产品

（5）设 A、B 是数据集 DB 中的项集，则下列说法错误的是（　　）。

A. 若 A 包含于 B，则 A 的支持度大于 B 的支持度

B. 若 A 包含于 B，则 A 的支持度小于 B 的支持度

C. 若 A 包含于 B，且 A 是非频繁项集，则 B 也是非频繁项集

D. 若 A 包含于 B，且 A 是非频繁项集，则 B 是频繁项集

4. 简答题

（1）简述产品组合的方法及原则。

（2）简述产品生命周期各阶段的营销策略。

任务实训

实训内容：从阿里天池数据集平台获取淘宝天猫婴儿用品相关数据，该数据集包含两张表，购买商品表和婴儿信息表。购买商品表字段信息包括用户 ID、商品 ID、商品二级分类、商品一级分类、商品属性、购买数量和购买日期。婴儿信息表字段信息包括用户 ID、出生日期、性别。

根据以上信息，针对以下问题对数据集进行处理和分析，形成数据分析报告。

1. 2012 年 7 月至 2014 年 12 月，为什么销量呈现上涨趋势？

2. 哪类产品最热销，可主推？

3. 用户年龄段、性别对于销量的影响如何？如何做到精准营销？

实训目标：通过该任务实训，读者能够结合本章节知识，明确电子商务产品数据分析内容和分析方法，提升读者对产品的综合分析应用能力。

第 ⑩ 章　电子商务数据分析报告

章节目标

1. 了解数据分析报告的主要类型；
2. 掌握数据分析报告的结构设计；
3. 掌握数据分析报告的撰写。

学习难点

1. 数据分析报告的结构设计；
2. 数据分析报告的撰写。

案例导入

第 51 次《中国互联网络发展状况统计报告》

《中国互联网络发展状况统计报告》（以下简称《报告》），始于 1997 年 11 月，是由中国互联网络信息中心（China Internet Network Information Center，CNNIC）发布的最权威的互联网发展数据的报告之一，至今已发布 51 次。该报告力图通过核心数据反映我国网络强国建设历程，已成为我国政府部门、国内外行业机构、专家学者等了解中国互联网发展状况、制定相关政策的重要参考。

2023 年 3 月 2 日，中国互联网络信息中心发布了第 51 次《报告》。该报告从互联网基础建设状况、网民规模及结构状况、互联网应用发展状况、工业互联网发展状况、在线政务服务发展状况和互联网安全状况六大方面展开，力求通过多角度、全方位的数据展现，综合反映 2021—2022 年我国互联网发展状况。

《报告》显示，截至 2022 年 12 月，我国网民规模达 10.67 亿，较 2021 年 12 月增长 3549 万，互联网普及率达 75.6%。

1．网民用网环境持续改善，物联网终端增长推动"万物互联"

《报告》显示，在网络基础资源方面，截至 2022 年 12 月，我国域名总数达 3440 万个，IPv6 地址达 67369 块/32，较 2021 年 12 月增长 6.8%；我国 IPv6 活跃用户达 7.28 亿。在信息通信业方面，截至 12 月，我国 5G 基站总数达 231 万个，占移动基站总数的 21.3%，较 2021 年 12 月提高 7 个百分点。在物联网发展方面，截至 2022 年 12 月，我国移动网络的终端连接总数已达 35.28 亿户，移动物联网连接数达到 18.45 亿户，万物互联基础不断夯实。

2．工业互联网体系构建逐步完善，"5G+工业互联网"发展步入快车道

一方面，工业互联网网络体系建设加速推进，平台构建逐步完善。《报告》显示，工业互联网总体网络架构国家标准正式发布，工业互联网标识解析体系国家顶级节点全面建成，具有影响力的工业互联网平台达到了 240 个。另一方面，"5G+工业互联网"发展步入快车道。"5G+工业互联网"的发展促进了传统工业技术升级换代的步伐，加速人、机、物全面连接的新型生产方式落地普及，成为推动制造业高端化、智能化、绿色化发展的重要支撑。"5G+工业互联网"发展已进入快车道，一大批国民经济支柱产业开展创新实践，全国"5G+工业互联网"项目超过 4000 个。

3．传统领域应用线上化进程加快，推动农村数字化服务发展

《报告》显示，2022 年我国互联网应用用户规模基本保持稳定。一是线上办公市场快速发展，吸引更多网民使用。截至 12 月，我国线上办公用户规模达 5.40 亿，较 2021 年 12 月增长 7078 万，占网民整体的 50.6%。二是互联网医疗规范化水平持续提升，成为 2022 年用户规模增长最快的应用。互联网医疗领域相关监管政策框架日益完善，引导互联网医疗行业规范化发展。截至 12 月，我国互联网医疗用户规模达 3.63 亿，较 2021 年 12 月增长 6466 万，占网民整体的 34.0%。三是互联网成为实现乡村振兴重要抓手，推动农村数字化服务发展。在线教育、互联网医疗等数字化服务供给持续加大，促进乡村地区数字化服务提质增效。截至 12 月，我国农村地区在线教育和互联网医疗用户分别占农村网民整体的 31.8% 和 21.5%，较上年分别增长 2.7 和 4.1 个百分点。

资料来源：根据网络资料整理。

拓展思考：

1.《中国互联网络发展状况统计报告》制定和发布的作用和价值是什么？

2．通过本案例，分析总结数据分析报告的特点是什么。

10.1　数据分析报告框架设计

10.1.1　数据分析报告的认知

数据分析报告是数据分析过程和思路的最终呈现。数据分析报告的作用在于以特定的形式将数据分析结果展示给决策者，给他们提供决策参考和决策依据。

1．数据分析报告的作用

（1）展示分析结果

以某种特定的形式将数据分析结果清晰地展示给决策者，使得他们能够迅速理解、分析、研究问题的基本情况、结论与建议等内容。

（2）验证分析质量

通过报告中对数据分析方法的描述、对数据结果的处理与分析等几个方面来检验数据分析的质量，并且让决策者能够感受到这个数据分析过程是科学严谨的。

（3）提供决策参考

大部分数据分析报告都是具有时效性的，因此所得到的结论与建议可以作为决策者在决策方面的一个重要参考依据。

2．数据分析报告常用类型

由于数据分析报告的对象、内容、时间、方法等情况不同，因而存在着不同的数据分析报告类型。常用的数据分析报告有专题分析报告、综合分析报告和日常数据通报。

（1）专题分析报告

专题分析报告是对社会经济现象某一方面或某一个问题进行专门研究的一种数据分析报告，它的主要作用是为决策者解决某个问题提供决策参考和依据。其特点如下。

①单一性。专题分析报告不要求反映事物的全貌，主要针对某一方面或某一个问题进行分析，如用户流失分析、企业利润率分析等。

②深入性。由于专题分析报告内容单一，重点突出，因此便于集中精力抓住主要问题进行深入分析。它不仅要对问题进行具体描述，而且要对引起问题的原因进行分析，并且提出切实可行的解决办法。

（2）综合分析报告

综合分析报告是全面评价一个地区、单位、部门业务或其他方面发展情况的一种数据分析报告。例如，全国流动人口发展报告、某电子商务企业运营分析报告等。其特点如下。

①全面性。综合分析报告反映的对象，无论是一个地区、一个部门还是一个单位，都必须站在全局的高度反映总体特征，做出总体评价，得出总体认识。在分析总体现象时，必须综合地反映对象各个方面的情况。

②关联性。综合分析报告要把互相关联的一些现象、问题综合起来进行全面系统的分析。综合分析不是对全面资料的简单罗列，而是在系统地分析指标体系的基础上，考察现象之间的内部联系和外部联系。这种联系的重点是比例关系和平衡关系，分析研究它们的发展是否协调，是否适应。因此，从宏观角度反映指标之间关系的数据分析报告一般属于综合分析报告，如某企业的销售额与销售成本之间的关系分析。

（3）日常数据通报

日常数据通报是以定期数据分析报表为依据，反映计划执行情况，并分析其影响因素和形成原因的一种数据分析报告。这种数据分析报告一般是按日、周、月、季、年等时间阶段定期进行，所以也叫定期分析报告。其特点如下。

①规范性。以比较规范的结构形式编写数据分析部门例行报告，定时向决策者提供。日常数据通报一般包括以下几个基本部分：反映计划执行的基本情况，分析完成或未完成的原因，总结计划执行中的成绩和经验，找出存在的问题，提出措施和建议。

②进度性。由于日常数据通报主要反映计划的执行情况，因此必须把计划执行的进度与时间的进展结合起来分析，观察比较两者是否一致，从而判断计划完成的好坏。因此，需要进行一些必要的计算，通过一些绝对数据指标和相对数据指标来突出进度。

③时效性。时效性由日常数据通报的性质和任务决定，它是时效性最强的一种分析报告。只有及时提供业务发展过程中的各种信息，才能帮助决策者掌握企业经营的主动权，否则将会丧失良机，贻误工作。

知识拓展   中国电子商务发展指数报告

《中国电子商务发展指数报告》是在国家发展和改革委员会高技术产业司的指导下，由清华大学电子商务交易技术国家工程实验室、中央财经大学中国互联网经济研究院、中国社会科学评价研究院、中国国际电子商务中心研究院和亿邦动力研究院共同编制与发布。

电子商务发展指数包括规模指数、成长指数、渗透指数和支撑指数四个方面。其中，规模指数和成长指数反映电子商务发展的自身水平，规模指数重点在于衡量电子商务发展的当前状况，成长指数衡量电子商务发展的未来预期；渗透指数与支撑指数反映电子商务发展的外部环境，渗透指数衡量电子商务发展对经济环境的影响，支撑指数衡量环境对电子商务的支持作用。以上四个指数从自身发展与外部环境角度全面考量电子商务发展水平。

《中国电子商务发展指数报告》可以准确、客观地反映我国各省市电子商务发展的现状与水平、比较优势及发展潜力，为各省市政府相关部门有效推进电子商务健康快速发展提供决策参考。

资料来源：根据网络资料整理。

10.1.2 数据分析报告的结构

数据分析报告具有一定的结构，但是这种结构并不是一成不变的。不同的数据分析师、不同性质的数据分析及不同的需求，得到的数据分析报告也有不同的结构。最经典的报告结构是"总-分-

总"结构，它主要包括引入、正文和结论三大部分，具体内容如图 10-1 所示。

1. 引入部分

（1）标题页

标题页一般要写明报告的名称、数据来源、呈现日期等内容，要精简干练，抓住阅读者的兴趣。标题是标题页的核心，需要有命中数据分析目的的效果，还应具有较强的概括性，可以用简洁、准确的语言表达出数据分析报告的核心分析方向，还可以直接将报告中的基本关系展现出来，从而加快阅读者对报告内容的了解。

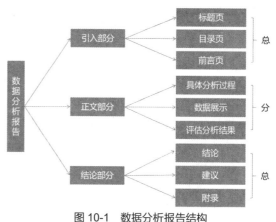

图 10-1　数据分析报告结构

- 数据分析报告标题的基本类型

①交代型：交代分析主题，展现出时间等客观现象，如"2022 年国内手机市场运行情况及发展趋势分析"。

②提问型：以提问的形式来点明数据分析报告的问题，如"年货消费升级，谁在崛起"。

③概括型：叙述报告反映的事实，概括分析报告的中心内容，如"企业 2022 年总销售额增长了20%"。

④直接型：用标题来展示分析报告的基本观点，如"年轻用户群体是企业的目标人群"。

- 标题的制作要求

①直接：数据分析报告是一种应用性较强的文体，它直接用来为决策者的决策和管理服务，所以标题必须用毫不含糊的语言，直截了当、开门见山地表达基本观点，让读者一看标题就能明白数据分析报告的基本精神，加快对报告内容的理解。

②确切：标题的撰写要做到文题相符、宽窄适度，恰如其分地表现分析报告的内容和对象的特点。

③简洁：标题要直接反映出数据分析报告的主要内容和基本精神，就必须具有高度的概括性，用较少的文字集中、准确、简洁地进行表述。

标题的撰写除了要符合直接、确切、简洁三个基本要求外，还应力求新鲜，独具特色，增强艺术性。要使标题具有艺术性，就要抓住对象的特征展开联想，适当运用修辞手法给予突出和强调，如《我的选择我做主——消费者对红茶市场的诉求分析》。在报告题目下方应注明报告的作者或所在部门的名称，便于之后参考使用，同时也应当添加完成报告的日期，体现出报告的时效性。

（2）目录页

目录是报告中各部分内容索引和附录的顺序提要，方便读者了解报告的内容名目，目录需要清晰地体现出报告的分析思路。

如果是在 Word 中撰写报告，则在目录中还要加上对应的页码，对于比较重要的二级目录，也可以将其列出来。从另一个角度说，目录也相当于数据分析大纲，它可以体现出报告的分析思路。但是目录也不要太过详细，以免阅读者阅读起来觉得冗长、耗时。

此外，通常企业的高层管理人员没有充足的时间阅读完整的报告，他们对其中一些以图表展示的分析结论更感兴趣。因此，当书面报告中有大量图表时，可以考虑将各部分图表单独制作成目录，以便使用更有效。

（3）前言页

前言的写作一定要经过深思熟虑。前言内容是否正确，对最终报告是否能解决业务问题，能否给决策者提供有效决策依据起着决定性作用。前言是分析报告的一个重要组成部分，主要包括分析背景、分析目的和分析思路。

①分析背景：对数据分析背景进行说明，主要是为了让报告阅读者对整个分析研究的背景有所了解，阐述此项分析的主要原因、分析的意义，以及其他相关信息，如行业发展现状等内容。

②分析目的：数据分析报告中陈述分析目的是让报告阅读者了解开展此次分析能带来何种效果，可以解决什么问题。有时可将研究背景和目的合二为一。

③分析思路：分析思路用来指导数据分析师如何进行一个完整的数据分析，即确定需要分析的内容或指标。这是分析方法论中的重点，也是很多人常常感到困惑的问题。只有在营销、管理理论的指导下，才能确保数据分析维度的完整性、分析结果的有效性和正确性。

2. 正文部分

正文是一篇数据分析报告的核心部分，必须与分析思路相结合，要以严谨科学的论证，确保观点的合理性和真实性。正文部分要以图文并茂的方式展示数据分析过程与分析结果，不仅需要美观，而且需要统一，不要加入太多的样式，给人留下不严谨的感觉。读者通过报告正文部分了解数据反映的情况，从而分析、研究问题的基本情况。在编写正文过程中应注意以下几个方面。

①科学严谨：一篇报告只有想法和主张是不行的，必须经过科学严谨的论证，才能确认观点的合理性和真实性，才能使人信服。

②结构清晰：分析报告的结构体现了分析师的分析思路框架，一定要显而易见，符合常识。一步一步得出结论并给出观点，思路最好不要跳跃，以免令读者出现阅读障碍。

③结论明确：数据的结论一定要从数据中得出来，要严谨地切合数据分析的主题，最好一个分析模块只给出一个最直接和主题关联的分析结论。一个特征当然可以从多个角度提取出多个观点和结论，但是一定要选择和主题相关性最强的角度，以免大量的低相关信息打乱读者的思路。

④可视化：在数据分析报告中需要大量使用各种图表进行展示，图表能够更加直观地将数据及分析结果呈现在读者面前。

⑤术语：根据读者的不同决定是否要解释报告中的分析方法和术语，以便各类读者查看。

3. 结论部分

报告的结尾是对整个数据分析报告的综合与总结，是得出结论、提出建议、解决矛盾的关键所在，起着画龙点睛的作用。好的结尾可以帮助读者加深认识、明确主旨、引起思考。

（1）结论与建议

数据分析报告要有明确的结论、建议和解决方案，可以作为决策者在决策时的重要参考依据，其措辞必须严谨、准确。结论对整篇报告起到综合和总结的作用，应该有明确、简洁、清晰的数据分析结果。报告的建议部分是立足数据分析的结果，针对企业面临的问题而提出的改进方法，建议主要关注保持优势及改进劣势等内容，要密切联系企业的业务，提出切实可行的建议。

（2）附录

在数据分析报告中，附录并不是必备的，需要根据需求进行撰写，且每个内容都需要编号，以备查询。一般来说，在附录中补充正文应用到的分析方法、展示图形、专业术语、重要原始数据等内容，帮助读者更好地理解数据分析报告中的内容，也为读者提供一条深入研究数据分析报告的途径。

10.2　数据分析报告撰写流程与原则

数据分析报告撰写流程可以总结为明确报告撰写目标、确定报告逻辑并设计报告结构、选择合适的呈现形式完成报告撰写三个步骤（见表 10-1）。

表 10-1　数据分析报告撰写流程

撰写步骤	具体流程
明确报告撰写目标	确定最终的业务目标；对问题进行拆分；确定必要输出的数据结果及分析结论
确定报告逻辑并设计报告结构	根据问题拆分结果进行结构化；明确合理地讲述逻辑；根据逻辑进行细化及补充，完成报告框架搭建
选择合适的呈现形式，完成报告撰写	选择合适的数据；选择合适的图表展现；整体报告的设计美化

数据分析报告在撰写过程中需注意以下四项原则：

①规范性原则：数据分析报告要"以数据说话"，所使用的数据单位、名词术语一定要规范、标准统一、前后一致，要与业内公认的术语一致。所使用指标的数据来源要有清晰的说明，从数据管理系统采集的数据要说明系统名称，现场测量的数据要说明抽样方式、抽样量和测量时间段等。

②突出重点原则：数据分析报告一定要突出数据分析的重点。在各项数据分析中，应根据分析目标重点选取关键指标，科学专业地进行分析。此外，针对同一类问题，其分析结果也应当按照问题重要性的高低来分级阐述。

③谨慎性原则：数据分析报告的撰写过程一定要谨慎，基础数据必须真实、完整，分析过程必须科学、合理、全面，分析结果要可靠，内容要实事求是，不可主观臆测。

④创新性原则：创新对于分析报告而言，是指要适时地引入新的分析方法和研究模型，在确保数据真实的基础上，提高数据分析的多样性，从而提高质量，一方面可以用实际结果来验证或改进它们，另一方面也可以让更多的人了解到全新的科研成果；二是要倡导创新性思维，提出的优化建议在考虑企业实际情况的基础上，要有一定的前瞻性、操作性、预见性。

总之，一份完整的数据分析报告，应当围绕目标确定范围，遵循一定的前提和原则，系统地反映存在的问题及原因，从而进一步找出解决问题的方法。

📋　**案例分析**　　　　　　　　　　**上海亚丹柜制品数据分析报告**

上海亚丹家具成立于 2003 年，主业为钢制办公家具的生产，2019 年成立民用家具事业部，旨在开发和销售真正 0 甲醛的环保民用家具。

YDD 家具旗舰店是亚丹家居旗下在天猫的线上店铺，经过调查了解到该店铺定位中高端轻奢路线，主营居家衣柜、储物柜和夹缝柜等，为现代北欧简约的钢制金属组装类型的住宅家具产品。根据店铺的部分相关资料和数据，进行了如下分析，并形成报告。

本报告的意义在于分析 YDD 家具的销售情况，使贵公司对产品的销售情况有全面的了解和掌握，并对公司在国内产品的改进提出建议，以满足消费者的需求，同时对国外市场进行粗略研究，为开拓国外市场做准备，从而促进贵公司对国内外店铺进行更好的运营管理，为公司和行业、社会创造价值。

1．主要工作

在数据处理方面，将数据的字段分列，用 VLOOKUP 函数将 ERP 表中的品名进行匹配，从而得到用户购买的具体产品。

采用分类汇总的方式分析 2020 年与 2021 年的数据，得到 2020 年与 2021 年最受消费者喜爱的产品类别及款式。通过数据透视表分析 2021 年的数据，分析表明 2021 年公司的产品销量较高的前三个地区是北京、上海、广东，并且我们对这些产品的销量进行了季度分析，数据显示产品第四季度销量最高。对销量排名前三的地区进行产品销售季度分析，并展示了每一季度的热销产品。

使用关联分析算法找出关联度较高的产品，为该公司的产品销售提供相关建议。

对亚马逊相关热销产品的质量、价格、参数和评价等因素进行分析，提出了在亚马逊网站上开发新产品的建议。依据淘宝、天猫等国内电子商务平台，对五家三角夹缝柜的价格、材质、评价、月销量进行了分析，提出了三角柜开发建议。

2．数据处理

（1）产品名称提取

对 2021 订单-含归档表的字段"产品摘要"进行分列，将用户购买的商品使用函数进行匹配，实现了产品名称与货品编号的匹配。

（2）数据字段处理

从发货时间中提取月份作为季度划分的依据。删除手工新建的订单，此类订单为补发配件，买家并没有交易成本。删除发货仓库为 SD 的订单，此类订单无销售分析意义。

（3）用户购买的产品关联分析

将 ERP 类别中的产品品名进行编号，对用户购买的产品名称与编号进行匹配，采用 Apriori 算法对用户购买的商品进行关联分析，得出产品关联度高的商品。

3．销售分析

（1）柜类销售情况分析

对上海亚丹整个店铺中包含的储物柜产品、翻斗鞋柜产品、架类产品、外购货品、阳台柜产品、衣柜产品六大柜类的销售情况进行分析，并呈现出各部分的占比情况。2020 年与 2021 年柜子大类销量占比对比情况如图 10-2 所示。

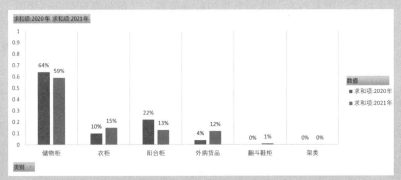

图 10-2　2020 年与 2021 年柜子大类销量占比对比情况

由图 10-2 可知，在柜类中储物柜 2020 年与 2021 年的销量占比都高达一半以上。其中 2020 年储物柜产品的销量更是占据整个柜类产品销量的 64%。因此，在整个柜类行业中，储物柜产品可以说是深受消费者喜爱。但是相比于 2020 年，2021 年储物柜的销量仍有所下滑。同样 2021 年阳台柜的销量占比相比 2020 年也有了很大的下滑。但外购货品和衣柜的占比，特别是外购货品的占比在 2021 年有了很大的提升。

（2）不同规格的储物柜产品的销售情况分析

统计储物柜的 18 个规格的产品销量，并对其销量进行分析。2020 年与 2021 年不同规格的储物柜产品的销售情况对比如图 10-3 所示。对于储物柜产品而言，JF 站脚夹缝柜 300m 深的产品在 2020 年和 2021 年均有很高的销量，而 JL 落地对开柜产品在 2020 年的销售情况不是很好，但是在 2021 年得到了爆发式的增长。

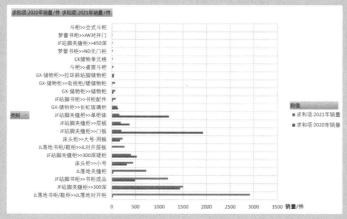

图 10-3　2020 年与 2021 年不同规格的储物柜产品的销售情况对比

（3）不同规格的衣柜产品的销售情况分析

统计 2020 年以及 2021 年衣柜中 9 个规格的产品的销售情况，并进行展现分析（见图 10-4）。2020 年衣柜产品的销售中，H-W 印花衣柜中的三门印花衣柜和 H-W 印花衣柜中的 90 宽印花衣柜产品的销售情况较好。2021 年衣柜产品的销售中，JL 铰链衣柜产品的销量遥遥领先，说明 2021 年 JL 铰链衣柜这一产品深受大家的喜爱。

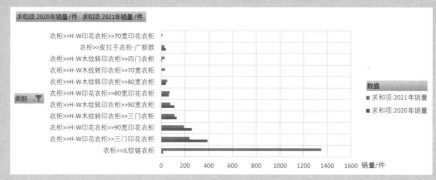

图 10-4　2020 年与 2021 年不同规格的衣柜产品的销售情况对比

所以综合来看，H-W 三门印花衣柜产品和 90 宽印花衣柜产品在 2020 年和 2021 年均有市场，但是这两款衣柜 2021 年的销量相比 2020 年略有下降。JL 铰链衣柜产品的销售具有年度性很强的特点，如果要售卖 JL 铰链衣柜，则需要考虑是否符合本年度人们的偏好。可以在年初售卖时，以市场调研和消费者采访等方式进行数据采集，以便了解本年消费者对于 JL 铰链衣柜的需求程度。

（4）不同规格的阳台柜产品的销售情况分析

统计 2020 年与 2021 年阳台柜产品的销售情况，并进行数据展现。阳台柜 2020 年与 2021 年的销售情况如图 10-5 所示。2020 年阳台柜的 11 个规格中，Y1 阳台柜产品的销售情况最好，其次是 Y08 阳台柜产品。其中，Y1 阳台柜产品的销量超过第二名的 1.5 倍，Y1 阳台柜产品的销量超过第三名的 2 倍。Y1 阳台柜和 Y08 阳台柜产品的销量之和占据阳台柜整体销量的一半以上。而在 2021 年阳台柜的 11 个规格的产品销售中，Y1 阳台柜产品仍占据销量榜首，其次是 Y08 阳台柜产品。

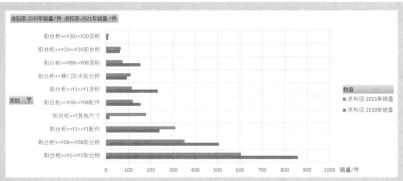

图 10-5　2020 年与 2021 年不同规格的阳台柜产品的销售情况对比

但是综合分析来看，2021 年柜类的整体销量相对 2020 年来说是处于下滑状态。这样的情况使得阳台柜的整体销量都处于下降的状态，又因为销量下降的产品并非是其中的一两个规格，因此可以看出是外部环境的变化使得整个阳台柜类目销量呈现下降趋势。

（5）不同规格的外购货品的销售情况分析

统计 2020 年和 2021 年外购货品的销量并进行展现（见图 10-6），分析外购货品的销售情况。2020 年度外购货品中售卖情况最好的为丽芙秀推车系列，其次是丽芙小件家具产品。2021 年度外购货品中塑料制品占据较大的销售比例，但其他品类的销售情况都不是很好。外购货品中塑料制品的产品在 2020 年的销售情况并不好，但是 2021 年的销量却有迅猛增长。因此可以得出，外购货品 2021 年整体销量的上升是由于塑料制品的销售情况很好，2020 年销售情况不好的原因可能主要与中国环保政策及各省份发布的限塑政策有关。

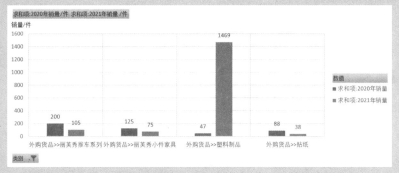

图 10-6　2020 年与 2021 年不同规格的外购货品的销售情况对比

（6）不同规格的翻斗鞋柜产品的销售情况分析

统计翻斗鞋柜产品的销量并进行分析。2020 年与 2021 年不同规格的翻斗鞋柜产品的销售情况对比如图 10-7 所示。翻斗鞋柜为 2021 年的新品，与老规格的产品进行对比，发现自产款的销量略有降低。新规格的产品销量在翻斗鞋柜这一类中是比较不错。2021 年翻斗鞋柜产品的整体销量也比 2020 年近乎翻了 3 倍。产品销量的增长很快，但是我们能够看出其整体销量也并不是很高。综合这两年来看，虽然翻斗鞋柜产品的销量不是很高，但具有很大的发展前景。

（7）不同规格的架类产品的销售情况分析

统计 2020 年和 2021 年架类产品的销售情况并对其销量进行分析。2020 年与 2021 年不同规格的架类产品的销售情况对比如图 10-8 所示。2020 年和 2021 年架类产品的销量分别为 5 件和 6 件，销售情况都非常不好。因此可以说明，架类的受众人群很少，发展前景并不大。所以对于架类可以适当减少备货，以免备货过多造成库存压力。

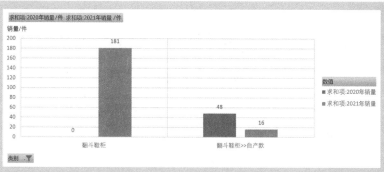

图 10-7　2020 年与 2021 年不同规格的翻斗鞋柜产品的销售情况对比

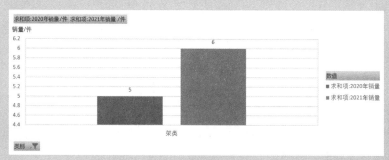

图 10-8　2020 年与 2021 年不同规格的架类产品的销售情况对比

（8）不同颜色柜类产品的销售情况分析

统计 2020 年与 2021 年各个颜色产品的销售情况，并进行比例分析，从中了解最受欢迎的产品颜色。2020 年与 2021 年不同颜色柜类的销售占比如图 10-9 所示。通过各个颜色产品销量占比的展示，可以直观看出 2020 年白色产品的销量占整体销量的一半。2021 年人们对于白色产品的喜爱再创新高，达到了整体销量的 69%。由此可以看出，白色产品不管是在 2020 年还是在 2021 年，都深受大家喜爱。

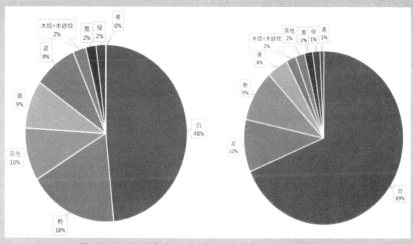

图 10-9　2020 年与 2021 年不同颜色柜类的销售占比

4．产品关联分析

以 2020 年全年到 2021 年 11 月到 12 月的数据为例，经过 Apriori 关联度分析，表 10-2 所示商品的关联度都较高，进行关联销售策划时可着重从这些产品入手。

表 10-2　2021 年 11—12 月部分产品关联度表

款式	款式	关联度
铰链对开外挂门-顶柜	铰链对开外挂门-高柜	0.933
站脚夹缝柜（单孔）	站脚夹缝柜-双门柜体	0.929
阳台柜密码锁黄框白门	阳台柜	0.778
站脚夹缝柜-矮柜（单孔）	站脚夹缝柜-矮柜（随机，单孔可指定）	0.750
站脚夹缝柜-宽柜（单孔）	站脚对开柜	0.750
上对开下二斗衣柜	对开铰链衣柜	0.714
阳台柜顶柜	阳台柜	0.714
拆框铰链对开外挂门-中柜	米白	0.667
上亚克力对开门下二斗衣柜	橘色	0.667
铰链单开外挂门	铰链对开外挂门	0.667
铰链外挂门隔板	铰链对开外挂门-高柜	0.600
阳台柜顶柜	阳台柜密码锁黄框白门	0.571
阳台柜平顶	阳台柜（四层板）	0.556
全黄隔板	阳台柜	0.538
铰链对开外挂门-高柜	铰链对开外挂门-顶柜	0.538

　　针对本店中柜子的营销，其中的一大重点在于柜子热销款的颜色选择，进行关联销售时考虑颜色的影响能够大概率展示出消费者比较喜欢和成交率较高的款式，从而提高下单转化率。

　　经过数据关联度分析，表 10-3 所示商品和颜色的关联度都较高，进行关联销售策划时可着重从这些产品入手。

表 10-3　产品颜色关联表

米白色系	天空蓝系列	橘色系列
铰链对开外挂门	铰链对开外挂门-高柜	站脚夹缝衣柜-单柜体
铰链对开外挂门-高柜	阳台柜	对开站脚柜
对开铰链衣柜	铰链对开外挂门	四层鞋柜
铰链对开外挂门-顶柜	阳台柜密码锁黄框白门	
上对开下二斗衣柜	铰链外挂门隔板	
拆框铰链对开落地高柜	站脚夹缝柜-宽柜(单孔)	上亚克力对开门下二斗衣柜
隔板	站脚对开柜	
玛莎斗柜	铰链对开外挂门-顶柜	
拆框铰链对开外挂门-中柜	上亚克力对开门下二斗衣柜	

5. 国外市场分析

　　随着经济全球化进程的进一步加深和扩大，家具行业作为世界经济的重要组成部分，产业发展非常迅速。CSIL 数据显示，2016 年，全球家具行业总产值约 4600 亿美元；2019 年，全球家具行业总产值达 4900 亿美元；2022 年，中商产业研究院预测了全球家具市场产值规模将会达到 5561 亿美元，全球家具市场迈入稳步增长阶段。2008 年以后，国际家具制造中心开始转移到发展中国家。2019 年，亚太地区的家具总产值达 2580 亿美元，占全球家具总产值的 53%，是全球家具产业的制造中心。

（1）国外线上渠道家具市场情况

数据显示，2017—2020年，全球家具市场线上销售额占比呈现逐年升高的趋势，美国家具用品电商渠道的收入在2025年将达到612.12亿美元，与此同时，欧洲家具用品电商渠道的收入在2025年也将达到519.64亿美元，电商渠道已成为全球家具市场发展的新引擎，也是全球家具用品市场的新增长点。未来随着电商渠道的不断扩大，以及物流、电子支付等配套产业的发展，线上家具市场占比有望继续扩大。

因为疫情原因导致室内家居，尤其是办公家具销量猛增，现在虽然热度微微退却，但是不能否认家具产品销量未来必将呈现逐渐上升的发展趋势。

（2）线上电商平台家具市场

亚马逊和美国家具电商平台wayfair一起占据了网上家具销售市场的63%。亚马逊家具总经理Veenu Taneja在声明中表示："家具是亚马逊增长最快的零售类别之一。"亚马逊官方对家居市场情有独钟，此前，亚马逊推出了两个自营家居品牌——Rivet和Stone&Beam，宣布进军家居市场，随后，亚马逊又进一步探索如何进军家居领域，推出了"亚马逊展示厅"（Showroom）功能。这足以说明亚马逊平台中的家具市场是十分重要的。

6. 营销战略分析

（1）强化品牌形象建设，提升知名度

跨境电商企业要想成功打造知名品牌，必须沉下心来，为企业制定切实可行的品牌发展长远规划，选择适合本企业的品牌战略，在此过程中一定要突出战略的创新性和稳定性。品牌建设是一个长期的过程，跨境电商要根据企业的发展状况，不断适时调整企业的品牌战略。

首先，可着重突出本品牌"全屋定制""生态"和"环保"等特定标签，打造特色家居品牌，为企业将来实现从局部品牌到知名品牌的跨越做好准备。其次，将品牌理念和故事通过主流社会媒体展现出来，优选出最有竞争力和最具代表性的家具产品进行站内和站外的宣传推广，为品牌博取流量，提高品牌辨识度，加深大众对品牌的印象。除此之外，投入社会赛事活动和全球公益事业，也能有效提高大众对品牌的好感和喜爱度。

（2）以优质产品为核心竞争优势

跨境电商企业中，销售假冒伪劣产品、以次充好、损害消费者利益的情况时有发生，并被媒体公开报道，导致现在普通消费者对跨境电商的产品来源持怀疑态度。如何建立起消费者信心，让消费者相信他所购买的产品来自该产品的原产地，是跨境电商面临的一个重大问题。另外，产品的可靠性还反映在产品的使用上，能否感受到该产品质量区别于本国产品的优越性，是否满足预期的质量和使用要求等是消费者评价产品质量的另一要素。

无论是出口型跨境电商，还是进口型跨境电商，如何从国内或国外不断搜寻优质的特色产品，以应对跨境电商间的产品同质化问题，是一个重要的创新方向。

（3）以创新开发新产品为不竭动力

①在既有产品上增加小功能。卖家可以针对消费者日常生活中的小烦恼，对现有产品进行改进，提高产品的附加值，这样最普通的家居好物也能让消费者眼前一亮。

②考虑个性化方向。由于家居产品大多数具有多种属性，如材质、花色（颜色和图案）、样式、尺寸，所以建议卖家更多考虑个性化，并在控制成本基础上给出具有竞争力的价格，这样就有可能在自己所在的子品类市场中占有一席之地。

③考虑定制化方向。欧洲五国消费者对于相同产品的喜好也略有不同，如床垫，德国人喜欢偏硬质地，法国人则喜欢较为松软的床垫，所以建议卖家可以针对不同区域消费者的偏好做定制

化的产品设计。为消费者提供定制化产品，对消费者需求的变化有一定的敏锐度，以消费者为圆心不断拓展、突破自己，做好既有市场的深耕和新市场的开拓，赢得更多消费者的青睐。

④寻找细分品类。多留意近年来增长迅猛的小品类，在社交媒体中了解大众消费的兴趣偏好，可以从市场容量、增长速度、产品难度系数等维度考虑是否进行开发并投入生产。

7. 产品改进建议

收集用户的具体需求和痛点，汇总统计用户的评价来具体了解用户的需要，从而对需求和痛点进行改进。从柜类行业市场来看，柜类产品涉及的问题有产品合缝不严、安装师傅态度不好、专业技能不过关、产品在运输过程中有磕碰从而造成板材凹陷、部分用户对产品材质较软不满意、安装困难等。

8. 总结与展望

在本次报告撰写中，首先对 YDD 家具旗舰店 2020 年到 2021 年的销量进行了系统的分析，然后对该家具店 2021 年的订单明细进行了分析，具体包括地区分析、销量分析、用户偏好款式分析。

撰写该报告的目的在于分析 YDD 家具旗舰店的销售情况，包括销售数量、销售地区、热销产品、用户评价、用户需求等。在此基础上，为产品的改进提供一些建议。报告还对国外的家具市场进行了分析，挖掘发展机遇，发现风险，并提供销售建议。

通过对 2020—2021 年整体类目、颜色和不同规格产品的销量进行分析，明确热销的商品和价值比较低的商品，为之后备货销售等做充足规划。四个季度中销售旺季是第四季度，其次是第三季度。其中 JLSG800-Y 系列销量最高的是铰链对开外挂门-高柜，JLSR598-Y 系列销量最高的是铰链对开外挂门、铰链亚克力对开储物柜、站脚亚克力对开门柜、加高对开铰链储物柜-亚克力门、储物书柜。对 2021 年 11 月到 12 月产品关联度分析的结果表明，关联度最高的产品是铰链对开外挂门顶柜和铰链对开外挂门、站脚夹缝柜-双门柜体和站脚夹缝柜（单孔）、五斗落地柜和对开铰链衣柜。

在用户购买商品成交订单的基础上我们分析了产品的关联度，进行了产品的关联推荐。对于国外市场，我们分析了外部环境、机遇与风险以及营销战略。

这份分析报告的不足之处是在国外市场方面，由于条件和资源不足，没有进行充分的调研，对于国外消费者的消费数据掌握得不够全面，在进行国外产品上新的推荐方面，我们选择了亚马逊网站上综合评价较高的产品作为参考。在用户购买的商品与 ERP 类别进行匹配时，产品名称的匹配存在一定的误差。

🔊 **素养课堂**　　　　三大运营场景下电子商务企业的数据合规之道

随着互联网经济的飞速发展，线上购物逐渐成为首选购物方式。电子商务平台作为交易的主要参与者，在发展的过程中也暴露出了诸多问题及风险。由于电子商务平台承载了大量数字化形式的信息，加之我国数据隐私合规立法不断完善，数据隐私合规问题对于电子商务平台而言是必须重视的。下面主要从三大运营场景角度分析电子商务企业的数据合规问题。

1. 电子商务平台收集数据信息

个人信息处理规则的设置及用户告知是数据风险管控的第一场景。电子商务企业应重点关注此场景下的合规风险，保证获取用户合法有效的授权同意。其可细分为如下场景。

①用户隐私政策是否在用户进入平台时第一优先以突出、易感知的方式显示。

②个人信息收集及处理是否合法合规，是否已取得用户的明示同意，收集的信息类别是否符合法律规定的各项原则。

③用户是否被如实、明确地告知获取个人信息的目的及使用场景。

④是否区分未成年人及成年人的信息收集。

2．定向营销推广

定向营销推广是指对获取的用户数据进行分析处理，进而为用户画像，为电子商务平台找到精准用户。企业进行定向营销推广时，一定要注意如下合规要求。

①是否明确告知用户定向推广等个性化推送的相关信息并获取其授权同意。

②是否提供给用户关闭个性化推荐的选项，并在用户明确同意时，停止该类服务。

③对数据分析处理后得出用户画像时，是否对个人信息进行匿名化、去标识化处理。

3．与第三方进行数据交换或共享

电子商务企业在收集用户个人信息后，除了用于内部使用，还可能涉及与外部第三方交换或共享。在该场景下，电子商务企业应着重关注的风险问题如下。

①通过合同明确双方关于数据保护的权利与义务，以及在不同情形下的法律责任。

②在委托第三方利用数据提供服务或转授权第三方使用数据信息的场景下，评估是否获得数据信息所有权主体的授权同意。

③评估该第三方对于数据存储、处理等方面的风险管控能力。

④对于第三方在用户信息使用方面有无违法、违约行为进行监管。

在数字经济时代，数据合规风险防控的重要性与日俱增。在世界各国均加强数据保护的浪潮中，企业应加强数据合规意识，在对商业需求、法律风险和合规成本的综合考虑中找到适合企业自身的数据运输最佳实践方案，最大限度降低违规风险。

资料来源：根据网络资料整理。

拓展思考：

1．数据合规相关的法律法规有哪些？

2．作为数据从业者，在数据获取及处理时应该怎么最大限度降低违规风险？

本章知识结构图

扫一扫

本章测验

1．判断题

（1）数据分析报告的作用是为决策者提供决策参考和决策依据。（　　　）

（2）综合分析报告是全面评价一个地区、单位、部门业务或其他方面发展情况的一种数据分析报告。（　　　）

（3）标题页一般不要求写明报告的名称、数据来源、呈现日期等内容。（　　　）

（4）正文必须与分析思路相结合，以严谨科学的论证，确保观点的合理性和真实性。（　　　）

（5）在数据分析报告中，附录是必备的，每个内容都需要编号，以备查询。（　　　）

2．单选题

（1）下列数据分析报告时效性最强的是（　　　）。

A．电子商务企业销售额与销售成本之间的关系分析

B．电子商务企业运营分析报告

C. 电子商务企业用户流失分析报告

D. 电子商务企业 2022 年 1 季度销售数据通报

（2）日常数据通报的特点不包括（　　）。

A. 规范性　　　　　　B. 进度性　　　　　　C. 时效性　　　　　　D. 全面性

（3）下列对于数据分析报告正文部分编写的说法中错误的是（　　）。

A. 对于想法和主张必须经过科学严谨的论证

B. 结构要显而易见，符合常识

C. 对于分析结论一定要选择和主题相关性最强的

D. 可视化图表一定要选择用高大上的图表去展示数据

（4）数据分析报告标题"2022 年国内婴儿用品市场运行情况及发展趋势分析"属于（　　）。

A. 直接型标题　　　　B. 概括型标题　　　　C. 提问型标题　　　　D. 交代型标题

（5）日常数据通报适合使用（　　）工具来编写。

A. Word　　　　　　B. Excel　　　　　　C. PowerPoint　　　　D. Photoshop

3．多选题

（1）下列分析主题属于专题分析的是（　　）。

A. 用户流失分析　　　B. 企业利润率分析　　C. 产品转化分析　　　D. 活动效果分析

（2）数据分析报告的前言部分主要包括（　　）。

A. 分析背景　　　　　B. 分析目的　　　　　C. 分析思路　　　　　D. 分析过程

（3）综合数据分析报告具有的特点有（　　）。

A. 全面性　　　　　　B. 单一性　　　　　　C. 关联性　　　　　　D. 时效性

（4）数据分析报告标题撰写的基本要求是（　　）。

A. 直接　　　　　　　B. 确切　　　　　　　C. 简洁　　　　　　　D. 特色

（5）数据分析报告的撰写原则包括（　　）。

A. 规范性原则　　　　B. 突出重点原则　　　C. 谨慎性原则　　　　D. 创新性原则

4．简答题

（1）简述数据分析报告的撰写流程。

（2）简述数据分析报告在撰写过程中需注意的四项原则。

任务实训

实训内容：对本章的数据分析报告进行优化。

实训目标：通过该任务实训，提升读者撰写优秀数据分析报告的能力。